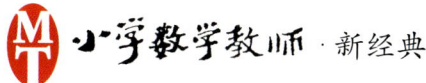

小学数学教师·新经典

# 读懂每一个学生：

## 课堂评估的目的、设计、分析和使用策略

Dudong Meiyige Xuesheng:

Ketang Pinggu de Mudi Sheji Fenxi he Shiyong Celue

蔡金法　刘启蒙　◎著

Mathematics Teacher

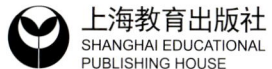

上海教育出版社
SHANGHAI EDUCATIONAL
PUBLISHING HOUSE

# 序

自 20 世纪八九十年代以来,课堂评估(Classroom Assessment)[1]
在提升数学教学质量中的重要性越来越受到国际,尤其是美、英等很多
国家,以及数学教育界(包括专业团体、政府有关部门)的关注和重视,诸
如形成性评估(Formative Assessment)、学习性评估(Assessment for
Learning)、多元评估(Alternative Assessment)等思想和方法得到广泛
提倡和应用,可以说形成了一股"评估热",并产生了深远的影响。与此
相应的是,我国数学教育界对课堂评估的新发展也给予了相当的关注。
例如,我国《义务教育数学课程标准(2011 年版)》强调"学习评价的主要
目的是为了全面了解学生数学学习的过程和结果,激励学生学习和改进
教师教学",指出"评价既要关注学生学习的结果,也要重视学习的过程;
既要关注学生数学学习的水平,也要重视学生在数学活动中所表现出来
的情感与态度"。最近几年来,我国教育界,尤其是数学教育界普遍提倡
项目式学习、探究式学习等与新的评估理念密切相关的教学方式,更使
得普及现代课堂评估的思想和方法显得十分必要,也使得评估成为数学
教育实践与研究中非常重要的研究领域之一。新发布的《义务教育数学
课程标准(2022 年版)》更是强调"以评促学,以评促教"。

但是另一方面,据我所知,关于课堂评估方面的既有很好理论性、又
有很强实践性的著作并不多见。我本人在新加坡南洋理工大学国立教
育学院任教期间,曾经主持过当时新加坡规模较大的数学评定项目,在
国内也作过相关介绍,并发表过若干篇文章(如对多元评定概念及方法
的探讨[2])。不过总体上,我认为这方面与我国中小学数学课堂教学实
践相契合(即所谓"接地气"),尤其是适合一线数学教师和实践工作者阅

---

[1] Assessment,中文相应术语译为评定、评估或评价,这里按本书说法,一般统称为评估。
[2] 范良火.关于多元评定的概念、方法和认识[J].数学教学,2002(01):1-4.

读需要的、全面性的著述还非常缺少。

正是在上述背景下，我非常高兴地看到国际著名数学教育学者蔡金法教授与其合作者刘启蒙博士的新著《读懂每一个学生：课堂评估的目的、设计、分析和使用策略》。这是一本专门为教育实践工作者，尤其是一线教师撰写的关于数学教学评估改革与创新的著作，文字精练，但所涵盖和论述的内容丰富、新颖、全面。通览全书，可以看到本书的内容既结合了作者长期以来在国内外所从事的扎实的学术研究的成果和案例，也结合了我国义务教育数学课程与教学的实际，不仅具有厚实的学术和理论基础，也具有很强的指导课堂教学实践的实用性、操作性。

本书共分为四个部分。第一部分"课堂评估总论"，回答了"什么是课堂评估""课堂评估与相关概念之间的关联与差异""课堂评估的定位""课堂评估的理论框架""课堂评估的基本类型划分"等重要问题，为教师开展课堂评估奠定了理论基础，对于增进教师对课堂评估的理解从而有效实施有着重要的作用。第二部分"课堂评估的工具研发及评分标准"，论述了教师在开展课堂评估过程中可能涉及的多种"评估工具"，"开发这些工具遵循的不同流程及具体使用建议""如何对这些工具的质量进行分析"，以及"如何对由这些工具所获取的数据进行分析"等内容，为教师自主开展有效的课堂评估提供了内涵丰富的"工具箱"。第三部分"课堂评估与核心素养"，着重就学生面向未来所必须具备的核心素养及其课堂评估方法进行讨论与设计，结合数学这门学科探讨针对每一类核心素养如何进行课堂评估工具的设计，并辅以丰富生动的实践案例。这是现有的课程体系和传统的课堂教学中较少涉及的内容，却是每一名教师在践行课堂教学改革中所需解决的关键问题之一。第四部分"课堂评估的实践"，将蔡金法教授及其团队围绕课堂评估在教育实践中所进行的探索与实验汇集成若干经典的案例，向广大教育实践工作者和一线教师还原了如何"通过课堂评估促进有效教学"的全貌，以帮助教师提升课堂评估的经验、方法与技巧，体现了理论、方法到实践的统一。

总而言之，我认为本书围绕课堂评估这一主题所展开的一系列论述和实际案例,不仅有利于提高一线中小学教师对于当代课堂评估思想与方法的理解和实践能力,帮助他们发现课堂教学问题,制订教学改进方案,提升课堂教学质量,也有助于提高其多方面(包括教育信息化、人工智能等)的综合性素质和专业化水平。同时,我相信本书的出版对于每一个关注课堂评估与数学教育评价的学者和其他一般读者也将大有裨益。

范良火

2022 年 5 月于上海

---

注:范良火,美国芝加哥大学哲学博士(数学教育方向),曾在美国、新加坡和英国学习、工作多年,2018 年回国任华东师范大学数学科学学院特聘教授、亚洲数学教育中心主任。

# 前　言

　　1989 年,我来到美国匹兹堡大学攻读数学认知研究方向的博士学位,修读的第一门课就是数学教育中的评估与评价。在教授这门课时,老师没有花太多的时间对评估的内涵及价值进行定义,而是将重点放在让我们探讨很多实际的评估课题。比如,我们参考了美国每 4 年进行一次的国家教育进步评估(National Assessment of Educational Progress,简称 NAEP),研究该项目的评估题目以及其背后的评估分析过程。与此同时,学习如何从这些评估当中了解学生学习的状况。我们也会研究许多国际大型数学比较研究项目,同样侧重于评估题目的设计、评分、数据采集以及结果的分析与实际应用。

　　在攻读博士学位期间,我还承担了研究助理的工作。当时我的导师正在主持一项该时期全美最大的数学教育研究课题,课题经费达 1 000 万美元。这个课题分为三个小组,其中一个小组的研究重点就是评估。该研究课题的主要目的是通过一系列教师专业发展及课堂变革行动来改进学生学习。导师给予我自主选择进入哪个课题小组的权利,而评估小组成为我毫无疑问的首选。评估小组的核心任务是开发一系列评分题目、评分标准,训练教师进行评分,并根据评分结果分析学生的数学学习表现。之所以选择评估小组,主要有以下三方面考虑:(1)匹兹堡大学的学习研究与发展中心(Learning Research and Development Center,简称 LRDC)有许多全球知名的认知研究专家。以前只能从期刊中获取他们的研究成果,而在进入匹兹堡大学学习后,可以与他们同处于一个研究环境之中,接触其最新的研究成果和正在撰写的学术文章,有更多的机会沟通、交流和学习。同时,我也着手阅读全球知名数学教育研究者的文章。我很快发现这些知名学者有一个共性,就是在评估方面有着深入的研究。他们在研究过程中擅长用数据说话,并且主张评估是实证研究中必不可少的一部分。这让我认识到评估的重要性,因为学生学习和思维的状况只有通过恰当的评估才能够体现出来,而这种表现有助于教学干预的组织,从而开发学生思维,提高学习水平。正因为此,我倾向于加入评估研究小组。(2)基于对评估重要性的充分认识,我的博士课程方案中也作了相应补充,即在主修数学教育认知研究课程的同时,我还选择了量化研究方法系列课程作为辅修课程。而加入评估研究小组,有利于我在研究中获取第一手资料。(3)与自身背景有关。我生于中国,接受系统的中国教育并曾任教于北京师范大学。来到美国后,尽管也曾通过阅读从一个侧面对美国的学校和教育体制有所了解,但我对发生在日常教学实践中的第一手资料掌握十分有限。通过评估,我不仅可以进入美国课堂观察学生的表现,还可以让学生填答评估题目以了解他们的学习状况。通过这一渠道,我能够更好地了解美国的教育系统,以及学生在数学思维上的表现等。基于上述三点原因,我选择进入评估小组开展研究工作。

在过去三十余年的教学和研究生涯中,我几乎所有的教学科研活动都离不开评估。这种经历和经验对我开展学术研究与教学起到了极大的促进作用。我所涉猎的评估包含多个方面,如国际性的和全国层面的评估。这对于了解学生的思维状况同样十分有利。评估是教育必不可少的一部分,对此我在辅修量化研究方法的过程中也深有体会。课堂教学一定要讲课堂评估,因为评估是课堂教学的有机组成部分。只有在课堂上对学生学习状况进行正式和非正式评估,才能在每一节课、每一个单元、每一个学期中帮助教师调整和改善教学,以更好地促进学生学习。所以,在过去的三十余年里,我将相当一部分经历投入到考察、研究和思考课堂评估的方式、方法上。特别是从 1998 年开始,我与香港教育局开展了为期 10 年的合作,作为国际顾问参与数学组的工作。该项工作的主要内容就是课堂评估,包括如何在课堂上实施评估,如何开发评估题目以精确了解学生,如何更好地促进课堂上的数学学习、改善教学。

随后自 2010 年开始,我将相当一部分工作精力投入到全国各地的听课与讲座活动中,并且历次演讲往往会把课堂评估作为其中的重要方面介绍给老师们。因此,我在不同场合做过多次课堂评估工作坊,参与学员普遍反响强烈。恰巧在这一时期,《小学数学教师》编辑部邀请我在期刊中开设专栏,自拟题目对数学教育问题展开专项系列讨论。我毫不犹豫地选择了课堂评估这一主题,决定系统地介绍课堂评估的方式方法。在这一过程中,我总计为《小学数学教师》期刊撰写了 20 篇文章。刘启蒙博士在这期间正好于美国特拉华大学访学。作为刘启蒙博士学位论文的共同指导教师,我邀请他参与到这些文章的写作中。在刘博士的协助下,顺利地完成了系列文章的撰写工作,在此一并表示感谢。借此机会也特别感谢李达编辑的辛劳,他不仅邀请我撰写课堂评估系列文章,而且邀请我结集成书。同时,他也对系列文章提出了宝贵意见。感谢范良火教授为本书写序。

　　本书一共包含 22 章,其中有 20 章是在《小学数学教师》期刊发表的 20 篇系列文章基础上形成的,另有 2 章(第 1 章和第 9 章)是基于当前国内外有关课堂评估的前沿研究成果梳理而成。22 章总计分为四部分,分别是课堂评估总论,课堂评估的工具研发及评分标准,课堂评估与核心素养,以及课堂评估的实践。其中,第一部分探讨的主要问题涉及什么是课堂评估(对课堂评估概念的定义和定位等),形成性评估与终结性评估(两种不同评估的侧重点与对比),以及"课堂评估:作为有效教学的重要组成部分"(阐述课堂评估在教学中所发挥的作用)。第二部分涉及的主要问题包括如何设计开放式的评估题(开放式课堂评估题遵循的一系列准则),如何判断评估题的质量(用多个案例阐述质量评估过程),如何通过定量和定性的方法进行试卷分析(定性与定量分析方法的优势与局限性),如何对学生的表现进行客观评估(不同类型教师在评估中的差异),如何通过反思性日记对学生进行评估,如何通过成长记录袋对学生进行评估(反思性日记和成长记录袋为两种形成性测评方式)。第三部分首先以"也论数学核心素养及其构建"开篇,阐述 21 世纪学生发展所必备的数学核心素养框架,随后分别对智能计算思维、数学建模、数学交流和数学情感的内涵、意义与评估等进行介绍。第四部分主要围绕课堂评估的实践展开。具体而言,第 20 章从教学任务设计的视角阐述如何将评估任务融入日常课堂教学活动;第 21 章聚焦课堂评估的实践、反思,以及如何帮助教师专业成长;第 22 章则呼应本书前两章中对课堂评估定义和定位的描述,再次重申了课堂评估"对学习结果的评估"和"为了学习的评估"的多重作用。

本书出版之际,正是《义务教育数学课程标准(2022 年版)》发布并引起热烈讨论之时。新课标特别加强评价和评估方面的内容,强调评价的育人导向,坚持以评促学、以评促教。因此,本书为新课标理念的实现提供了评价工具方面的参考。

2022 年 5 月于美国特拉华大学

# 目　录

读懂每一个学生：课堂评估的目的、设计、分析和使用策略

读懂每一个学生:课堂评估的目的、设计、分析和使用策略

# 1

## 第一部分

课堂评估总论

课堂评估总论

# 第1章 什么是课堂评估

在了解"什么是课堂评估"这一概念时,首先对"什么是评估"进行一定讨论是十分必要的。尽管本章中会提供一些不同机构和研究者给出的定义,但在开始接触这些定义之前,一个广义的定义也许更有助于读者从宏观上体会评估的含义。评估(Assessment),可以被视作一个获取信息的过程,以用于制定有关学生、课程、学校和教育质量的决策。例如,对于教师而言,这种决策可以服务于课堂教学管理(Managing classroom instruction),对学生的选拔(Placing students)和分类(Classifying students),以及为学生提供咨询和指导(Counseling and guiding students)等;对于课程而言,评估既可以是一种改进课程实施的途径,也可以是评估教育质量的手段。

除了评估以外,在实际课堂教学活动中,教育实践工作者往往还会接触到一系列与之相近的概念,如评价(Evaluation)、测量(Measurement)以及考试(Testing)等,这些过程同样会被用于获取信息,并在一定程度上影响到教育和教学决策。因此,厘清这些概念之间的关系与区别,会有助于更好地体现评估在推动教育改革、提升教育质量过程中所扮演的角色。

进一步而言,评估在被置于教育发展的不同层面来考虑时,其定位与发挥的作用也不尽相同。例如,在国际层面有 PISA、TIMSS、PIRLS 这类大规模学业质量评估;在国家层面有美国 NAEP、加拿大 PCAP 和我国国家义务教育质量监测等;在区域层面有美国田纳西州的增值评估(TVAAS)和我国区域教育质量健康体检项目等以某个地区为主开展的评估工作;与此同时,还有学校层面、以项目为主导的各项评估活动,以及本书中所聚焦的学校内以课堂为主体的评估。明确课堂评估在整个评估体系中的定位,对充分理解本书后续章节介绍的标准、方法、案例及其能够发挥的作用等尤为重要。我们在本书中阐述的课堂评估,是作为课堂教学的有机组成部分,也是改进课堂教学的重要手段。

综上,本章将介绍不同研究机构和个人对评估一词的定义,以帮助读者形成自己对于评估的独特认识;同时,会将评估与评价、测量、考试等概念放在一起进行甄别,并阐述课堂评估作为有效教学的重要组成部分在整个评估体系中的定位,使读者能够跳出评价这个单独的概念,进而从整个教育测量与评价体系的角度,重新认识课堂评估。

## 一、什么是评估

在教育评估高度发展的今天,有关评估的定义是十分丰富且多样的。身处这样一个数据爆炸的时代,越来越多的教育工作者更加重视数据和证据在教育过程中能够发挥的作用。因此,我们在这里引用"以证据为中心的评估设计"理论倡导者、美国心理学家梅斯雷弗等人(Mislevy, Steinberg & Almond, 2003)对评估的定义:

"评估是一种机制,它能够根据学生在特定环境中的言行或在特定条件下的反应,来推断学生知道什么、能做什么以及完成了什么。当然,评估还不仅限于此。所有的评估都会嵌套于某种文化环境之下,用以表达明确的或者含蓄的社会目的,包括传递价值观、标准和期望……不过,所有的评估都有一个共同点,那就是将学生所说或所做的事情与他们所知道或能理解的更广泛的概念联系起来;也就是说,它的意义超出了直接观察的具体范围。这种推理背后的论据是基于对相关领域知识本质的信念:当我们看到它时我们是如何识别它的,以及在什么情况下学生获取知识的证据可能会被证明。"

评估能够服务于多种不同的目标,如帮助诊断学生学习中存在的不足,依据能力对学生进行分类,检验教学目标达成情况及教师教学状况,确定学生当前学业发展水平,衡量学生发展的进步程度并预测未来的能力水平,以及激励学生学习等。美国教育考试服务中心(Educational Testing Service, 简称 ETS)《以认知为基础的学习评估》(Cognitively Based Assessment of, for, and as Learning, 简称 CBAL)方案中针对评估的不同服务目标,将其划分为"学习的评估"(Assessment of learning)、"为了学习的评估"(Assessment for learning)和"作为学习的评估"(Assessment as learning)。其中,"学习的评估"主要侧重于通过不同手段和目标记录学生取得的成绩;"为了学习的评估"旨在为制订和调整教学计划提供帮助;"作为学习的评估"则将评估作为学生和教师所共同形成的教育经历,这种经历能够促进他们更好地学习和进步(ETS, 2020)。

根据斯普林格出版的国际教育手册(*Springer International Handbooks of Education*)系列丛书中《教育评价、评估与监测:一个系统的方法》(*Educational Evaluation, Assessment and Monitoring: A Systematic Approach*)分册对评估的

分类,评估可以依据其数据来源、功能和对象进行划分,具体如下:(1)在数据来源方面,可以是来自学生测试或其他评估手段获得的数据,或者行政管理获得的描述性统计数据,以及专家访谈或系统性调研(如问卷和观察等)所获得的数据;(2)在功能区分方面,包括服务于资格认证或获得结业证书,督导问责,以及诊断改进与组织学习三种不同类型;(3)在评估对象方面,则有涵盖整个教育系统、国家层面或区域层面的评估,教育项目的评估,学校层面的评估,教师的评估以及学生个体的评估等,而教师和学生的评估是课堂评估的重要组成部分(Scheerens, Glas & Thomas, 2003)。

## 二、如何区分评估、评价、测量与考试

评估、评价、测量以及考试是一组常常被放在一起使用,但在使用过程中很容易被混淆的概念。因此,我们会首先解读一下这四个概念。特别指出,对于上述概念的解读受到美国匹兹堡大学安东尼·尼克托(Anthony Nitko)的影响。

相比较而言,评价(Evaluation)更多指的是对学校或学校运行系统、政策或项目层面实施的有效性进行检验。评价通常会首先建立若干个需要评价的指标,对指标进行一定的分类,对每一项指标的具体考核方式进行说明,并通过比较不同对象在各个指标上的表现形成对目标对象的总体判断。评价通常会带有比较明显的价值取向(也即好或者不好,有效或者无效)。测量(Measurement)是一种对目标对象在某方面表现程度的定量描述过程,这种过程可以通过考试、调查问卷等来实现。在测量中,强调的是用数字刻画表现的强度。说到测量,往往会涉及进行数字度量的工具。考试(Testing)则更多地被视作一种经典的教育测量形式,它指的是一种有着严格操作流程的工具或系统程序,往往通过提出一套问题(纸笔的、网络的或其他形式的),以一种比较统一的方式达成测量的目的,从而实现对目标质量、能力、技能或知识掌握程度的了解(Aluan, 2012; OECD, 2013)。而评估(Assessment)更加注重对个体学业目标是否达成以及学习是否进步所作出的判断,包括基于课堂的评估、大规模的外部评估和考试等多种不同形式。这是一个主动建构的过程,评估者不仅需要通过考试和测量获取相关信息,还需要将这些信息放到其所在的教育背景当中,从而形成对目标表现的总体解释。结合上述区分可以看到,评估中往往会包含测量与考试,后两者是开展评估的重要工具。而与评价不同的是,在许多时候评估不需要给出价值判断,其主要的作用是为分析学生学习提供信息和证据,以辅助教育工作者的决策。

在课堂教学层面,如果以教学实践中发生的一次考试为例,也许更加有助于教

育实践工作者对这个概念的理解。有别于上一段中对概念的解释顺序,这里我们首先从一次考试开始。假设我们在某节课上进行了一次随堂测验,而这一测验是经由教师思考并设计的,那么测验本身的程序就可以视作一次考试。测量则需要赋予这次考试一个定量的意义,比如某名学生在这次考试中得了 80 分,而另一名学生得到了 70 分,那么教师就可以通过测量得出一些学生之间表现关系的数据,这个过程就可以视作测量。此时,测量不会进一步对学生是否合格或者能否达到本次课的教学要求作进一步价值判断。无论是考试还是测量,都是用以服务于评估的工具,而评估在这里就可以被看作一个对"事实进行发现和解释"的过程。它通常会将测量所获取的数据进一步进行整理和解释。比如,评估会对这次考试中所获得的分数进行分析,以查明学生为什么会获得这种成就的原因。在分析过程中,不仅会基于这次考试的结果,还会通过收集更多的证据以验证这种解释,如学生往往错在哪里。评价则是在评估的基础上进一步加入了价值判断的成分,并且这种判断往往不是针对某一个体,而是针对一个群体(如班级、学校、地区)或者一个项目的整体情况而言。比如,通过这次考试来评价学校的教学质量是否良好,或者项目是否按照预期的计划实施等(Okpalla et al., 1999)。

## 三、课堂评估的定位

经济合作与发展组织（Organisation for Economic Co-operation and Development,简称 OECD)在 2013 年发布的报告中,将评估所发挥的作用分为 6 个层面:(1)国家;(2)国家的各个子系统(如省、州);(3)地方教育管理机构;(4)学校;(5)教师;(6)学生。在每一个层面,评估都需要承担起提供信息的作用,就是评估不同层面为学生所提供教育的状况,以帮助提升教育质量。然而,在不同层面,评估结果的运用又有所区别,不同决策者可以使用评估所得的数据进行政策制定、财政预算、课程改革、资源分配、教学计划修订、教学策略改进以及学习行为管理等(OECD, 2013)。

具体到课堂评估,其作为最贴近一线教育教学实践的一环,主要的服务对象是教师与学生。课堂评估是基本的教学工具,也是联结教与学的纽带。当评估工具被恰当地使用和解释时,我们能够较好地了解学生的学习过程与进展,识别不同学生的优势与不足,判断学生学习和教师教学的状况,这一过程甚至可以起到激励学生学习的目的。事实上,根据美国教育考试服务中心的分析,越贴近于教学的评估,其在帮助教师制订下一步教学规划以及改进教学方面能够提供的信息也就越丰富。在课堂层面的评估能够利用学生围绕特定学习目标开展学习所取得的进步以及达到预期目标的程度,描述出学生从初学到精熟的变化,从而帮助教师在学生每一个学习发展的里程碑到来之前做好充分的准备(ETS,2018)。

## 四、课堂评估的过程框架

美国全国数学教师协会[National Council of Teachers of Mathematics(简称NCTM),1995]对课堂评估过程提出了一整套评估框架,该框架被广泛运用到美国课堂评估领域中。NCTM 在 1989 年首次出版课程标准,紧接着出版了教学标准(1991 年)及评估标准(1995 年)。这一背景足以说明评估的重要定位。课堂评估过程可以由内部相互关联的四个阶段构成,具体包括"评估计划""收集证据""解释证据"和"使用结果"(图 1-1),在这些阶段中教师需要进行重要的教学评估决策。那么,该框架是如何具体地体现在课堂评估中的呢? 作为一线教师,我们又应该如何把握呢? 接下来,我们将分别对这四个阶段进行简要介绍,旨在帮助读者进一步了解课堂评估的过程。

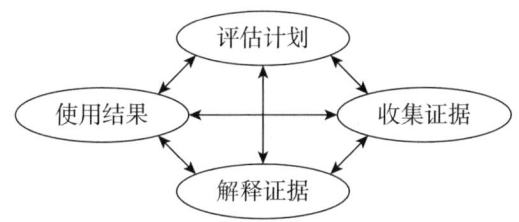

图 1-1　课堂评估的四个阶段(来源:NCTM, 1995)

### 1. 评估计划

评估计划阶段是整个评估过程的起始阶段,其实质是思考进行某一特定课堂评估的目的,以及设计实施方案以实现这一目的的过程。可供参考的问题涵盖:设计这项教学评估的目的是什么? 希望通过这次评估获取怎样的信息? 准备采用哪些方法获取和解释课堂教学过程中所生成的信息? 本次课程中,你希望学生能够了解到哪些知识,理解怎样的数学过程,完成怎样的数学任务,学生的实际表现是否满足了你的期望? 为什么要收集这些信息,评估的结果如何使用,评估结果的使用者将是哪些群体? 等等。

麦克泰格和费拉拉(McTighe & Ferrara,1997)为教师提供了简要的课堂评估计划表。这一计划表展示了在课堂评估计划中所需要回答的关键问题(表 1-1)。该计划并非一个"放之四海而皆准"的准则,而是体现了在制订评估计划时,需要考虑到方方面面可能出现的问题以及应对的方案。在实际课堂评估设计中,可以不局限于以下提到的环节,并依据实际教学任务和现实条件来进行调整,以满足评估目标,实现了解学生学习的最终目的。

表 1-1  课堂评估计划:关键问题

| 内容<br>(希望学生了解或掌握的内容) | 评估目的<br>(为什么评估,评估信息的用途) | 评估的听众<br>(评估结果讲给谁听) |
| --- | --- | --- |
| 1. _____<br>2. _____<br>3. _____<br>…… | 了解学生的学习状况<br>指导和改进教学<br>了解学习动机<br>…… | 教师<br>学生<br>家长<br>年级组<br>学校领导<br>课程监管者<br>…… |

2.收集证据

有了计划之后,就需要考虑如何收集证据。证据的表现形式是多样的。以形成性评价为例,美国教育考试服务中心与伦敦大学(Dwyer & William,2017)提出了课堂数据收集过程中所需明确的五个问题:

(1) 对于每一个全新的重要概念或任务,教师应该向学生明确学习的期望,与学生分享达到这一期望的标准是什么。

(2) 使用课堂讨论、学生回答以及完成学习任务所提供的信息,其目的是改进课程教学,改善教学活动。教师应该使用各种评估技术让全体学生(而不只是一小部分优秀的学生)参与到评估当中,来作为反映学生在课堂上思维过程的证据。

(3) 数据的收集和反馈要尽可能及时进行,越及时的收集和反馈对课堂教学改进越有价值。

(4) 鼓励每个学生对自己的学习负责。

(5) 鼓励学生作为一种教学和学习的资源而为他人服务。

在课堂评估中,需要针对不同的问题情境和测量目的,采用具有针对性的数据收集方法(可参考表 1-2)。但一个基本的前提是,对教师而言,数据收集的方法应该建立在尽可能方便这一原则的基础上。如果方法过于复杂,就会增加教师的负担,从而降低教师实际使用的可能性。

表 1-2　课堂评估方法

| 选择任务 | 作答形式 | 表现 | 过程干预 | 结果呈现方法 |
|---|---|---|---|---|
| 多项选择题<br>对错题<br>配对题<br>开放性问题解决<br>问题提出<br>智能计算思维<br>数学建模<br>数学交流<br>…… | 填空<br>短语<br>实验<br>随堂测验<br>小组合作<br>小组汇报<br>课后作业<br>自陈报告 | 语言表达<br>动作<br>实验结果<br>辩论<br>测试结果<br>…… | 口头提问<br>快速问答<br>行为观察<br>面谈<br>出声想<br>学习日志<br>反思性日记<br>成长记录袋<br>…… | 百分数<br>水平等级<br>错误分析<br>文字评论<br>口头报告 |

### 3.解释证据

客观、科学地解释证据是每一位教师所需面临的挑战。"让证据说话"意味着解读数据的人将数据背后所蕴含的教育问题或学习现象用数据客观呈现出来。如何正确理解学生表现的含义是课堂评估中的"必修课"。解释证据时，要将证据收集过程中的各类因素尽可能地考虑周全，并带着"证实"（假设学生掌握所学知识）而非"证伪"（假设学生未掌握所学知识）的观点来看待和解释证据。我们在后面的章节中会具体讨论评分这一问题。

### 4.使用结果

无论是好的设计、高质量的数据，还是对结果的合理解读，最终目的都是了解学生的学习状况，及时调整和改进教学方式。课堂评估能够帮助"把控学生的学习过程""计划并实施教学""建立教与学之间的纽带""激励和改进教学"。因此，课堂评估与学生学习及教师教学之间存在紧密的联系，是课堂教学的有机组成部分。

## 五、课堂评估是有效教学的重要组成部分

2016 年，美国的一项全国性调查报告指出："美国教师对当前通过高利害的标准化试题测量学生学业成就的方式产生了广泛的不满。教师每天花费大量的时间和精力去监督乃至监控学生的学习，各州乃至学校的教育系统也会使用高利害考试的结果进行评价。但是，课堂评估实践却很少出现在高利害的测试评估当中。"（National Council of Teachers of English，2016）

课堂评估的目的是了解学生、改进教学。在众多的教学研究中，有一个受到广泛认同的研究结果，即教师对学生了解得越多、越深入，教学所取得的效果就会越

好,学生也就能够更好地掌握数学概念、发展数学思维。可以说,学生的学习效果与教师对学生的了解程度息息相关。许多研究都从不同的角度验证了这一结论。那么,教师应该如何了解学生呢？课堂评估提供了一个很好的途径。通过课堂评估,教师能够有意识地对学生的思维和学习过程进行系统的了解,从而达到改进教学的目的。

如何采用合理的方式和手段开展有效的课堂评估？如何通过不同渠道获取的信息充分了解学生的学习效果和认知思维发展过程？这些问题是每一位教师在课堂教学设计与规划过程中需要认真思考的,而这样的设计与规划又可以反过来促进整个教学的有效性。因此我们认为,课堂评估一直是有效教学不可分割的一部分。有效教学的长期或者总目标是改进学生的学习,而短期目标是帮助学生达到每一堂课的学习目标(蔡金法,2014)。

课堂评估最主要的目的是了解学生,在这一过程中收集的信息能够帮助改善教学和学习过程,辅助教育决策。好的评估涉及学习过程的方方面面,可以是诊断性的、形成性的或是终结性的,而非传统评估中仅仅局限于通过高利害测试评价学生个体的学业表现,以达到选拔的目的。课堂评估又是一个系统而复杂的工程,需要结合不同的评价内容,选择合适的评估技术来进行有针对性的评估设计与数据收集。有关课堂评估技术方面的研究有很多,并且被许多研究者梳理成册。在后续的研究中,我们将结合具体的教学情境,逐步呈现不同的课堂评估技术在各种教学实践中的应用。从理念上,教师要把课堂评估作为有效教学的重要组成部分,在课堂教学各个环节的筹备中充分考虑如何发挥课堂评估的作用,为教学的有序实施带来多方面的信息。因此,教师在备课时就需要考虑如何进行评估。

# 第 2 章　课堂评估：
# 作为有效教学的重要组成部分

在第 1 章中,我们谈到教师要有"课堂评估是有效教学的重要组成部分"的观念。事实上,2020 年 6 月 30 日,中央全面深化改革委员会第十四次会议审议通过《深化新时代教育评价改革总体方案》,其中就涉及通过完善过程性考核与结果性考核有机结合的考评制度以加强课堂评估,这一观点突出了课堂评估在教育系统中所发挥的重要作用。OECD 在 2013 年发布的报告中,将建立不同类型评估之间的关系作为学生评估框架中最需要处理的五个关系之一,并认为这样的链接将有助于教育总体目标和学生学习目标的实现(OECD, 2013a),而课堂评估是这个链条的中坚环节。在课堂上,评估又被视作学生学习与教师教学之间所建构起的一种沟通的桥梁。教师会通过从各种渠道收集上来的信息判断学生的课堂学习效果,从而反思自身教学行为和方式上可能存在的问题并制定相应的改进策略。渠道的多样化、手段的丰富性和数据类型的复杂性使得课堂评估对于教师而言极具挑战,课堂评估的准确性和效果会直接影响到后续教学活动的设计与教学工作的组织。考虑到这一理念的重要性,我们在这里用专门的一章来讨论。课堂教学评估被视作了解学生学习状况的重要手段,通过课堂评估的结果,教师可以及时根据学生的学习状况调整和改进教学。

课堂评估一直是有效教学不可分割的一部分,而诊断性评估、形成性评估和终结性评估是课堂评估的三个重要载体。课堂评估是一个帮助聚焦和分析课堂教学活动可能产生的不同效果的手段,也即通过课堂评估考查每一名学生的学习成果。而怎样获取这方面的信息,以及如何使用和解释这些信息就成为开展课堂评估设计必须探讨的问题。诊断性评估、形成性评估和终结性评估所对应的是课前、课中和课后通过不同渠道所获取的数据,这些数据反映了课堂评估效果的不同侧面,也为学生学习成果的诊断提供更加全面的依据,使得以此信息为基础形成的教育质量判断和教学改进决策更为合理。

在真正进入课堂评估设计相关具体细节的讨论之前,全面了解这三种评估的内涵,以及它们在课堂评估中所能够发挥的作用是确有必要的。这能够更好地帮助教师们了解和使用不同渠道所产生的丰富信息,也能够为后续深入探讨不同课堂评估手段与技术的价值提供框架性支撑。为此,本章将对诊断性评估、形成性评估与终结性评估等概念的异同进行甄别,同时阐述不同评估手段在课堂评估中发挥的作用,以便于推动课堂评估中各种评估手段的交替、配合使用。

## 一、课堂评估的不同类型及其特征

评估是一个通过详细的计划和系统的方法来采集学习过程中一系列证据的过程,以实现对学生学习效果的判断。诊断性评估、形成性评估与过程性评估则是其中最重要的三种类型。有关各种评估概念的区分最早可追溯到斯克里文(Scriven,1963)以及布鲁姆等人(Bloom,Hastings & Madus,1971)对这些概念的解释。从发生过程的角度分析,三者的主要区别在于对学生提供的反馈发生在学生学习序列的特定阶段(Particular portions of the learning sequence),也即诊断性评估往往发生在课堂学习开始之前,形成性评估贯穿于课堂教学活动之中,而终结性评估通常发生在某个完整的课程学习单元、学期或项目结束之后。

在评估所要实现的目标方面,三者也有着较为明显的区别。根据英国伦敦大学决策和实践证据信息与协调中心(Evidence for Policy and Practice Information and Coordinating Center,即 EPPI-Center,简称 EPPI 中心)的研究(Harlen & Deakin Crick,2002),三种评估在实施目标上的区别主要体现为:诊断性评估是为了帮助教师(和学生)了解他们对即将开始的学习主题知道多少,还有哪些问题不清晰,这为教师设立学习目标、制订教学计划并确定可能需要花费多少时间提供帮助;形成性评估的目的在于发现学习过程中各方面可能存在的问题,为进一步深化和改进后续课程教学与学习提供依据;终结性评估的目的是记录、总结和证实已经发生的学习,并对其效果进行打分。

根据澳大利亚课程、评估与报告管理局(Australian Curriculum,Assessment and Reporting Authority,简称 ACARA)提供的框架,我们可以从"定义""评估目标""评估对象""评估周期""评估策略"五个方面对这三个概念作进一步区分,具体见表 2-1(Lane et al.,2019)。相比较而言,大规模终结性评估的设计目标简明且统一,因此便于对学生总体学习状况进行把握,但对于个体学习中存在的特定问题所能反馈的信息非常有限;形成性评估聚焦于每一个学习的个体,提供信息以服务于每一名学生的学习和进步,但因其特异性而难以形成对阶段性学习效果的精确认识和评估;诊断性评估则更倾向于被视作一种"前测",它提供了一份有关学生对特定主题信息了解程度的"晴雨表"。这类测试结果既有助于了解学生进入某一主题前的知识掌握程度,也可以在一个单元学习结束后与终结性评估结果作比较,形成有关学生阶段性学习效果的认知。

表 2 - 1　诊断性评估、形成性评估与终结性评估的区别

|  | 诊断性评估 | 形成性评估 | 终结性评估 |
|---|---|---|---|
| 定义 | 诊断性评估是通过各种形式对学生过去从不同教师或课堂中学到的知识进行了解的过程。这种评估形式注重对每一个学生个体围绕特定主题具备的已有知识水平的评估。 | 形成性评估是一个包括提问、测试和解释说明等在内的过程。该过程被用于诊断学生学习效果,学习过程中表现出的优势与不足,并寻找能够促进学生学习的可能策略。这种评估形式注重学生个体的成长。 | 终结性评估是通过一套统一的标准对每个学生的表现或一组学生的表现进行比较的一种评估形式。这种评估形式更注重体现个体或群体的水平高低。 |
| 评估目标 | 帮助教师识别学生在不同领域知道什么和可以做什么,以支持学生的学习和开展有效教学。 | 发现学生在学习过程中可能存在的理解问题,技能掌握存在的不足,以帮助和指导教师制订下一阶段的教学计划及组织教学。 | 对学生学习状况进行总体描述,评估其所在学习环境的总体效能。 |
| 评估对象 | 评估对象主要为每一个即将进入某一特定主题开展学习的学生个体。 | 评估对象主要为每一个学生个体。具体而言,包括从学生学习过程及如何对这一过程提供支持的视角采集相应评估证据。 | 评估对象主要为教育环境或系统,包括教师、课程、教育系统、每一个教育项目及不同学生群体等。 |
| 评估周期 | 评估发生在一个单元、一节课、四分之一节课或一段教学任务的开始时间段。 | 评估通常会融入整个教学周期,并且随着教学进程的推进多次评估和反馈;结果会立即或快速形成并提供给教师。 | 评估发生在教学的关键节点,比如完整课程或项目单元的结束,或者在每一学年的固定时间(期中或期末)开展。 |
| 评估策略 | 包括非标准化的小型测试题、标准化测试等多种不同形式。诊断性评估的数据来源可以是已经获取的测试数据(如上一次终结性测试的结果),也可以设计新的测试以获取相关数据。 | 包括口头提问、非标准化的小型测试题或课堂观察工具等多种复合评估策略。 | 标准化的测试卷或问卷,结构化的测试题组等。 |

## 二、诊断性评估：开展教学的前提条件

诊断性评估是一种预评估形式，教师可以在授课前评估学生当前能力状况，包括他们的优势与劣势、知识储备和技能掌握程度等。有了这种形式的评估，教师可以更加高效并有针对性地规划教学，为学生提供个性化的学习体验。诊断评估是一种工具，用来帮助教师了解学生在进入一个主题开始学习之前已经知道了什么。这样的诊断性评估对于课堂评估而言是十分重要的，因为教师可以通过对比学生在课堂教学前后的学业表现，评估其在特定内容主题下的学习效果。这样的对比比单纯在课程结束后评估学生的表现更加有效，教师能够根据学生的实际情况作出相应的教学调整。

有研究者（Zhao，2013）将诊断性评估能够发挥的作用归结为以下几个方面：(1)能够识别学生当前学习中的优势与不足，特别是对不足的方面提供丰富的信息；(2)为如何开展有针对性的教学设计提供借鉴；(3)调整教学实施策略；(4)为额外开展针对不同学生的补救性学习提供依据；(5)为后续评估学生学习效果提供过程性参考数据（或者称作"基线测试数据"），以便于了解学生的成长。

在具体实施诊断性评估的过程中，往往会体现以下核心特征，如"发生在课程开始之前""目的是了解学生的现状，为有效教学提供信息""找出学生的长处和需要改进的地方""通常是低风险评估，因此尽量不使用标准化的分数表达"等，从而保证教师从这一过程中所获取的信息是真实可靠的。

## 三、形成性评估：教学改进的实施依据

形成性评估最主要的目的是服务于课堂教学改进，而非对过去学习成果的判断。它甚至可以被视作一种教学方法，因为在形成性评估的实施过程中，往往伴随着与学生频繁的互动和交流，以获取他们对学习的理解和需求，并提供与这些理解和需求相符的教学策略。这是一种动态的过程，它嵌入到日常教学与学习的各个环节当中，并与交流、提问、反馈等过程息息相关。有研究者将形成性评估在指导课堂教学改进中所发挥的作用归纳为以下几个方面（Hattie & Timperley，2007；Looney，2011）：

诊断学生学习效果和需求，并提供适合的教学　这是形成性评估在课堂评估中应当发挥的最重要的作用之一。为了提供更好的教学支持和干预，教师需要时刻了解自己组织的教学活动、提出的问题、与学生的互动、布置的各项任务以及学

生的交流与讨论等是否以既定目标为参照在计划轨道上有序进行。尤其是在部分学生遇到各种不同的学习困难时,间歇性的诊断和反馈不仅不会打扰或中断正常教学秩序,还能够为学生更加充分的思考和作出改变提供必要的时间与信息。

为学生提供及时的反馈  形成性评估能够在多大程度上发挥作用与评估结果反馈的是否及时密切相关。学生在一项学习活动后,越早知道取得的效果与预期学习目标的关联,并且得到改进学习方面的帮助,就越容易在后续开展的学习活动中取得成功。

为学生提供安全感,使得他们逐渐形成敢于冒险和犯错的品质  已有研究显示,课堂上那些能够及时获得形成性评估结果反馈的学生,在面对困难任务时往往更容易表现出冒险精神,且在面对犯错或学习过程中的其他挫折时,不会停滞不前。及时而有针对性的形成性评估能够更好地帮助学生关注学习本身,而非由学习结果的好坏所带来的其他一系列积极或消极影响,使得学生可以投身于对“自己做了什么”“哪些没有理解”“如何能够更加有效地学习”等问题的反思。

激发学生的自主学习和学习过程中的反思  形成性评估的反馈不仅仅提供了阶段性的学习成果表现,以明确是否完成特定的学习目标,更是一个传递学习效果应当达到何种标准,以及如何达到这一标准的过程,也就是所谓“学会学习”的过程。形成性评估可以帮助学生在课堂学习过程中,根据自己的实际学习进程逐渐建立起自我评估和同伴评估的标准,使得学习过程不再以满足教师提出的要求为最终目的,而是通过学习与评估实现自我的需要。

美国教育考试服务中心(ETS)则更为详尽地阐述了形成性评估在课堂评估过程中所需要发挥的十项关键作用,包括:(1)聚焦能够体现教育产出价值的应用目标,这些目标的适用性应不仅仅局限于当前学习环境;(2)清晰的交流,聚焦学习目标;(3)为学习目标提供案例,包括具体的学习过程评估标准;(4)识别学生当前的知识水平,以及达到特定学习目标还需要学习的知识;(5)为所要达到的预期目标提供所需的发展计划或台阶;(6)提供包括学生自我评估、同伴评估、学习活动中的评估等多种过程性评估方式;(7)提供特定的、及时的、与当前学习目标息息相关的评估反馈,并为学生改进提升提供建议;(8)激励学生自我监控与评估学习目标的达成状况;(9)促进学生对学习的元认知及反思;(10)令学生对自己的学习承担起责任(Cizek,Andrade & Bennett,2019)。

尽管不同机构或研究者对形成性评估所能发挥作用的认识和阐述角度略有不同,但其核心都是为了突出这类评价在即时性和针对性反馈,辅助教学和学习以实现阶段性教学目标,提升学生自主学习能力等方面所起到的作用。

## 四、终结性评估:教学质量的判断依据

终结性评估是对一段时期内教学目标达成状况(学生掌握了什么以及还有哪些没有掌握)的一种总体判断。特别地,在课堂教学层面,传统课堂教学观念指导下的终结性评估更多地承担了一种问责的职能,也即作为学生能否毕业、进入下一阶段学习或其他评比中的重要依据。然而,终结性评估所能发挥的作用远不止于此。根据 EPPI 中心(Harlen & Deakin Crick, 2002)以及加里森、钱德勒和埃林豪斯(Garrison, Chandler & Ehringhaus, 2009)在《有效的课堂评估:连接评估与教学》(*Effective Classroom Assessment: Linking Assessment with Instruction*)一书中的归纳,终结性评估在课堂评估中所能够起到的效果大致涵盖以下几个方面:

评估学生达到课程标准要求的程度  由于终结性评估往往发生在实际教学过程结束几周甚至更长时间之后,因此其主要的作用并非及时地反映教学效果,而是监测教师整个教学过程及学生学习过程能否切实帮助学生达到课程标准的要求。

明确课程教学目标  目标或者标准是终结性评估最主要的特征之一。这种评估形式与国家课程要求紧密相连,并且将其体现在具体的、共同的评估标准中。在终结性评估开始前或结束后,教师会结合评估标准对学生进行指导(如试卷讲解、错题分析等),使得学生了解教师教学所希望达成的课程目标。

为教育政策制定和决策提供依据  即使是在课堂评估中,终结性评估的高利害特征依然使其在帮助教师或学校做出教育决策(特别是奖励与问责方面)时起到重要作用。终结性评估的结果会被当作一种用于横向比较的工具(如班级与班级之间,学生与学生之间,不同知识模块之间),从而帮助决策者确定课堂教学改进的方向。当然,这样的高利害性是一把双刃剑。一方面,它能够促进教师和学生专注于教育质量的提升;另一方面,过度运用终结性评估的结果会给学生、教师乃至家长造成巨大压力,使其只看到分数的高低,而忽视了终结性评估分数背后对于教学质量好坏作判断的本质。

## 五、平衡不同类型评估所面临的挑战及对策

任何类型的评估框架一旦脱离对学生学习进程的判断与指导,从而无法发挥改进课堂教学实施的功能,都有可能面临失去价值的危险。因此,建立上述三种评估与课堂评估之间的联结,使之成为课堂评估的重要载体,在整个课堂评估框架的

设计中就变得至关重要。

　　然而,如何平衡不同类型的评估,却是每一个教育系统都会面临的挑战。这一挑战中包含的难题主要来自三个方面:(1)对三种评估在课堂评估中所应发挥作用的认识不足。这主要表现为对诊断性评估和形成性评估的认识与解释存在偏颇。在大多数情况下,教师是课堂评估的主体,主宰着课堂评估整体框架下各类评估的选择与实施。然而,许多教师虽然掌握了这两类评估的技术,但是仍然采用这些技术以达到服务终结性评估的某些目的,如计分和排名。教师们经常将诊断性评估和形成性评估视作另一种“高频率、小规模的终结性评估”,或者“反馈不那么系统、更加主观”的终结性评估。但实际上,形成性评估不仅仅需要得到有关“学得怎么样”的结果,更重要的是从不同侧面为课堂教学活动的有序实施提供支持,它必须更加及时、详细且有针对性。(2)诊断性评估和形成性评估的结果很难满足政府、家庭和社会有关“知情”与“问责”的需要。与终结性评估的分数带来的简单、直观的反馈相比,其他两类评估的结果往往看上去是复杂的、琐碎的、片断化的、庞大的非标准化结果,并且很容易受到教师专业水平差异的影响。这就导致这些结果更多只能够被学校系统内部的专业人员使用,而无法在更加一般化的范围内供不同背景的教育相关群体所广泛了解。这样的隔阂使得标准化的终结性评估结果更容易被接受,而冗杂的形成性评估则备受质疑。(3)诊断性评估和形成性评估实施主体的专业性不够稳定。终结性评估的实施主体通常为各级教育评估部门或第三方专业评估机构,其统一设计与实施的评估流程和评估标准为测试结果的稳定性与科学性提供了有力支持。然而,诊断性评估和形成性评估更多地由直接面对一线教育教学的每一名教师完成。受限于我国教师资格水平考试以及教师培训等多方面的因素,绝大部分教师缺少专业教育评估培训的机会,因而在面临更加复杂且多样化的形成性评估手段与结果时,难以保持稳定专业的评估标准,这会对评估结果的可信度造成一定影响。

　　因此,在终结性评估仍然占据主流的今天,进一步明确诊断性评估和形成性评估的优势与不足就显得尤为重要。发挥各类评估的不同优势,不仅有助于各类教育主体更加了解课堂评估所能发挥的作用,也能够使教师在课堂教学过程中对评估结果进行更加科学、客观的解释,以达到不同类型评估相辅相成,共同促进教学改进的目的,让课堂评估真正成为有效教学的重要组成部分。

# 第二部分

课堂评估的工具研发及评分标准

课堂评估的工具研发及评分标准

# 第3章　如何设计开放式的评估题

　　尽管评估始于目的,但在课堂评估实践中,如何设计恰当的评估题来准确地评估和了解学生的数学学习表现,是所有评估者面临的更为直接的挑战,因为课堂评估的目的是相对明确的。

　　课堂评估题的其中一种题型是选择题。在这种题型中通常会给出一个题干,并提供若干可供选择的选项。选择题有很多优点,如可以让学生在较短的时间内完成较多的题目,评分过程快且相对比较容易,选项的设计可以帮助教师了解学生可能犯的错误等。

　　例如,下面是一道典型的选择题:

$$\begin{array}{r} 0.034 \\ \times\quad 17 \\ \hline (\qquad) \end{array}$$

　　① 0.005 78　　② 0.057 8　　③ 0.578　　④ 5.78

　　在数学课堂评估中,选择题更适用于评估操作性较强的知识,如分数的除法。但对于概念性理解方面的评估,选择题并不是最理想的题型,而开放式评估题就会比较适合。有些学生虽然在选择题中选择了正确的答案,但其背后的思维过程可能是错误的。在解决开放题时,学生不仅需要给出答案,还需要呈现自己的作答过程,其背后所蕴含的是学生的思维过程和对数学概念的理解。

　　本章的重点在于探讨如何设计开放式的评估题,并结合一些典型题目的设计案例,详细介绍问题设计过程中需要注意的一些细节。

## 一、课堂评估题设计准则

　　为了解决课堂评估题设计中需要考虑的问题,帕克和蔡金法(Parke & Cai,1997)结合自己及其他研究者的经验,总结出设计问题所需遵循的一些基本准则,包含了设计过程中的四个重要方面:

　　1.(问题设计)要能够评价重要的数学内容;

　　2.(问题设计)要能够评价重要的数学认知过程;

3. (问题设计)要使用有效的引导语;

4. (问题设计)要使用恰当的现实背景。

其中,前两个方面主要考虑教师所设计的问题是否能够测量出他们所希望评估的教学内容和学生的认知过程,并通过这些评估题了解学生的思维状况。第三个方面考虑的是设计问题中引导语的恰当性和有效性,能否通过在问题中设计一些指导语,让学生清楚地表达出他们想要表达的数学认知。最后,在设计问题的过程中还需要考虑问题是否被置于一个恰当的现实背景之中。"恰当"意味着所有的学生能够采用同样的方式去理解和解释这个背景,不会因为个体的差异而产生歧义或者误解,从而使得评估题能够更好地反映出学生的数学能力和思维状况。

为了便于教师更好地理解上述四项准则,并能够在自身的课堂教学活动中进行应用,下面结合这四项准则,提供一些具体的数学问题设计案例。通过对设计思路的解读,来呈现课堂教学评估题设计中应注意的方面。

## 二、问题设计要能够评价重要的数学内容

在设计一个数学问题,尤其是一个开放式数学评估题的时候,首先需要考虑的就是"测什么"。课堂评估应该反映的是学生所需掌握的数学内容以及他们所能够解决的数学问题(NCTM,1995)。例如,《义务教育数学课程标准(2022 年版)》包括了"数与代数""图形与几何""统计与概率""综合与实践"等重要的课程内容。如何使问题设计更好地反映学生对课程内容的理解与掌握程度呢?

马立平(Ma LP,1999)设计了这样一个问题(表 3-1),通过问题提出的方式来评估教师如何教授带分数除法。这类题目同样可以用来测试学生对带分数除法的理解情况。

表 3-1  带分数除法问题

| 设计问题 | "$1\frac{3}{4} \div \frac{1}{2} = ?$"请提出一个可以用上述式子解决的数学问题。 |
|---|---|
| 学生 1 | 将一个苹果平均分成 4 块,取其中的 3 块并和另一个完整的苹果放在一起。如果将每 $\frac{1}{2}$ 个苹果看作 1 份,那么 $1\frac{3}{4}$ 个苹果可以分成多少份? |
| 学生 2 | 一列火车在两个车站间来回行驶。其中,从车站 A 到车站 B 是上坡,从车站 B 到车站 A 是下坡。火车从车站 B 到车站 A 需要花费 $1\frac{3}{4}$ 小时,这个时间是从车站 A 到车站 B 所花时间的 $\frac{1}{2}$,那么从车站 A 到车站 B 需要多长时间? |

| 学生 3 | 假定买 $\frac{1}{2}$ 块蛋糕需要 $1\frac{3}{4}$ 元,那么买一整块蛋糕需要多少钱? |
|---|---|
| 学生 4 | 我们知道长方形的面积是长和宽的乘积。假设一个长方形的面积是 $1\frac{3}{4}$ 平方米,宽是 $\frac{1}{2}$ 米,那么这个长方形的长是多少? |

带分数除法是除法学习中的一个难点问题,许多学生无法理解带分数除法中单位"1"、分数和运算符号之间的关系。在通常的问题设计中,教师往往会要求学生直接计算带分数除法,但是教师很难通过这样的方法了解学生的认识困难。"颠倒相乘"是教师在除法教学中常用的方法,但是学生并非完全理解为什么可以通过"颠倒相乘"得到除法的结果。而在表 3-1 的问题中,研究者要求学生基于除法算式提出问题。从接下来的作答中可以发现,不同学生对于同一个除法算式的理解有着很大差异。例如,学生 1 认为 $1\frac{3}{4} \div \frac{1}{2}$ 的含义是 $1\frac{3}{4}$ 可以分成多少个 $\frac{1}{2}$;学生 2 和学生 3 的想法类似,认为如果 $1\frac{3}{4}$ 代表着一半时间或蛋糕,那么这个算式代表的是完整的时间或蛋糕所对应的数量;学生 4 则是纯粹从乘除法关系的角度来理解这个算式的意义,也即除法是乘法的逆运算。从这个例子中我们可以看到,虽然学生都能理解 $1\frac{3}{4} \div \frac{1}{2}$ 的内涵,但是每个人所理解的方式有所不同。部分学生的理解能够较容易地迁移到其他题目中,而另一部分学生的策略仅限于特定的数。例如,如果将算式中的 $\frac{1}{2}$ 改为 $1\frac{2}{3}$,那么学生 4 所提出的问题依然适用,但是学生 2 和学生 3 的问题可能就要作出一定幅度的调整了。通过这样的问题设计,教师可以清楚地了解不同学生的学习状况,从而根据这些评估信息作出有针对性的教学改进。

## 三、问题设计要能够评价重要的数学认知过程

课堂教学能够为学生提供数学学习的机会。在这个过程中,一个重要的目的就是培养学生的数学思维。这就涉及对学生数学学习认知过程的理解。这种认知过程包括理解与表征数学问题,识别题目中涉及的各种数量或空间关系,对信息的组织形成推测和猜想,评估答案的合理性,采用合适的策略,以及对结果进行概括

和一般化(NCTM,1989)。

一般而言,借助开放性的问题往往更容易评价这种认知过程,因为在解决这种类型问题的过程中,学生有机会对自己的答案进行解释和判断。这种解释与判断包括学生写下的文字、数学公式、图表等各种他们认为有助于数学交流的形式。当然,并非任何形式的开放性问题都是有效的。导致问题设计"不佳"而无法反映认知过程的原因有很多。比如,当问题过于简单的时候,学生对于解决这类问题的方法十分熟悉,在回答过程中不需要进行过多的思考,因此能够展现出的认知过程就会很少;另一种情况是问题过难,包含太多的条件,或者希望学生作出的回答不够清晰,此时学生会有一种"无从着手"的感觉。

下面呈现一种通过修改已有的选择题来设计开放性问题,从而评估学生思维和问题解决过程的方法。具体题目如表3-2所示,解决这一问题需要用到除法和余数方面的数学知识。学生不仅要正确地运用除法运算,还需要根据给定问题情境对计算结果进行合理的解释。

表 3 - 2　选择题与开放题

| 选择题 | 一辆军车可载 36 名士兵。如果有 1 128 名士兵需要乘坐军车前往训练基地,那么总共需要多少辆军车?<br>① 12　　② 31　　③ 31.33　　④ 32 |
|---|---|
| 开放性问题 | 一辆军车可载 36 名士兵。如果有 1 128 名士兵需要乘坐军车前往训练基地,那么总共需要多少辆军车?<br>请呈现你的计算过程,并解释你的答案。 |
| 学生开放题<br>作答示例 | 学生 1:如果提供 31 辆军车,那么还会剩下 12 名士兵。这 12 名士兵可以挤进前面的 31 辆车中,这样只需要 31 辆车就行。 |
| | 学生 2:你需要 31 辆军车,这时会有 12 名士兵剩下,他们也需要到达训练基地。但是 1 辆军车只坐 12 名士兵不合算,这就需要 1 辆小型的客车。因此,答案应该是 31 辆军车和 1 辆小客车。 |
| | 学生 3:12 名士兵会剩下,所以需要另外一辆军车来装载这 12 名士兵,因此总计需要 32 辆军车。 |
| | 学生 4:在 31 辆军车中,你可以选择其中的 12 辆来装载这 12 名士兵,每辆车多装 1 人,这样你只需要 31 辆军车。 |

表 3-2 中的选择题曾经在美国国家教育进展评估(NAEP)项目中被使用过。结果显示,参加测试的 13 岁学生中只有 24% 的学生能够作出正确的选择,即 32 辆军车。然而,从学生针对相同情境下开放题计算结果的解释可以发现,在所有的示例中,学生都正确地使用了除法算式,但是对于如何处理 12 名士兵这个"余数"的

推理过程却各不相同。在他们的解释中,多出来的士兵既可以"挤进"前面的车子,也可以通过增加一辆小客车来装载。很显然,这样的认知过程通过选择题是无法获取的。而在选择题中,事实上,学生 1、学生 2 和学生 4 的答案均会被认为是错误的。

上述案例想要说明的问题是,即使学生在选择题中选择了错误的答案,他们的认知和推理过程也可能是有效的。与之相对的是,即使学生在选择题中选择了正确的答案,教师也不能自然而然地认为学生采用了正确的认知和推理方式。

以马戈恩等人(Magone et al.,1994)设计的题目为例,要求学生在给定的四个数(0.08、0.8、0.080 和 0.008 0)中选出数值最大的一个。许多学生能够作出正确的选择(0.8),但是他们对 0 这个数字在不同位值的解释产生了各种各样的错误。比如,有学生认为,小数点后面的 0 越多,数值越小,0.08 有 1 个 0,0.080 有 2 个 0,0.008 0 有 3 个 0,而 0.8 没有 0,所以 0.8 最大。尽管 0.8 是正确的选择,但是学生选择的理由完全错误。从这一点就可以看出,与开放性问题相比,选择题确有其局限的一面。因此,将已有的选择题修改为开放题,让学生在解题过程中更好地表达和交流自己的数学思维及推理过程,更有助于精确地评价学生对数学知识的理解。

## 四、问题设计要使用有效的引导语

学生并非总是能够理解出题者的意图。尤其是在一些比较难的问题中,学生的答案往往与教师预设的答案存在一定的距离,这种距离的产生并不是因为学生的知识储备不够,而有可能是因为题目本身没有表达清楚。我们可以通过设置有效的引导语来避免这种距离。为了能够切实了解学生的数学思维和推理过程,在课堂评估题的设计中可以适当加入一些引导语,以促进学生将他们的解题策略和推理过程用文字、数学公式、图表等形式表达出来。以下是帕克和蔡金法(Parke & Cai,1997)提供的一些引导语的例子:

a. 解释你的答案并给出一个例子;

b. 描述并呈现你是如何得到答案的,可以通过使用图表等辅助手段来帮助自己解释;

c. 你同意哪一种答案,请解释为什么你认为这个答案是对的;

d. 请使用图表中的信息来呈现你是如何得到答案的;

e. 请描述图表中所呈现的数据。

即使是在各个方面完全相同的评估题,如果使用不同的引导语,也可能对学生解题产生不同的效果。表3-3给出的是一个关于图表解析的题目,其中呈现了因为引导语的差异而产生的不同作答结果。本题的设计目的是评估学生解读和整合二维图表信息的能力。表3-3给出了两个版本的设计。两个版本具有相同的题干和图表,图表中关于两名运动员跑步时间与路程的信息也一致,唯一的区别在于它们的引导语不同。在版本一中,引导语的提问方式比较直接,版本二则要求学生以播报员的身份描述图表。相较于第一种引导语,第二个版本似乎更容易吸引学生参与其中。

**表3-3 不同引导语对比**

| 版本一 | 版本二 |
|---|---|
| 小明和小红参加跑步比赛,每人都需要跑3千米。下图呈现了比赛中他们跑步的路程与时间。 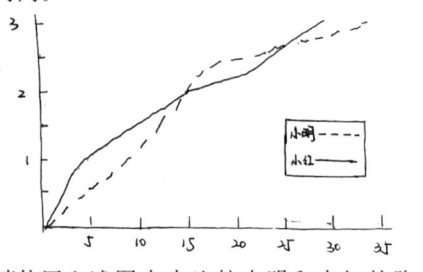 请使用上述图表来比较小明和小红的跑步进程。 | 小明和小红参加跑步比赛,每人都需要跑3千米。下图呈现了比赛中他们跑步的路程与时间。 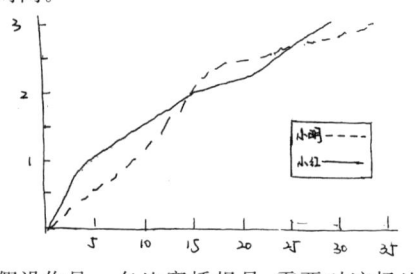 假设你是一名比赛播报员,需要对这场比赛进行描述。请写下你在广播中要说的内容。 |
| **学生在版本一中的作答示例** | **学生在版本二中的作答示例** |
| 在5分钟时,小明仅仅跑了$\frac{1}{2}$千米,而小红已经跑了1千米;在10分钟时,小明跑了1千米多一点,而小红跑了$1\frac{1}{2}$千米;在15分钟时,小明和小红都跑完了2千米;在20分钟时,小明领先小红大约$\frac{1}{4}$千米;在25分钟时,小红追上了小明,他们都跑了$2\frac{1}{2}$千米;在30分钟时,小红赢得了比赛。 | 比赛就要开始了。预备,开始!比赛一开始,小红和小明都在尽最快的速度奔跑,但是两者之间已经渐渐拉开差距;一会儿(大概5分钟之后)他们陆续回到了起跑线。大约15分钟左右,他们再一次相遇,不过很快他们又拉开了距离;在1分钟后小明找回了感觉并追上小红;在接下来的8分钟里,小红始终在追赶小明,并尝试从左侧超过他。但是小明在奔跑过程中踢到了小红的腿,而小红又一瘸一拐地跑了$\frac{1}{2}$千米,然后摔倒了。最终小明率先到达终点。 |

结果显示,学生在版本一中的回答包括了较为完整的数学描述。学生提到了图表中各个关键的时间节点及相应的距离,并且会使用诸如速度增大或减小等概念进行描述。而在版本二的回答中,虽然引导语促进了学生解答这个问题的意愿,但是学生较少从数学方面进行思考。学生在版本二的回答中给出了十分冗长的文字描述,尽管某些内容也涉及数学方面的信息,但是绝大部分与数学无关。比如,在描述过程中,他们更多地采用故事性的语言(如"预备,开始"),而对于数学信息的描述有时候是不完全的,甚至是不准确的(如对于后半程比赛的时间节点和最终结果的描述都出现了偏差)。显然,采用第二种引导语的方式很难确定学生真正的数学水平。

因此,在撰写引导语的时候,应该用学生可以理解的方式明确提出他们所需回答的问题以及应当采取的形式。此外,引导语的语言应该是学生所熟悉的。比如,如果"推理"这个词在日常数学课堂教学中经常被使用,并且学生经常有机会参与到不同层次的数学推理过程之中,那么当在评估中使用"推理"这个词作为指导语时,学生自然而然就能够联想到他们平时所经历的各种教学过程,并按照相应的形式作答。

## 五、问题设计要使用恰当的现实背景

在设计开放性课堂评估题时,另一个需要考虑的是问题所基于的背景。真实的背景往往能够更好地帮助学生参与到问题解决过程中,并且情境越真实,越贴近学生所熟悉的生活环境,越容易激发学生的数学思维。但是,并非所有的真实情境都是合适的。有些情境可能会对理解和评估学生的数学能力产生误导;还有的情境会造成不公平的结果,导致来自不同背景、具有不同生活经验的学生在回答同一问题时给出截然不同的解释。

表3-4和表3-5中分别呈现了两个数学问题情境,二者均用于评估学生问题解决中的比例推理能力。情景1中的背景是一个公园问题,学生会被询问哪一个公园是最拥挤的;情景2中的背景是一个木桶问题,学生会被要求选择一个生产木桶最快的机器(Parke & Cai,1997)。这两个情境都用于测试比和比例方面的知识内容。虽然二者考查的知识内容基本一致,但是由于情境不同,造成了结果在很大程度上存在差异。

表 3 - 4　情境 1:公园问题

| 情境 1 | 有 A、B、C 三个公园,每个公园中有许多男孩和女孩在玩耍。已知:<br>A 公园的面积是 5 000 平方米;<br>B 公园的面积也是 5 000 平方米;<br>C 公园的面积是 3 000 平方米;<br>在 A 公园中,有 40 个小孩在玩耍;<br>在 B 公园中,有 30 个小孩在玩耍;<br>在 C 公园中,也有 40 个小孩在玩耍。<br>请问,哪一个公园最拥挤?(答案是 C)<br>请解释你的答案。 |
|---|---|
| 学生作答 | 公园 A 比公园 B 更拥挤,因为 A 和 B 的大小一样,但是 A 中的小孩更多;而 C 公园是最拥挤的,因为 A 公园中每个小孩可以有 5 000÷40＝125 平方米的空间,而 C 公园中每个小孩只有 3 000÷40＝75 平方米的空间。 |

表 3 - 5　情境 2:木桶问题

| 情境 2 | 小明爸爸拥有一家清洁用品生产公司,他需要买一批新的机器来生产木桶。以下分别是三个厂家的广告:<br>广告 1:"桥"牌木桶生产机,15 分钟能生产 21 个木桶。<br>广告 2:"胜利"牌木桶生产机,每小时能生产 82 个木桶。<br>广告 3:"苹果"牌木桶生产机,30 分钟能生产 44 个木桶。<br>小明爸爸想买一个生产木桶最快的机器。<br>问题 1:你认为小明爸爸应该买哪一个机器?<br>问题 2:为什么你认为小明爸爸应该买这个机器?<br>请解释你的答案。 |
|---|---|
| 学生作答 | 因为小明爸爸想要买生产最快的机器,以便每完成一批生产后,能够马上开始下一批的生产。(在广告 1 中)每 15 分钟可以生产出 21 个木桶,而当你使用其他品牌的生产机时,你不得不等待 30 分钟,或者 1 小时。 |

在情境 1 中,学生分别使用了不同的策略来描述自己得到的结果。可以看出,在学生所熟悉的公园游玩的情境中,在使用"拥挤"这个常识性概念作为问题时,学生的回答往往更加贴近教师的要求,也更能够展现出他们的数学思维过程。而在情境 2 中,学生给出的回答似乎并没有朝着教师希望的方向发展。教师命题的思路是希望学生能够比较不同机器的生产效率,然后发现"苹果"牌生产机每小时生产的木桶最多。然而从作答中可以看出,学生显然对什么是"最快"产生了错误的理解。他们将持续的时间或者说不同工作任务之间转换的速率作为衡量"快慢"的标准,而非生产机本身的生产速度。对于学生而言,"工业生产"这个问题背景要比"公园玩耍"的背景复杂得多。所以,选择恰当的现实背景在问题设计阶段显得尤为重要。

## 六、结语

本章通过一些具体的案例,展示了在设计开放性问题过程中所需注意的若干准则。这些准则和案例并没有涵盖问题设计的所有方面,课堂实践中的许多其他因素也应该在设计问题时被考虑在内。比如,问题中所蕴含信息的呈现方式(文字的还是图表的,或是公式化的)也可能是影响学生表现的一个重要因素。又如,相同的词语在不同的文化背景下可能含义不同,还有所使用的词汇是否为现阶段学生所能理解的词汇等,都可能会影响最后实施评价的有效性。所以,本章仅仅是从一个侧面为教师提供了一些合适的角度,以帮助教师在设计自己的问题时能够进行更加深入的思考。也希望教师在设计自己的课堂教学评估题时,能够不断地反问自己,所设计的题目是否真正测出了你想要了解的内容,学生能否通过你的问题将自己的数学思维过程清晰地表达出来。

# 第4章　如何判断评估题的质量

在第3章中,我们给出了开放式评估题设计过程中所需遵循的准则,并通过四个案例初步呈现了设计一个好的开放题需要考虑的细节问题。然而,题目设计本身是课堂评估中最重要的环节之一,评估题质量的好坏将直接影响教师获取信息的准确性和有效性,从而间接地影响教师对学生数学思维过程的理解和判断。概括性的课堂评估框架或者一般性的评估准则并不足以帮助评估者设计出符合课堂评估要求的题目,教师需要通过大量的课堂评估题设计案例,来体会不同题目背景、语言表述、引导语设置和图表呈现方式所能达到的评估效果,从而总结出自己对于好的课堂评估题的理解和判断标准。

本章的重点在于课堂评估题案例的呈现。我们将围绕"平均数""百分数"和"运算"这三个具体的内容,通过不同类型评估题的分享,来探讨如何设计和判断高质量的课堂评估任务,从而引导学生将自己的数学思维过程展示出来,使得教师能够更好地了解学生对数学知识的掌握程度和数学思维中存在的不足。

## 一、案例一:平均数

"平均数"是"统计与概率"领域的重要概念。在小学阶段(3~4年级),《义务教育数学课程标准(2022年版)》指出了学习该内容的具体要求:"探索平均数的意义,能解决有关的简单实际问题。"理解平均数的概念涉及三个方面:一是理解平均数是一组数据的代表;二是概念性地理解平均数的算法;三是程序性地理解平均数的算法。

教师A和教师B分别设计了如下两道题目,旨在评估学生对于平均数概念的理解。教师A设计的题目如表4-1所示,教师B设计的题目如表4-2所示(Parke & Cai,1997)。表4-1的题目中,教师A选择直接给出一组数据,让学生求出这组数据的平均值。表4-2的题目中,教师B给出了一组数据的平均值和其中的一些数据,要求学生算出所需补充的数。与教师A设计的题目相比,教师B所设计的题目存在这样三个特征:其一,逆向思维。学生在解决这个问题时无法直接套用平均数的公式解答,而是需要建立在对平均数公式有一定理解的基础上,通过对公式中每一个数学符号内涵的理解和变换才有可能正确地解决问题。其二,过程解释。学生不仅要求出正确的答案,还需要对过程进行解释。教师 A 设计的问题虽然是以解答题的形式呈现,但学生只需要列出公式并求解即可,其实际测试的是对平均数算法的程序性理解;而教师 B 设计的题目是测试学生对平均数算法的概念性理解。其三,图表呈现。在义务教育阶段,尤其是小学数学教学过程中,学生处理抽象的数学概念和符号的能力相对较弱,通过直观想象来帮助理解数学概念是学生学习和教师教学的重要途径。因此,表 4-2 的题目设计方式能够为那些不擅长数学抽象思维活动的学生提供表达思维过程的机会。

从实际作答结果可以看出,在解决教师 B 设计的问题的过程中,有的学生能够将所学的公式运用到这种新的题目形式中;有的学生可以使用代数的方法列出方程求解;有的学生能够使用"猜想—验证"的方法;有的学生会通过图形的移动和变换来补充所缺的数;有的学生则会采用一种类似"平衡"的策略。例如,表 4-2 中学生 1 没有直接通过平均数公式求得结果,而是通过"移动"来补充不同条块之间的"缺口",从而找到所缺的数;学生 2 则是通过数据间的"配平",发现只有考试 4 中得分增加 2 分,才能补充考试 1 中所缺少的 2 分,从而计算出考试 4 的得分。

在日常课堂评估中,不少教师在介绍"平均数"概念时采取和教师 A 相同的方式,仅要求学生通过给定的一组数据计算出平均值。这种设计只能够满足课程标准中"能计算平均数"的要求,学生能否"体会平均数的作用"和"用自己的语言解释其实际意义",则很难通过表 4-1 中的任务反映出来。事实上,除了表 4-1 中"平均数算法的直接应用"和表 4-2 中"给定一组数据(其中一个空缺)及该组数据的平均数,找出空缺的数"的方式外,还可以从"给定平均数和个数,求出总数"(表 4-3),"根据给定的平均数和数据的个数,构造一组数据"(表 4-4),"从多个数据组中找出总平均"(表 4-5),"加权求平均数"(表 4-6),"平均数的意义"(表 4-7),"平均数与数据范围结合"(表 4-8)等各种不同的角度来评估学生对"平均数"的理解(蔡金法,2007)。这样的设计能够充分激活学生解决数学问题的不同策略,有助于教师更好地了解学生对"平均数"概念的理解程度。

表 4-1　教师 A 设计的平均数问题

| 设计问题 | 在一次食品捐赠活动中,小张、小王、小李和小赵分别捐赠了一些罐头食品。其中,小张 11 罐,小王 6 罐,小李 5 罐,小赵 2 罐。这四人所捐赠的罐头食品的平均数是多少? |
|---|---|
| 学生思路 | $\dfrac{(11+6+5+2)}{4}=6$ |

**表 4－2　教师 B 设计的平均数问题**

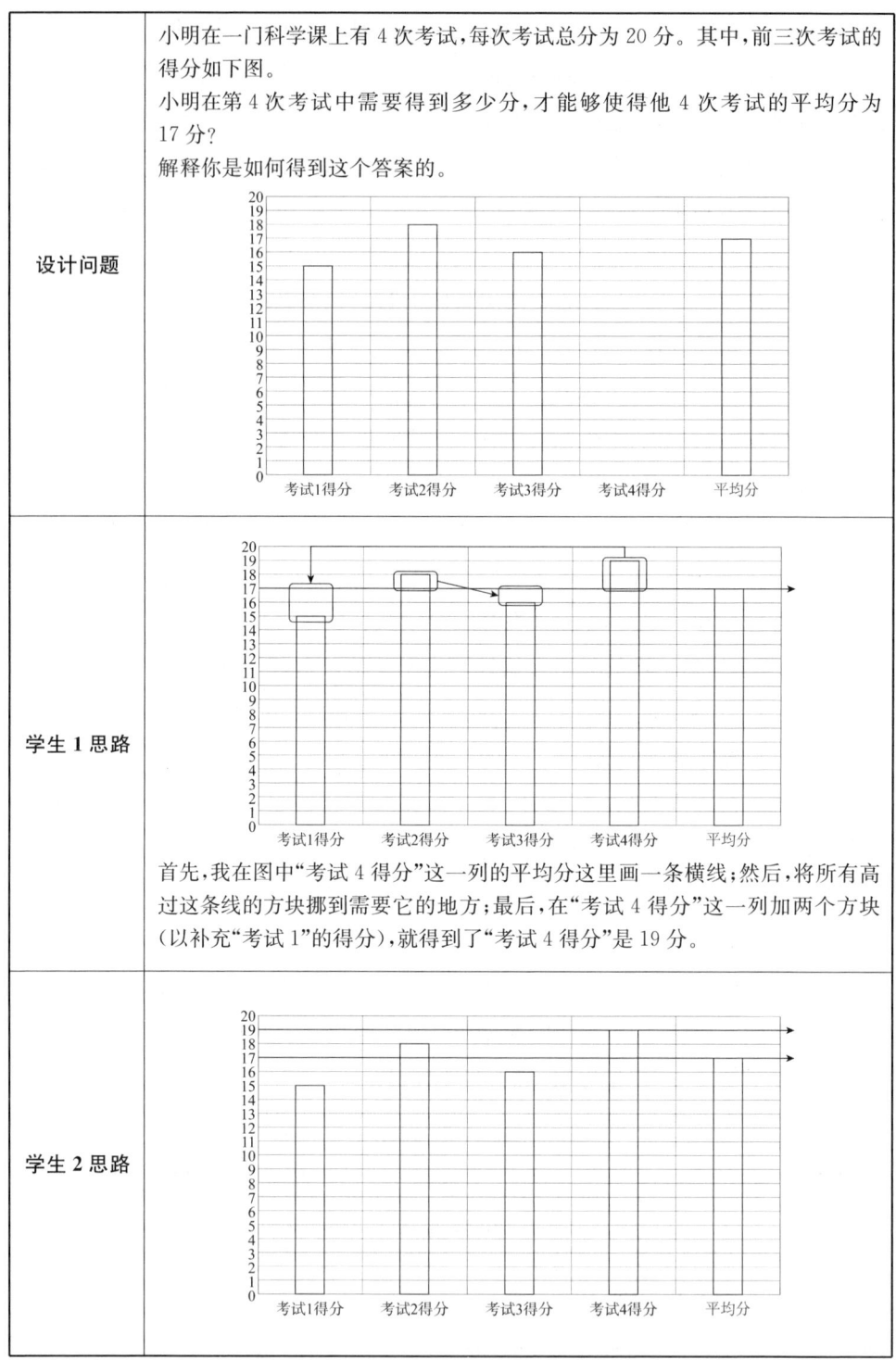

| 设计问题 | 小明在一门科学课上有 4 次考试，每次考试总分为 20 分。其中，前三次考试的得分如下图。<br>小明在第 4 次考试中需要得到多少分，才能够使得他 4 次考试的平均分为 17 分？<br>解释你是如何得到这个答案的。 |
|---|---|
| 学生 1 思路 | 首先，我在图中"考试 4 得分"这一列的平均分这里画一条横线；然后，将所有高过这条线的方块挪到需要它的地方；最后，在"考试 4 得分"这一列加两个方块（以补充"考试 1"的得分），就得到了"考试 4 得分"是 19 分。 |
| 学生 2 思路 |  |

| 学生 2 思路 | 我通过猜测得到要求的分数。以下是我的方法。 |
|---|---|
| | 15+2=17　　　　　　　　15　16　18　17　19<br>16+1=17　　　　　　　　+2　+1　−1　　　−2<br>19−2=17<br>18−1=17　　　　　　　　17　17　17　　　17 |

**表 4-3　给定平均数和个数，求出总数**

| 设计问题 | 7 个孩子合买一份礼物，每个孩子出了 50 元，这个礼物多少钱？ |
|---|---|

**表 4-4　根据给定的平均数和数据的个数，构造一组数据**

| 设计问题 | 有 7 名学生，每名学生的家里平均有 3 个人，请画出一幅适合此描述的条形图。 |
|---|---|

**表 4-5　从多个数据组中找出总平均**

| 设计问题 | 某校五年级的学生分成三组去植树，第一组的 37 人栽了 131 棵树，第二组的 35 人栽了 120 棵树，第三组的 30 人栽了 100 棵树。<br><br>小明说：因为 $\dfrac{131+120+100}{3}=117$，所以该校五年级的学生平均每人栽树 117 棵。<br><br>小明的推理对吗？为什么？<br><br>小泽说：因为 $\dfrac{131+120+100}{37+35+30}\approx 3.44$，所以该校五年级的学生平均每人栽树 3.44 棵。<br><br>小泽的推理对吗？为什么？ |
|---|---|

**表 4-6　加权求平均数**

| 设计问题 | 某班有 22 名男生和 18 名女生，男生的平均身高是 140.5 厘米，女生的平均身高是 142.5 厘米。小郑说：因为 $\dfrac{140.5+142.5}{2}=141.5$，所以全班的平均身高是 141.5 厘米。小郑的推理对吗？为什么？ |
|---|---|

**表 4-7　平均数的意义**

| 设计问题 | 某个城市的家庭中平均有 $3\frac{1}{2}$ 个人。"$3\frac{1}{2}$ 个人"是什么意思？有半个人存在吗？ |
|---|---|

表 4 - 8　平均数与数据范围结合

| 设计问题 | 哈尔滨的年平均气温是 24 度,南京的年平均气温是 27 度。你认为用年平均气温来比较两个城市的气温合理吗? 为什么? |
|---|---|

## 二、案例二:百分数

"百分数"是"数与代数"领域的重要内容。在小学阶段(5~6 年级),《义务教育数学课程标准(2022 年版)》指出了学习该内容的具体要求:"结合具体情境,探索百分数的意义,能解决与百分数有关的简单实际问题,感受百分数的统计意义。"同样地,我们通过一组例题来思考如何针对这一教学内容设计评估题。百分数既是一个数,又是一个比值,这是学生认识百分数的难点。教师 A、教师 B 和教师 C 分别设计了如下三道题目,来评估学生对于百分数的理解。其中,教师 A 设计的题目如表 4 - 9 所示,教师 B 设计的题目如表 4 - 10 所示,教师 C 设计的题目如表 4 - 11 所示。(这些题目来自笔者在香港举办工作坊时使用的例题)

表 4 - 9　教师 A 设计的百分数问题

| 设计问题 | 在星期六售出的雪糕中,有 40% 是巧克力味;在星期天售出的雪糕中,有 50% 是巧克力味。于是,林彬说:雪糕店在星期天售出的雪糕比在星期六售出的多,因为 50% 比 40% 大。<br>林彬说得对吗? 试加以解释。 |
|---|---|
| 学生思路 | 不对,因为星期六售出的巧克力味雪糕虽然比星期天少,但是星期六售出的雪糕中除了巧克力味以外,还有其他味道,如果将其他味道的销售量加上巧克力味的销售量,星期六的总销售量就比星期日多。反过来,星期日虽然巧克力味的雪糕售得多,但其他味道比星期六售得少,所以总销售量比星期六少。因此,林彬不可以用巧克力味雪糕的销售量百分比来比较总销售量。 |

表 4 - 10　教师 B 设计的百分数问题

| 设计问题 | 在星期六售出的雪糕中,有 40% 是巧克力味;在星期天售出的雪糕中,有 50% 是巧克力味。于是,林彬说:雪糕店在星期天售出的巧克力雪糕比在星期六售出的巧克力雪糕多,因为 50% 比 40% 大。<br>林彬说得对吗? 试加以解释。 |
|---|---|

表 4-11 教师 C 设计的百分数问题

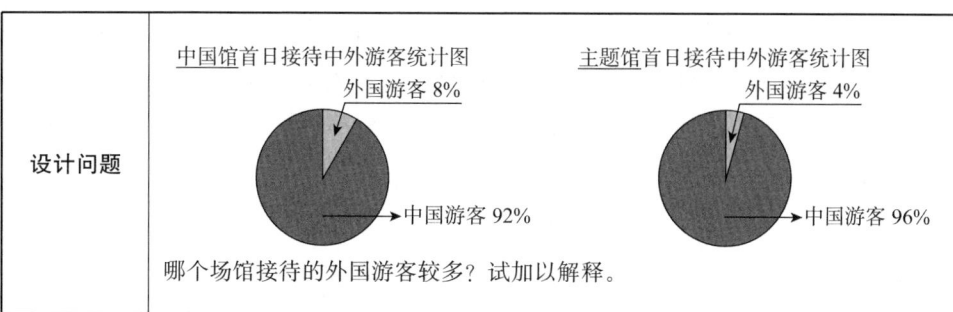

| 设计问题 | 中国馆首日接待中外游客统计图<br>外国游客 8%<br>中国游客 92%　　主题馆首日接待中外游客统计图<br>外国游客 4%<br>中国游客 96%<br>哪个场馆接待的外国游客较多？试加以解释。 |
|---|---|

"百分数"作为比率有其相对性,理解"百分数"的意义就是要帮助学生理解其相对性。表 4-9 中,教师 A 设计的评估题要求学生能够通过部分(巧克力雪糕的销量)来推测整体(所有雪糕的销量)的数量关系;教师 B 设计的评估题是在未给定整体数量关系的前提下(未提及星期六和星期天销售的雪糕数量是否相同),要求学生比较两个"百分数"之间的关系;教师 C 则在题目中指明了是不同的场馆(即总体不同),并将百分数呈现在相同大小的扇形统计图上,要求学生通过图示来判断百分比之间的关系。

三道题目考查的都是学生对于百分数意义的理解。可以看出,教师 A 设计的题目中涉及的未知量有很多。比如,星期六和星期天售出的雪糕总量分别为多少?售出的巧克力味雪糕数量分别为多少?还售出了哪些种类的雪糕?其数量分别是多少?等等。学生在刚接触百分数的概念时,对于"整体"和"部分"之间关系的理解还十分模糊,此时出现过多的概念可能会对学生产生不必要的干扰,使得学生的回答无法按照教师所预期的方向发展。我们从表 4-9 中的学生作答也可以看出,学生对"售出的 40% 为巧克力雪糕"和"星期六售出的雪糕"之间的数量关系是不明确的,错误地认为"星期六售出的巧克力味雪糕少,那么其他味道售出的就多,所以星期六总体售出的就多"。这说明学生对"百分数"缺少相对性的理解。这种设计没有达到测试学生对百分数相对性理解的目的。

在教师 B 设计的题目中,这样的情况略有好转。在解答这个问题时,学生只需意识到"星期六售出的雪糕"和"星期天售出的雪糕"总数是不同的,就可以推断出"50%"和"40%"这两个部分之间的关系是不可以比较的。在测试学生对百分数相对性的理解时,这样的设计效果更好。

在教师 C 设计的题目中,"整体"不同这一矛盾被进一步凸显出来,题干中就明确指出是"不同的场馆"。在这道题目中学生认知的困难主要集中于为什么在同样的"扇形统计图"上面表示百分数,总量也都是100%,但是两幅图中"外国游客"的百分比却不能够直接进行比较!与教师B设计的题目相比,教师C设计的题目要求学生对"百分数"中整体与部分关系的理解更为深入。也就是说,如果在回答教师B设计的问题时,学生还可以通过"星期六的雪糕总数和星期天不同"来间接推测出"50%和40%不可比"的话,那么在解决教师C设计的问题时,学生面对的是"同样是100%,为什么一个100%中的8%和另一个100%中的4%不可以直接比较"这样的问题。学生需要意识到,在主题馆中即使只有4%的外国游客,人数也可能比中国馆中8%的外国游客人数多。

从这组问题中我们可以看到,并非评估题设计得越复杂,未知量越多,就越能够测量出学生真实的数学水平。在设计评估题时,要考虑到学生可能出现的反应和答案,同时还要充分考虑到现阶段学生存在的认知困难,找到希望学生掌握的数学本质问题并围绕这一问题进行有针对性的设计,尽量避免一些不必要的因素影响学生作出正确的判断和解答。评估题设计的最终目的是让学生完整地呈现出自己的思维过程,而并非要"难倒"学生。

## 三、案例三:运算

《义务教育数学课程标准(2022年版)》进一步强调数学核心素养的概念,无论在小学还是中学阶段,运算都是其中必备的核心素养,包括"能够根据法则和运算律进行正确运算""能够明晰运算的对象和意义,理解算法与算理之间的关系""能够理解运算的问题,选择合理简洁的运算策略解决问题""能够通过运算促进数学推理能力的发展"等。

教师在考查学生的运算能力时,经常采用的方式是要求学生做不同的运算题。事实上,在运算评估题的设计中,也可以考虑采用不同的形式。在下面的案例中,教师A、教师B、教师C和教师D依据自己对"运算"的理解各自设计了一道题目来评估学生的运算能力(蔡金法,2007),详见表4-12至表4-15。

四道题目的设计意图均是考查学生对运算符号和运算顺序的理解。表4-12中,教师A直接给出一道同时包含减法和乘法的计算题,要求学生算出正确的结果。表4-13中,教师B让学生依据给定的算式提出问题,并且这个问题能够用给出的算式解决。表4-14中,教师C给出一个情境,要求学生从备选项中选择正确的运算顺序。表4-15中,教师D设计了开放性的题目,要求学生自主安排运算顺序和运算方法,并为自己所使用的方法进行合理性说明。

表 4 - 12　教师 A 设计的运算问题

| 设计问题 | $295-43\times4=?$ |
|---|---|

表 4 - 13　教师 B 设计的运算问题

| 设计问题 | 根据"$295-43\times4=?$"这道算式提出一个问题,提出的问题能够用这个算式来解决。 |
|---|---|

表 4 - 14　教师 C 设计的运算问题

| 设计问题 | 解答下列问题需要用到哪些运算?<br>你需要带足够的蛋糕去班上的晚会,以便每位同学能分到 2 块。一个盒子能装 10 块蛋糕。如果总共有 20 人,你需要带多少盒蛋糕?<br>(1) 先用除法,然后用加法<br>(2) 先用乘法,然后用除法<br>(3) 只用除法<br>(4) 只用乘法 |
|---|---|

表 4 - 15　教师 D 设计的运算问题

| 设计问题 | 你需要带足够的蛋糕去班上的晚会,以便每位同学能分到 2 块。一个盒子能装 10 块蛋糕。如果总共有 20 人,你需要带多少盒蛋糕?<br>解答上述问题需要哪些运算? 请写下你的运算顺序并进行解释。 |
|---|---|

　　通过对这四道题的对比分析可以发现,学生在解决教师 A 设计的问题时,至少有 3 种典型的作答情况。情况一,学生按照"先乘法,后减法"的运算顺序进行运算并得到正确的结果,因为他们理解了四则运算的意义。情况二,学生按照"先乘法,后减法"的运算顺序进行运算,并得到正确的结果,因为"老师讲过四则运算的计算顺序"。情况三,学生理解意义并能够按照"先乘法,后减法"的运算顺序进行运算,但是运算结果不正确。如果仅依据学生的作答结果进行评分,相信绝大多数教师会给情况一和情况二的学生满分,而情况三的学生由于计算结果不对,不得分。但是,从学生对这一概念的理解程度来讲,应该情况一的学生得分最高,情况三次之,而情况二的学生得分最低。因此,这样的设计为了解学生的真实状况带来了一定的阻碍。

　　而在教师 B 的设计中,学生不仅要会计算,还需要赋予算式中的每一个数和运算符号他所理解的含义,并且将这些意义串联起来形成自己的数学问题。这样不仅能够了解学生的思维过程,还能够了解学生的生活背景以及他们将数学概念与生活实践相联系的能力。

教师 C 设计的问题在一定程度上规避了教师 A 所设计的题目中存在的问题,题目能够聚焦于学生对运算符号使用先后顺序的理解。本题教师希望学生得出的正确答案是"先用乘法,然后用除法"。但是,在实际回答问题的过程中,有相当一部分学生选择了"只用除法"或"只用乘法"。选择"只用除法"的学生认为 $2×20＝40$ 这一步是显而易见的,因此在他们的概念中"这并不是必要的一步"。而选择"只用乘法"的学生认为 $2×20＝40$,所以需要 40 块蛋糕;1 盒蛋糕是 $1×10＝10$ 块,显然是不够的;以此类推,$2×10＝20$,$3×10＝30$,也不够;$4×10＝40$,符合要求,所以需要 4 盒。这个过程中只涉及乘法运算。这两类学生的解释理由是充分的,但在教师 B 的评估题中会被误判为"错误"。在教师 D 的设计中,通过开放性的提问方式,让学生将自己的选择过程和原因展示出来,有助于教师对学生的表现作出更加精确的评估。

在传统的课堂教学中,评估学生运算能力最常用的手段或者说判断标准就是"速度",如学生每分钟可以正确计算多少道百以内加减法(乘除法)题目等,而忽视了对运算符号和运算规律的深入了解。学生算得快、算得对并不等同于掌握得好。即便学生可以算出类似表 4－12 中的 100 道题目,也只能说明学生较为熟练地记住了运算法则,并且拥有较好的计算能力,并不足以说明学生理解了运算符号背后的意义。在课堂评估中,题目设计得"节奏慢一点"并不是坏事,要留出更多的空间让学生去体会数学运算背后所蕴含的数学思想,也要为教师了解学生的思维过程提供更多的机会。

## 四、结语

本章通过对三组课堂评估题的案例分析,就如何围绕具体教学内容设计评估题,以及如何判断评估题的质量进行了一些探讨。探讨的最终目的不是为了总结出若干条评价题目设计质量的标准,尽管统一的评判标准在一定程度上能够帮助新手教师更快速地进入教育的角色。因为课堂评估不是工业化生产或者流水线作业,而是一个系统且复杂的研究领域。这一过程中需要大量的评估设计、专业的评估题分析、丰富的教学经验以及对理解某一数学概念的洞察力,由此研制出的评估工具才能够通过"循循善诱"的方式,获取学生数学思维的真实状况。

为了帮助教师更好地理解不同题目设计方式可能会对学生作答和评估结果产生的影响,在今后的课堂评估题设计过程中,建议大家从以下几个方面来审视自己设计问题过程的严谨性与科学性,通过不断反思来提高评估题的设计质量。

从能否达到评估目的的角度,我们可以反思:

1. 问题是否能够反映设计者所希望评估的教学内容和学生的认知过程?

2. 引导语或措辞是否能够让所有学生按照预设的想法解释任务?

3. 引导语或措辞是否清楚地表达了设计者所期望的学生作答程度?

4. 题目中的图、表等各种材料是否清晰明确?

从发现学生思维过程的角度,我们可以反思:

5. 面对所设计的题目,学生典型的反应可能是什么?

6. 题目是否清晰地向学生表达了希望他们回答的问题?

7. 问题是否能够引发学生不同的思考或解题方法?

8. 问题是否能够激发学生最好的表现?

从题目设计公平性的角度,我们可以反思:

9. 对于所设计的问题,不同学生在理解上是否一致?

10. 题目是否给出了符合学生经验的问题情境?

11. 全体学生都有公平和相等的机会获得他们需要的资源吗?

12. 题目的引导语或措辞适合学生认知发展的水平吗?

# 第5章 如何通过定量和定性的方法进行开放题试卷分析

开放性评估题能够为学生提供完整表达自己思维和推理过程的机会,不同的学生会采用不同的策略和表征方式来解决问题。设计恰当的评估题能帮助教师了解课堂教学的真实效果,获取学生学习过程的重要信息。

设计评估题后,如何对学生的学习情况作出准确的判断,是课堂评估中面临的又一个重要任务。一般地,在评判选择题试卷时,正确答案往往是唯一的,对学生作答结果更多的是用"对"和"错"进行判断;选择题也会涉及不同的错误类型,如不同选项代表的是学生可能出现的不同错误。在评判开放题的答卷时,情况就复杂得多。一方面,从定性分析的角度,学生可能会使用不同的认知策略,采用不同的表征方式来解释自己的答案,并且会犯各种不同类型的错误。另一方面,从定量分析的角度,这些回答中有的是完整而准确的,有的可能只是部分正确(例如,对概念的理解正确,但不知道采用哪一个具体的数学公式来解决),有的学生可能完全不知道如何解决问题。这说明学生对同一个问题的认识存在多种不同的水平,而如何通过学生的作答对其数学知识理解和认知表现水平进行评估,是分析开放题答卷需要解决的问题。

蔡金法等人(1996)结合其在一个研究项目中对学生开放性题目作答的评估经验,就如何从定量和定性两个方面评估学生在开放性评估题上的表现进行总结,形成了开放性课堂评估题的定量与定性分析框架。本章将对该框架进行介绍,并结合一个具体的案例以及学生在这一案例中的作答,详细阐述分析与评估过程,以及如何运用这些信息来指导和改进教学。

## 一、开放性课堂评估题的定量与定性分析框架

本章将介绍课堂评估中两种常用的评分方法。其中一种方法是通过整体的定量分析方式对学生的作答信息进行评估(蔡金法等,1996)。在整体的定量评分过程中,每一名学生在开放题上的作答将被赋予一个分数,这个分数基于教师、教育研究者和评估专家为该题目设计的特殊评估标准形成,代表的是学生在回答这一

问题过程中的认知表现。分数可以使用不同的等级,如用 $0\sim2$、$0\sim4$ 或 $0\sim6$ 等区间来表示。其中,区间的中位数表示学生能够答对"一半"的程度。例如,表 5-1 呈现了在 $0\sim4$ 这五个分数等级下学生表现的一般性描述。这一标准只是对每个水平学生所具备特征的概括性描述,针对不同的教学内容和题目类型,还需要提供具体的评估标准,在下文中我们会结合具体题目进行说明。

从表 5-1 中可以看到,不同分数等级的学生在作答时所表现出来的特征有明显的区别。处于分数等级 4 的学生不仅能够完整而准确地给出答案,而且在回答过程中可能会包含富有创造性的解答;处于分数等级 3 的学生作答基本正确,但是在解题的过程中可能会有一些瑕疵或者遗漏,说明这一水平的学生思考还不够全面;处于分数等级 2 的学生通常明白题目所要考查的内容,并且能够把握题目中的重要条件和关系,以及应该使用哪些公式或方法来解决问题,但是在具体操作和应用上存在困难,往往不能够形成完整而系统的解决方案;处于分数等级 1 的学生通常能够提供一部分正确的作答,但是这些正确的内容往往和错误的或者无关的内容交织在一起,且学生对题目所考查的内容理解十分有限,以至于无法区分出哪些是正确的,哪些是错误的;处于分数等级 0 的学生则完全无法解答题目,所采用的方法和策略以及得到的结果都是错误的。

### 表 5-1  定量的评分框架

| 学生等级 | 描述 |
| --- | --- |
| 等级 4 | 所用解题策略清晰完整,并附有充分的解答过程;<br>对问题所涉及的数学观点有正确和清晰的理解;<br>解答过程没有遗漏,能正确和完整地解答问题,并提供正确的解释;<br>学生的解答可能富有创造性或包含非常规性的解答过程;<br>答案和解答过程可能超出题目的要求;<br>对解答的正确性能作出核查。 |
| 等级 3 | 解答过程清晰地表明了正确策略的使用;<br>解答的过程基本完整或正确;<br>解答过程表明学生理解题目中涉及的条件、彼此间的关系和问题的要求,可能有遗漏但不至关重要;<br>论证过程基本完整,可能有遗漏但不至关重要;<br>能核查答案。 |
| 等级 2 | 对题目所涉及的内容只有部分的理解;<br>对题目某些重要的条件和关系有所理解;<br>论证过程可能有点混乱、不完整或遗漏;<br>表现出解题的计划,但在应用时出现错误,或没有具体实施计划。 |

| 学生等级 | 描述 |
|---|---|
| 等级 1 | 尝试着去解答,但未能应用正确的解题策略;<br>对题目所涉及内容的理解非常有限;<br>可能应用了无关的数据或过分强调某些不重要的条件;<br>只提供了正确答案,而没有包括如何得出正确答案的解答过程。 |
| 等级 0 | 无任何尝试;<br>尝试的解答没有意义;<br>无意义地对问题涉及的数字进行运算;<br>错误地应用数学公式或规律。 |

另一种常用的方法是采用归类的方式对学生作答进行定性分析。这类分析往往描述的是学生作答的性质,而不是为他们的答案赋予一个分数。与定量分析相比较,虽然同样是对学生的作答进行分类,但是定性分析不仅仅通过正确与否来分析学生的作答,而是要从学生作答的整个过程,包括解题策略、运用数学符号进行交流的能力以及错误类型刻画等多个角度,对学生思维过程进行评判。如图5-1,许多学者使用这样的分析框架来定性地评价学生的作答(蔡金法等,1996)。

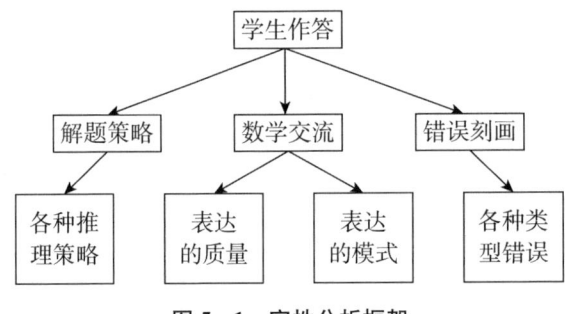

**图 5 - 1　定性分析框架**

解题策略是学生的一种目标导向的思维活动。在解题过程中,学生会使用不同的策略,恰当的策略是成功解决数学问题的基础。在实际课堂评估中,通过学生所使用的不同策略,可以了解其思维方式以及可能存在的认知漏洞。

数学交流能力具体表现为学生能否完整而准确地使用数学语言来呈现自己解决问题的过程和思考问题的方式。它可以从两个方面进行描述,即数学交流的质量和数学交流的模式。数学交流的质量由高到低可分为:完整并正确,几乎完整和正确,部分完整,模糊的,程序性的,没有呈现具体的信息来表示解题过程。数学交流的模式可以分为:仅使用文字描述,仅使用图形描述,仅使用数学符号描述,以及上述几种表达方式的混合等。当然,还有的学生会采用自创的语言或者符号系统来表述自己的作答过程。有关数学交流的评估,我们会在后面的章节进行详细讨论。

错误刻画指的是将学生在问题解决过程中所犯的错误进行分类。使用不同解题策略的学生往往会产生不同的错误类型,这一点我们会在下文的案例中进行详细介绍。

与定量分析相比,定性分析更强调发现学生表现的不同之处,并且将这些不同进行归纳和总结,从而帮助教师在课堂上更好地组织和实施教学。在运用定性分析时,教师可以使用不同的方法将课堂评估中获取的学生作答信息进行整合,这种方式更适用于课堂上学生小组交流并分享自己的方法。例如,在课堂的小组讨论过程中,学生可以通过这样的方式鉴别自己和他人所使用的策略以及所犯的错误,从而在教师的帮助下建立起自己的解释和评判标准。

定性分析和定量分析是相互补充的。在定量分析时,只要学生答对且过程完整,就可以得到满分。但是,同样得到满分或者获得相同分数的学生,他们使用的策略或所犯的错误可能截然不同。

## 二、定量分析的案例

表5-2是一道开放性的课堂评估题,主要评估学生根据给定的几何图形,探索图形变化规律的能力。这道题目也考查了学生对代数知识和几何知识的理解。表5-2中图形①至图形④同时包含了"变"和"不变"的因素。其中,点的数量是图形变化规律中"变"的因素,而图形的形状是"不变"的因素(图①中的三角形可以视作特殊的梯形)。

表5-2 探索规律问题

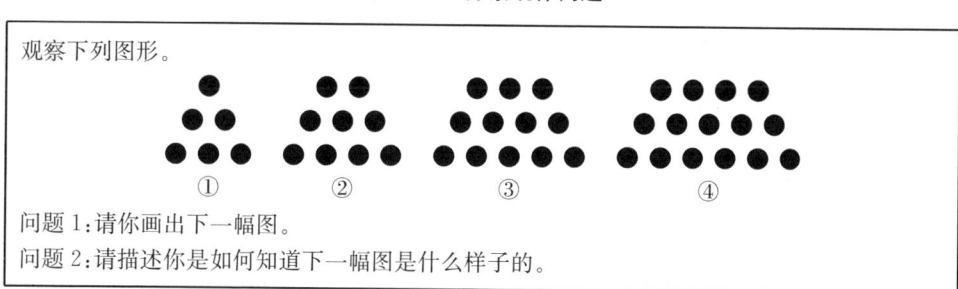

观察下列图形。

① ② ③ ④

问题1:请你画出下一幅图。
问题2:请描述你是如何知道下一幅图是什么样子的。

表5-3从定量分析的角度呈现了不同分数等级学生的典型作答情况。由学生所画的图形及提供的解释可以发现,分数等级4的学生所画的图形完全正

确,并且给出的解释表明学生发现了圆圈在每一行的变化规律,以及整个图形特征变和不变这两个要素。分数等级 3 的学生同样画出了正确的图形,但是从他们的解释中可以看出,这些学生实际上只注意到了图形第一行圆圈数量的变化,或者说他们的表述过程仅体现出这一点,因此不能完全确定他们已经掌握了这一知识。分数等级 2 的学生所画图形的数量是符合前四个图形的数量变化规律的,他们的作答中也反映了这个"变化"的规律,但是学生并没有注意到整个梯形图的完整性,所以这些学生只看到了规律的一部分,而非全部。分数等级 1 的学生所画图形中圆圈的数量是符合规律的,并且他们也知道需要通过"数圆圈的数量"来解决这个问题。然而,他们并没有正确地将这个策略表述出来,并且他们所描述的策略与所画出的图形也不一致。分数等级 0 的学生所画的图形和所描述的策略均是错误的。

表 5 - 3　各个分数等级描述及学生表现

| 所处分数等级 | 描述 | 学生作答示例 |
|---|---|---|
| 分数 4 | 学生画出的图及提供的描述表明他已经发现了图形中存在的规律,并且能够将这一规律完整且正确地描述出来。 | 问题 1:<br>问题 2:在画下一幅图时,需要在图形中的每一行都加上一个圆圈。 |
| 分数 3 | 学生画出的图及提供的描述表明他已经发现了图形中存在的规律,但是表述不太完整,存在少量不重要的遗漏。 | 问题 1:<br>问题 2:看第一行,我发现圆圈数是从 1 到 4,那么下一幅图第一行就应该是从 5 个圆圈开始。 |
| 分数 2 | 学生画出的图及提供的描述表明他部分地发现了图形中存在的规律,或只能够部分地描述出来。 | 问题 1:<br>问题 2:下一幅图应该加上 3 个圆圈。 |
| 分数 1 | 学生画出的图及提供的描述表明他对图形中存在的规律有一点了解,但是这样的了解十分有限。 | 问题 1:<br>问题 2:我数了数圆圈的数量,并将它们乘 2。 |

| 所处分数等级 | 描述 | 学生作答示例 |
|---|---|---|
| 分数 0 | 学生画出的图及提供的描述表明他对图形中存在的规律完全不了解。 | 问题 1：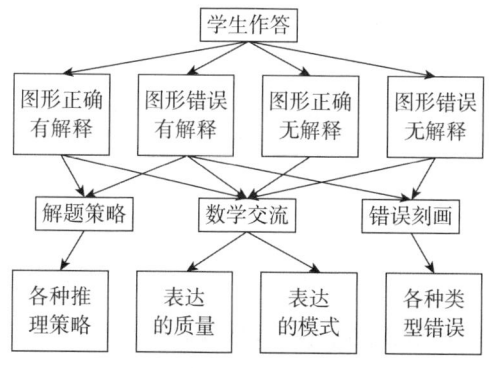<br><br>问题 2：5 在最上面，4 在下一行，3 在 4 下面，2 在 3 下面，1 在最下面。 |

可以看到，定量分析的作用主要是描述学生对数学知识理解和掌握的程度，这样的程度有高低之分。处于高等级的学生能够看到评估题所考查的数学知识的全貌，并且可以将自己的策略完整地表达出来；而处于低等级的学生往往只能够部分地解决这个问题，或者在使用策略的描述上存在较大的漏洞或偏差。

### 三、定性分析的案例

如前文所述，定性分析包括对学生解题策略、数学交流和错误刻画三方面的分析。表 5-2 中探索规律的题目，要求学生结合前四幅图形画出下一幅图形，并且对自己画出图形所使用的策略进行解释。这里首先涉及两方面的判断标准，一是对学生所画图形正确性的判断，二是对学生是否给出描述的判断。因此，学生的作答可以依据这两个方面被分为四类：(1)画出正确的图形并作出解释；(2)画出正确的图形但没有作出解释；(3)画出错误的图形并加以说明；(4)画出错误的图形且没有加以说明。

如图 5-2，对学生解题策略的判断与分析需要建立在学生给出解释的基础上（即"图形正确有解释"和"图形错误有解释"）；对学生错误类型的刻画则聚焦于犯错的学生（即"图形错误有解释"和"图形错误无解释"）。

图 5-2 探索规律问题的定性分析框架

与上述二者相比，对学生数学交流的分析则要复杂得多。数学交流涉及上述全部四种作答类型的学生，评估过程中不仅要对学生作答的正确性和完整性等与交流质量有关的方面进行判断，还需要对交流所使用的表达模式以及表达的有效性等进行分析。此外，对数学交流的评估不仅可以是定性的，也可以是定量的，而其定量的判断标准与上述对题目整体进行评分的标准略有不同。因此，这里主要就学生的解题策略和错误类型进行定性分析，有关学生数学交流的分析与评估会在后续章节进行介绍。

从解题策略分析的角度，蔡金法等人（1996）对 152 名学生所使用的解题策略进行了统计分类，其中 70% 的学生能够对他们的思维过程进行清晰的解释。这些学生所使用的策略可以概括为九类（见表 5－4）。

表 5－4　九种解题策略类型

| 策略类型 | 策略描述 |
|---|---|
| 类别 1 | 学生将三行中点的数量变化作为一个整体来观察，将点的数量变化规律作为判断下一幅图的依据（如第一幅图三行的数量为 1,2,3；第二幅图为 2,3,4）。 |
| 类别 2 | 学生将三行中点的数量分别视为三个数列，通过发现每个数列的变化规律找到下一个图形（如第一行的数列是 1,2,3,4；第二行的数列是 2,3,4,5；第三行的数列是 3,4,5,6）。 |
| 类别 3 | 学生通过观察图形斜对角线上点的变化规律来找到下一幅图，发现每一幅图比上一幅图多 1 条斜线，这条斜线由 3 个点组成。 |
| 类别 4 | 学生认识到图形与图形之间，每行都会增加 1 个点，因此，第四幅图上每一行增加 1 个点就是第五幅图。 |
| 类别 5 | 学生移除前一幅图中第一行的所有点，然后在底部加上 1 行，并且这一行包含点的个数比上一幅图中最后一行要多 1 个，从而形成新的图形。 |
| 类别 6 | 学生聚焦于每幅图的中间部分，首先在中间部分按照规律加上 2 个点，然后在图形的最上面一行加上 1 个点。 |
| 类别 7 | 学生将图形想象成"三维的"（上方，左下，右下），并且通过三个方位上数字的变化来找到图形规律。 |
| 类别 8 | 学生首先通过在顶部增加点的方式，将每一幅图都还原为一个三角形；然后基于三角形的变化规律找到"第五幅图"；最后擦除第五幅图顶端的一部分点，将图形还原为与前四幅图一样的形式（梯形）。 |
| 类别 9 | 学生聚焦于图形中点的个数的变化规律，而没有注意到图形形状所具有的特征。 |

因为有些策略类型通过描述较容易理解，而有些类型不易理解，所以我们在表 5－5 中对那些相对较难理解的类型用相应的学生作答来举例说明。

读懂每一个学生：课堂评估的目的、设计、分析和使用策略

表 5 - 5　部分策略学生作答示例

| 策略 | 学生作答示例 |
| --- | --- |
| 类别 2 | 问题 1： 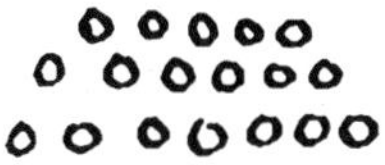<br>问题 2：四幅图中第一行的数字分别是 1、2、3、4，所以下一幅图应该是 5；<br>第二行数字分别是 2、3、4、5，所以下一幅图是 6；<br>第三行数字分别是 3、4、5、6，所以下一幅图是 7。 |
| 类别 3 | 问题 1： <br>问题 2：只需要在这个边上加 3 个圆圈。 |
| 类别 6 | 问题 1： 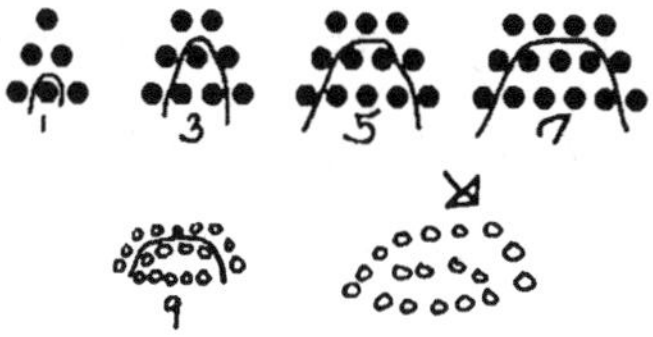<br>问题 2：如上图，第一幅图我划线的位置是 1 个点，后面每一幅图的这个位置都比前一幅图多了 2 个点，所以第五幅图的这个位置是 9 个点，从而得出图形。 |
| 类别 7 | 问题 1： 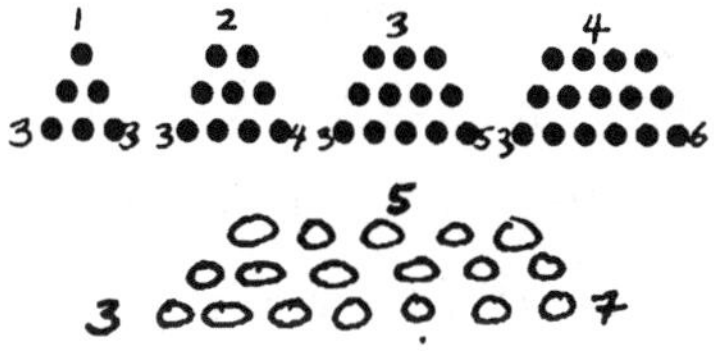<br>问题 2：第一幅图表示的是 $1\frac{3}{3}$，第二幅图表示的是 $2\frac{3}{4}$，第三幅图表示的是 $3\frac{3}{5}$，第四幅图表示的是 $4\frac{3}{6}$，所以第五幅图表示的是 $5\frac{3}{7}$。 |
| 类别 9 | 问题 1： 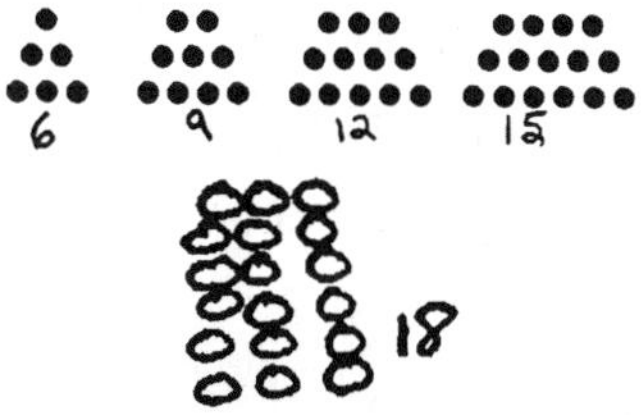<br>问题 2：因为它们的数字像上面的图一样一直在增加。 |

上述九个类型的策略都能够帮助或者一定程度上帮助学生解决这一问题。其中,数据结果显示,策略4是学生最常用的策略。同时我们也看到,不同学生使用的策略背后蕴含的数学思想不尽相同。使用策略2的学生是基于数列的思想,将图形中的三行分别当作三个不同的数列来观察。使用策略3和策略6的学生则更多地从图形推理的角度看待这一问题,不同的是他们将图形分割成了不同的部分来看待。使用策略3的学生将每一个斜对角线分成一个"部分",而使用策略6的学生将图形分为"内""外"两部分,分别观察其变化规律。使用策略7的学生则能够运用一定的空间思维能力,将二维图形转化为一个"三维"问题来解决。

从错误类型分析的角度,学生常见的错误类型与题目设计中包含的"变"与"不变"的因素相关联。有的学生只关注到图形中点的数量变化,而没有保持原有的图形形状。有的学生注意到在保持"形状"的基础上,图形在逐渐"变大",但是点的变化规律没有具体呈现出来。还有的学生则因为使用的策略相对较为复杂,在具体操作过程中出现了由粗心导致的偏差。例如,使用策略8的学生中,绝大部分最终无法将"三角形"准确地还原为"梯形",在还原的过程中会多画或者少画一些点。

## 四、结语

课堂评估并不是简单地对学生作答进行"对"或"错"的判断,它包括了对学生思维过程的定量与定性的分析。定量分析能够帮助教师通过学生的作答以及对解答过程的解释,来判断学生的数学认知表现;而定性分析能够帮助教师了解不同学生在解题策略、数学交流方式以及常犯的错误和思维的误区上所存在的差异,从而为每一名学生提供他们所需要的教学帮助。

从定量分析和定性分析中获得的信息是相互补充的。定量方面的信息能够帮助教师从整体上把握学生的学习状况,这种分析类型有助于了解教学前后学生的变化,或者比较不同班级之间学生的学习状况。定性分析虽无法以平均分的方式整体反映全班的状况,但是这种方法能够提供更加丰富的教学信息。例如,某一道题目可以使用不同的策略解答,教师在课堂上可以组织学生对不同策略的特征、不同解题过程的表征方式、学生不同类型的错误以及改进错误的方法等进行讨论,这些信息能够更加全面地反映学生的学习状况。

# 第6章　如何对学生的表现进行客观评估

在第 5 章中,我们讨论了如何通过定量和定性的方法对学生在开放题中的表现进行评分。其中,在定量分析时我们采用 0~4 的整体性评分方式,将学生的作答表现划分为不同的分数等级。处于每一个分数等级的学生所具备的特征可以概括地描述如下:

4 分——正确并完全理解;

3 分——正确并完整,但有较小的错误、疏忽或不明确之处;

2 分——对问题或相关概念部分理解;

1 分——对问题或相关概念的理解很有限;

0 分——对问题或相关概念没有理解。

虽然经过清晰的界定和准确的描述,教师可以为每一道评估题设计出较为详细的评分标准,然而我们需要承认的是,无论评分标准多么细致,不同教师在使用这样的评分标准时,或多或少会由于自身的教育背景和主观性等原因,导致最终在解读学生答卷时产生差异,给予学生不同的分数。

蔡金法和他的合作者(蔡金法,2007;蔡金法等,2015;Wang & Cai,2018)对我国同一地区的教师,以及我国和美国数学教师在进行开放题评估时所存在的差异及原因作了较系统的分析。本章将结合一道小数位值问题、一道地图比例问题和一道奇数模式问题,通过分析同一地区的教师,来自不同文化背景的教师,以及具有不同教学经验的教师对学生在这些问题上作答的评分,来探索和讨论教师课堂评估过程中可能存在的差异。此外,我们还将依据课堂评估实践的现实情况,梳理出可用于保障教师课堂评估客观性的几点建议。

## 一、案例一:同一地区教师对学生作答的评分差异

我们在第 3 章中提供了这样一个评估题案例。案例中要求学生从 0.08、0.8、0.080 和 0.008 000 这四个数中,选出数值最大的一个,并解释为什么所选的数值最大。为了进一步了解教师如何使用评分标准对学生表现进行评分,在学生完成作答后,研究者从中挑选出 10 种不同类型的作答结果,并邀请参与研讨的 144 名小

学数学教师按照上述评分标准,对这 10 种不同的作答类型打分,分值在 0~4 分之间。每一名教师的评分过程是独立的,不会与其他教师交流,也不会知道其他教师给出的分数。表 6-1 中挑选了其中 6 份比较有代表性的答卷。教师对这 6 份答卷的评分结果见表 6-2。

表 6-1  6 种不同的学生作答结果

| 答卷 | 描述 | 答卷 | 描述 |
|------|------|------|------|
| 答卷 1 | | 答卷 4 | |
| 答卷 2 | | 答卷 5 | |
| 答卷 3 | | 答卷 6 | |

表 6-2  144 名教师对每一种作答的评分分布

| 答卷 | 4 分 | 3 分 | 2 分 | 1 分 | 0 分 |
|------|------|------|------|------|------|
| 答卷 1 | 42 | 90 | 6 | 6 | 0 |
| 答卷 2 | 12 | 66 | 54 | 12 | 0 |
| 答卷 3 | 102 | 18 | 18 | 6 | 0 |
| 答卷 4 | 6 | 66 | 54 | 18 | 0 |
| 答卷 5 | 0 | 12 | 24 | 42 | 66 |
| 答卷 6 | 24 | 12 | 48 | 42 | 18 |

注:表格中的数代表对这一答卷给出该分数的教师人数。如答卷 1 的 4 分下面的数 42,代表给 4 分的教师有 42 人。

从表 6-2 中可以看到,144 名教师对学生作答的评价存在非常大的差异。在全部 6 份答卷的评分中,教师仅在答卷 3 上的评分具有较高的一致性,给出同一分数的教师占到全体的 70% 以上$\left(\frac{102}{144}\approx 71\%\right)$。在部分答卷的评分中,教师给出的分数集中在 2 个分值上。例如,对于答卷 1,有 92%$\left(\frac{132}{144}\right)$的教师给分集中在 3 分和 4 分。对于答卷 2 和答卷 4,有 83% 的教师给出了 2 分和 3 分。而对于答卷 6,教师的评分涵盖了 0~4 分的所有分值。也就是说,对于同一个作答,有的教师给了满分,有的教师则认为这样的作答不能够得分。与此同时,在全部 6 份答卷的评分中,所有作答都至少得到了 4 个不同的分数。

更进一步可以发现,一方面,学生的不同作答风格对于教师的评分有很重要的影响。比如,在答卷 1 和答卷 3 上,教师的评分相对集中,并且绝大部分教师给出的分数都比较高(3 分和 4 分)。在分析这两份答卷时发现,学生能够使用正式的数学符号和语言来表达自己对于位值的理解$\left(\text{如百分之一、}\frac{8}{100}\text{等}\right)$。而在教师评分分歧最大的答卷 6 上,每个分值都有超过 10 名教师选择,这份答卷几乎采用了纯文字的表述形式,且描述比较简略,这就导致不同教师在评分时会产生不同的解读。

此外,使用图表帮助解释答案并不一定是一个有效的方法,有时候反而会让教师产生误解。例如,答卷 1 和答卷 2 中,学生都使用了图表来帮助解释结果。但是,在答卷 1 上,学生原本使用数学语言的表述是比较准确的(如".8 是 8 个十分之一"),但是下面的图形并没有很好地与上面的表述相契合,这就导致相当一部分教师把答卷 1 的回答评为 3 分而不是 4 分。反之,在答卷 2 上,虽然学生的语言描述不是很流畅,但是由于下方所画的图体现出了"10 个糖果中的 8 个"和"100 个糖果中的 8 个"这样的概念,因此仍有相当一部分教师愿意给这类学生 3 分甚至 4 分。这种结果也可以理解为,我们的教师在面对由数学符号或者纯数学语言组成的结果时,判断往往比较一致和准确,而在对文字类描述和图表类描述进行判断时,则更容易产生差异。学生数学交流的能力在其中也起到了重要的作用,一些模糊的描述和对数学符号或图表的误用可能会使一部分教师产生不同的解读。

另一方面,学生数学交流的完整性也是影响教师作出准确判断的重要依据。最典型的例子是答卷 4 和答卷 5。这两份答卷中,学生都是使用纯文字的表述,并且描述的重点都在于"8"这个数的位置和大小。然而,从给分结果看,教师对答卷

4 和答卷 5 的评分存在较大差异。答卷 4 学生的得分普遍偏高（3 分和 2 分），而答卷 5 学生的得分则普遍偏低。分析学生的作答可以发现，答卷 4 的学生并没有完全表达清楚自己这段话的含义。比如，"8 是小数点后的第一个数"，事实上在".08"和".080"中，0 才是小数点后的第一个数，他所描述的第一个数到底指的是什么数，这些并没有说清楚。教师在分析的过程中往往会把自己的解读"补充"进来，这种"补充"可能是正向的，也可能是负向的。而在答卷 5 中，学生明确总结了"0 越多，数就越小"，这显然存在理解上的偏差，因此教师对于这类学生给分较低。

从上述数据中，我们还可以发现，教师的分歧并不总是集中在某两个相邻的分数之间，而是有可能发生在任何分值上。也就是说，教师并非仅仅纠结于应该给 3 分还是给 4 分的问题，还表现在应该给 0 分还是 4 分的问题。这两种差异对课堂评估所造成的影响存在着显著的不同。

## 二、案例二：中美教师对学生作答的评分差异

蔡金法（2007）提供了若干问题情境（见表 6-3），来研究中国教师和美国教师在评估开放性问题时所存在的差异。该研究选择了来自中国贵州的 59 名小学数学教师和来自美国四个州的 52 名初中数学教师。其中，中国教师来自涵盖一至六年级的学校，而且是专教数学的教师，在数据收集时他们正在教四、五、六年级的数学；美国教师来自涵盖六至八年级的学校，在数据收集时他们正在教六、七、八年级的数学。每名教师需要对学生在这两道题目上的 6 种答卷分别进行评分。中国教师和美国教师在每种答卷上的评分会以平均分的形式来表示。表 6-4 给出了学生的 6 种答卷，表 6-5 则呈现了中国教师和美国教师对每种答卷所给出的平均分。

表 6-3　测试题目

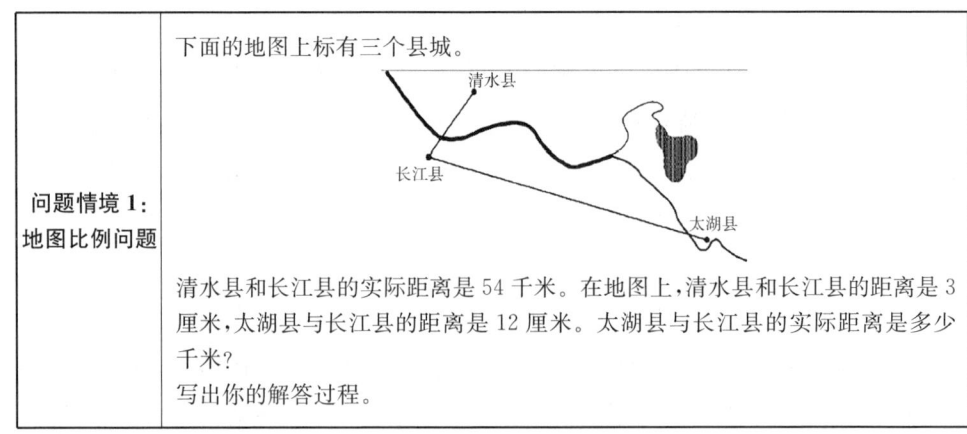

| 问题情境 1：<br>地图比例问题 | 下面的地图上标有三个县城。<br><br>清水县和长江县的实际距离是 54 千米。在地图上，清水县和长江县的距离是 3 厘米，太湖县与长江县的距离是 12 厘米。太湖县与长江县的实际距离是多少千米？<br>写出你的解答过程。 |
|---|---|

| | | |
|---|---|---|
| **问题情境 2：奇数模式问题** | 在一次聚会中，客人随门铃声进入会场。<br>第 1 次铃声：1 位客人进入会场；<br>第 2 次铃声：3 位客人进入会场；<br>第 3 次铃声：5 位客人进入会场；<br>第 4 次铃声：7 位客人进入会场。<br>这样继续下去，后一次铃响时进入的客人总是比前一次铃响时进入的客人多 2 位。<br>（1）第 10 次门铃响时，多少位客人进入会场？解释你的解答过程。<br>（2）写出一个公式或用文字描述怎样找出每次铃响时进入会场的人数。<br>（3）在第几次铃响时，有 99 位客人进入会场？解释你的解答过程。 | |

表 6 - 4　地图比例问题和奇数模式问题学生作答结果

| 题目 | 答卷 | 描述 |
|---|---|---|
| 地图比例问题 | 答卷 1 | 学生用手指量出地图上清水县和长江县之间的距离，然后用这个距离作为长度单位去测量地图上长江县和太湖县之间的距离，再用 54 乘这个距离，从而得到太湖县与长江县之间的实际距离。 |
| | 答卷 2 | 学生首先用 $3 \times 4 = 12$，因为 3 厘米代表 54 千米，所以 12 厘米代表的实际距离就是 216 千米（$4 \times 54 = 216$）。 |
| | 答卷 3 | 学生建立一个正式的比例关系来求出实际距离，即 $\frac{3}{12} = \frac{54}{x}$，$x = 216$（千米）。 |
| 奇数模式问题 | 答卷 4 | 学生找出了一般规律：第 $n$ 次门铃响时进来的客人数为 $2n - 1$。解答第（3）个问题时，学生列出 $2n - 1 = 99$，解得 $n = 50$。 |
| | 答卷 5 | 学生指出此模型按照"＋2"递增，然后列出详细的表格来解答。特别地，要求出 99 位客人进入时门铃响的次数，这名学生列出从 1 位客人到 99 位客人进入时门铃响的次数。 |
| | 答卷 6 | 学生得出了所有的正确答案，但描述是很朴素的。例如，"不断增加 2 位直至得到 99"是他解决第（3）个问题时提供的描述。 |

表 6 - 5　地图比例问题和奇数模式问题中美数学教师的评分

| 题目 | 答卷 | 中国教师平均给分<br>（$n = 59$） | 美国教师平均给分<br>（$n = 52$） | 分数差值<br>（中国－美国） |
|---|---|---|---|---|
| 地图比例问题 | 答卷 1 | 1.71 | 2.16 | －0.45 * |
| | 答卷 2 | 2.93 | 3.23 | －0.30 |
| | 答卷 3 | 3.80 | 3.79 | 0.01 |

| 题目 | 答卷 | 中国教师平均给分<br>（$n=59$） | 美国教师平均给分<br>（$n=52$） | 分数差值<br>（中国－美国） |
|---|---|---|---|---|
| 奇数模式<br>问题 | 答卷4 | 3.95 | 3.92 | 0.03 |
| | 答卷5 | 2.78 | 3.48 | －0.70＊ |
| | 答卷6 | 2.58 | 2.92 | －0.34 |

注：＊表示中国教师和美国教师的平均给分在统计学上存在显著差异。例如，－0.45＊代表中国教师对这个答卷的平均给分要显著低于美国教师。

从表6-5中美教师对于学生回答进行评分的整体趋势可以看出，中美教师对于不同类型回答得分的高低评价趋势是基本一致的。具体表现在，对6种答卷的评分由高到低进行排序后，两相比较，答卷4的评分均为最高，答卷1的评分均为最低。

进一步，我们发现，中美教师对能够使用一般性的常规方法（如列方程等）来解决问题的答案，会给出很高的分数，如地图比例问题中的答卷3和奇数模式问题中的答卷4。对于学生"模棱两可"的作答，中美教师都会给出较低的分数。例如，在地图比例问题中，答卷1的学生使用了"估算"的方式来解决问题（用手指作为度量单位）；在奇数模式问题中，答卷6的学生对规律的描述并不明确，使得教师在评分时对这样的作答给分较低。

中国教师在绝大多数答卷的评价方面或者与美国教师基本一致（如答卷2、3、4、6），或者明显低于美国教师（如答卷1、5）。这说明，中国教师在评分的尺度方面相较于美国教师更加严格。

此外，相较于美国教师，中国教师的评分"浮动"程度更大。在地图比例问题情境中，中国教师对答卷1至3评分的高低分差为2.09分（平均分最高为3.80，最低为1.71），而美国教师为1.63分（平均分最高为3.79，最低为2.16）；在奇数模式问题中，中国教师对答卷4至6评分的高低分差为1.37分（平均分最高为3.95，最低为2.58），而美国教师为1分（平均分最高为3.92，最低为2.92）。并且，中国教师给表现不佳的学生的评分往往更低。这一点进一步说明，中国教师在对待表现不佳的学生时，评分更为"严厉"。

在上述6种答卷中，中美教师评分差异最大的是答卷5，二者的平均分相差0.7。这个答卷的学生采用的是相对直观的列表方法来说明问题。这样的数据结果体现出中美教师在评分过程中价值判断上的差异。

中国教师在评分时都比较关心解题策略的特点，他们似乎有一个明确的目标，即学生应该学习更多的一般化的方法。绝大部分教师都希望学生能够运用更为高级的数学思想来解决问题，尤其是与方程和代数等思想相关的方法，即使这些方法在小学阶段并没有完全引入到教学中。如果一个解答包含直观或具体的方法，中国教师往往会给出一个相对较低的分数，尽管这个方法对得到正确答案来说是合适的。

与此相对照，美国教师的目标是学生能解决问题，而不论他们用什么方法。美国教师认为穷举的方法同样可以得到问题的答案，因此使用这种方法的学生不应该被扣分（蔡金法，2007）。

值得注意的是，在义务教育阶段，尤其是小学阶段，能够按照规范化的数学方法进行解题的学生相对较少，学生更倾向于使用自己已有的知识或喜欢的认知方式去解决问题，而教师对于这种"学生化"的方式缺乏认识和肯定。

## 三、案例三："新手"教师与"资深"教师对学生作答的评分差异

王凝和蔡金法（Wang & Cai, 2018）选择了 28 份不同的学生答卷，邀请来自同一文化背景、同一地区的 4 种不同类型的教师——包括 53 名"新手"小学数学教师，60 名"新手"初中数学教师，59 名"资深"小学数学教师以及 50 名"资深"初中数学教师——分别对这 28 份答卷进行评分。研究中所使用的评估题目属于小学阶段的学习内容。具体评分的均值如表 6 - 6 所示。

表 6 - 6　"新手"教师和"资深"教师对 28 份答卷评分的均值

| 群体 | 平均分 | 标准差 |
| --- | --- | --- |
| "新手"小学数学教师（$n=53$） | 2.80 | 0.35 |
| "新手"初中数学教师（$n=60$） | 2.73 | 0.33 |
| "资深"小学数学教师（$n=59$） | 3.05 | 0.52 |
| "资深"初中数学教师（$n=50$） | 2.80 | 0.41 |

注：标准差表示某一个群体内教师之间评分差异的大小。例如，"新手"小学数学教师评分之间的标准差是 0.35，"资深"小学数学教师评分之间的标准差是 0.52，说明"资深"小学数学教师评分之间的差异更大。

"新手"教师和"资深"教师的差异主要体现在对学生的认知和知识掌握等方面的了解程度。而在该样本中，"资深"中学数学教师在教学经验方面要明显优于其他三种类型的教师。

从上述结果中发现，一方面，"资深"小学数学教师对 28 份答卷的评分与其他

三种类型教师有显著的差异,而其他三组教师两两之间的差异并不明显。由于本次测试使用的评估题目属于小学阶段的内容,与其他三种类型教师相比,"资深"小学数学教师对于这个阶段学生的认知特点和所应掌握的数学知识更加了解,因此这样的结果可以理解为,教师对于学生的熟悉程度(包括认知和知识等方面)会对评分产生影响。

另一方面,虽然"资深"中学数学教师在教学经验方面比"新手"小学数学教师、"新手"初中数学教师和"资深"小学数学教师都要丰富,但是在评分方面,"资深"中学数学教师并没有体现出独特之处。因此可以认为,教师的教学经验在对学生的评分方面并不是一个决定性的影响因素,这样的教学经验并不能够保证他们对其他学段学生的数学学习有足够的了解。

## 四、保障课堂评估客观性的几点建议

教师对学生解答数学问题的评分可以显示出他们对学生的了解程度,以及他们的数学教学理念。为了保障教师课堂评估的客观性,需要从课堂评估的程序上给予更加严格的要求,最大化地实现教师评分的有效性和一致性,避免由于评估者(教师)自身的因素,而非学生作答的因素对最终评价结果产生影响。在课堂评估的实践中,可以通过对评分标准的反思、对评分者的培训以及对评分结果的复核等途径来提升课堂评估的客观性。

### 1. 评分标准的反思

评分标准是教师评判学生作答情况最主要的依据。在制定评分标准的过程中,有许多方面会影响教师对于评分标准的理解,从而间接地对学生的学习产生影响。所以,需要从多个不同的角度对评分标准不断地反思和推敲,才能够使得评分标准更加完善严谨,避免不同评分者在使用时产生分歧。以下是制定评分标准时,老师们可以重点反思的一些因素:

(1)是否强调了最重要的数学内容,以及达到学习目标所必需的学习过程?

(2)学生所获得的分数是否和你的评估计划中所强调的重点内容相一致?

(3)不同分数等级之间的差异是否能够为促进学生学习提供良好的指导作用?

(4)对于不同分数等级的描述,是否能够从学生的数学作答表现中清楚地看到?

(5)评分标准中是否清楚地描述了那些正确的答案或者恰当的策略应该怎样

被评估?

（6）在使用评分标准对学生进行评估时,学生是否能够理解为什么会得到不同的分数?

（7）评分标准能否帮助你评估学生是否恰当地使用了数学知识和数学方法?

（8）评分标准能否帮助你将学生的表现区分为多种不同的程度,而不是仅仅将学生归为一两个水平?

### 2. 评分者的培训

一般而言,评分标准应该是年级数学学科教研小组成员共同制定的。然而,从上述案例中可以看到,在使用评分标准时,教师个人的一些主观方面的因素会左右他们对学生作答的解读和判断,特别是在学生提供的描述比较模糊时,不同的教师会根据自己的经验对答卷进行解读,从而给出不同的分数;部分教师由于有自己的教学理念和偏好,对于不符合自己理念或偏好的作答,往往给出比较低的分数。但是,教学评估作为有效教学的重要组成部分,不应该因为学生描述得不够清晰,或者不符合教师的教学理念而得到不公平的对待。事实上,无论学生使用怎样的策略,只要可以获得正确的答案,都应该得到认可。有时那些相对"独特"的方式,尽管没有概括性,但是有独创性,反而更有价值。

这就需要对参与评估的所有教师进行评分标准的培训。这其中不仅包含对评分标准内容的培训,还应该包括对教师评估准确性和一致性的考核。在开始评分之前,需要选出若干份典型的学生答卷,并由评分标准的制定者们给出每一种类型的标准分数。在随后的培训过程中,每一名接受培训的教师应当独立地对这些类型的学生作答给予评价。如果教师在评价某一种类型的作答时给出的分数与标准分数不一致,那就需要对评分标准的内容进行调整或重新培训,直到教师的评分与标准分数基本一致为止。

### 3. 评分结果的复核

在实际课堂评估中,通常 1 名教师会执教两个及以上的班级,这就会面临一个问题:1 名教师可能要对很多学生的答卷进行评分。此时,随着评分时间的不断增长,教师脑海中"潜在"的评分标准可能会发生变化。例如,如果在刚开始评分时遇到的是一个学习相对薄弱的班级,那么当教师开始对一个学习较好的班级进行评分时,他的标准就会变得"宽松",也更容易给出高分。

因此,在评分过程中引入评分结果的复核机制就显得尤为重要。但让教师对每一份答卷都进行复核,在实际教学过程中是不现实的。那么,可以考虑在评分进行到一定阶段时(如总计有 100 份答卷要评分,已经完成 20～30 份答卷的评分时),随机抽取 1 或 2 份已经判过的答卷,让该名教师重新评估一次。如果教师能够给出与之前一次评估完全一样的分数,说明其在长时间的评估过程中还能够保持评分的相对一致性;如果不能,就需要重新复习评分标准中的内容。这样的间隔过程不宜过短,否则教师会清晰地记得当时给出的评分。

当然,也可以考虑让不同班级的数学教师交换进行评分。例如,如果 A 班有 50 名学生,B 班也有 50 名学生,且 A 班和 B 班由不同的带班教师来评分,那么可以考虑在 A 班和 B 班分别随机选择 10 名学生的答卷,由 A 班和 B 班的教师每人评分一次,而每班其余的 40 名学生则只由带班教师独自评分。这样每个班级的教师需要评分的试卷只有 60 份,但是其中有 20 份经过了 A 班和 B 班教师的双重评分。如果双重评分的结果是一致的,那么说明 A 班和 B 班教师对于评分标准的理解也是基本一致的。

## 五、结语

本章通过三个案例,分析了教师在使用相同的评分标准进行课堂评估时可能存在的差异。数据结果显示,无论是同一地区的教师之间,来自不同文化背景的教师之间,还是具有不同教学经验的教师之间,在使用相同的评分标准时都会存在相当大的差异,这种差异既体现在平均分上面,也体现在具体每一个分值的判断上面。

这种差异背后体现的是教师教学理念的不同。不难发现,一方面,当学生采用数学符号等一般性的方式进行表征时,教师往往给出更高的分数;对于使用图表等表征方式进行作答的评分相对较低,图表有时候并未起到补充说明的作用,反而会使教师产生误解;对于模糊的表述或者使用估计的方法进行解答的情形评分较低,教师更希望学生使用精确的数学语言作答;而对于使用纯文字进行解题的案例,教师评分的一致性相对较差,同样一段描述,不同的教师可能会产生不一样的理解。

另一方面,在中国的教育背景下,教师对于学生,尤其是表现不佳的学生在评分上要求更加“严格”,这也造成了中国教师往往会“低估”学生的数学能力。这主要体现在教师对表现不佳的学生给分更低,对于非正式的数学表述形式(这种方式往往为那些对数学知识掌握不太牢固的学生所使用)不认同等方面。这种“低估”会使得教师不能够公平、客观地看待学生的表现,无形当中将这种个人的“偏好”传递给学生,使得学生在学习过程中不能够使用更为丰富的手段进行思考。

这种差异的存在会对教师课堂评估的准确性产生影响。对此,我们在本章最后从对评分标准的反思、对评分者的培训以及对评分结果的复核等方面来说明如何克服由于教师主观性差异对学生评估造成的影响。当然,这样做并不表示要忽略那些由教师文化背景、教育经验、教学理念等因素对学生思维和学习所造成的直接影响,而是要在充分意识到这种差异存在的前提下,采用更加合理的方式对其可能造成的负面后果进行一定程度的规避,以帮助教师更加准确而客观地评估学生的数学学习。

# 第7章　如何通过反思性日记对学生进行评估

在前面几章中,我们讨论的内容是围绕着开放性评估题展开的,包括评估的框架、题目设计、优秀的评估题案例、定性及定量的评估标准以及教师如何在评分中保障客观性等问题。开放性评估题是课堂评估中了解学生学习过程所广泛应用的手段,但并不是唯一的手段。开放性评估题往往通过课堂测验、课后作业等形式来呈现,形式相对而言比较固定,每一道题目聚焦于某一个或几个知识点的评估,而对于一段时间内(如1周、1个月等)学生数学学习综合情况的评估则有一定的局限性。并且,这种课堂评估不一定是针对一堂课展开的。

反思性日记是有效课堂评估中一种重要的补充手段。与用开放性评估题进行评估相比,反思性日记可以不局限于某一个具体的知识点,而是帮助学生对过去一段时间内的学习进行反思性回顾,为学生提供一个机会:使用自己的语言来表达自己的思维过程,记录所学到的知识,提出面临的问题和困难,以及对自己的学习状态进行自我反思和评价。这种方式还有助于加强学生元认知方面的训练,帮助学生对自己的数学学习过程进行及时的、有规律的自我反省和监督。与此同时,教师也可以通过这样的方式了解学生除知识掌握程度以外,在数学表达与交流、数学知识理解与运用、数学情感态度等方面的表现情况。在小学阶段,反思性日记的写作还可以与语文学习结合起来,既能够提高写作能力,又能通过写作的练习提高数学交流的能力。

反思性日记是一种非常灵活的记录手段,学生不一定总是要耗费大量的、完整的时间去完成这样的评估。实际上,可以有很多种方式来撰写反思性日记。比如,只需几分钟时间,学生便可以在纸上零星地记录下数学学习后的想法,可以记录在课本上相关内容中特定的位置,也可以单独使用一本笔记本进行记录。

反思性日记的评估方式有多种,可以是相对一般性的开放式评估,兼顾内容知识和环境因素的半结构化评估,围绕某一具体内容的结构化评估,以及指向特定专题或者学习活动的主题性评估。本章将分别结合反思性日记的开放式评估、半结构化评估、结构化评估以及特殊主题的评估,各提供一个具体的课堂评估案例并进行分析。与此同时,文中还会综合各种不同评估形式的特征,提供一些适用于不同情境的反思性日记的评分方式。教师可以结合课堂教学的实际情况,采用不同的手段和标准对学生进行评估。这些反思性日记的评分方式同样适用于数学以外的学科。

## 一、案例一:开放式的反思性日记

在开放式反思性日记的记录中,一般不会要求学生对具体的内容进行回应,而是通过一些简单的引导语,让学生能够回忆并且梳理最近一段学习中希望表达和记录的内容。这种形式比较适用于刚刚开始接触反思性日记的学生。在这个时期,绝大多数学生还无法有条理地对自己已经学习的内容进行回顾和反思,此时如果提供太过具体的引导语,他们可能会围绕某一个知识点来进行详细描述,而不是对一段时间内整体的学习进行小结。表7-1呈现的是一种比较简单实用的开放式反思性日记的模式。

表 7-1　开放式反思性日记样例

| 数　学　日　记 |
| --- |
| 姓名:_____　　日期:_____ |
| 1. 本周,我学习了_____ <br> _____ |
| 2. 在学习中,我还有一些内容不太明白,比如_____ <br> _____ |
| 3. 在学习中,我还希望对一些内容进行更多的了解,比如_____ <br> _____ |
| (你可以使用文字、数字或者图表来表述自己的想法) |

事实上,我们的经验表明,对于刚刚接触反思性日记的学生而言(无论是小学生、中学生,还是大学生),要想做到每周进行有规律的记录是相当困难的。有的学生会感到无从下笔,不知道应该怎样开始记录;有的学生可能每次记录下的内容都差不多,不能够体现出每一段学习过程中产生的变化;还有的学生可能在上课之前就提前写好这些内容,因为他们认为这样的内容是一种重复性的劳动,对他们的学习没有什么帮助(Bagley & Gallenberger,1992)。

鉴于此,可以通过一些辅助性的方式,来帮助学生对课堂上发生的一些精彩的"教学片断"进行回忆,从而达到总结和反思的效果。例如,表7-2中教师在布置反思性日记的任务时,提供了课堂上一些学生在回答问题时的思维过程,并用这种交互形式引导学生进行写作。这样的做法,一方面有助于学生回想起所学的内容,另一方面能够让学生关注到其他同学对课堂教学内容的不同理解,有助于他们从多个角度对问题进行思考。

表 7 - 2　课堂学生回答记录

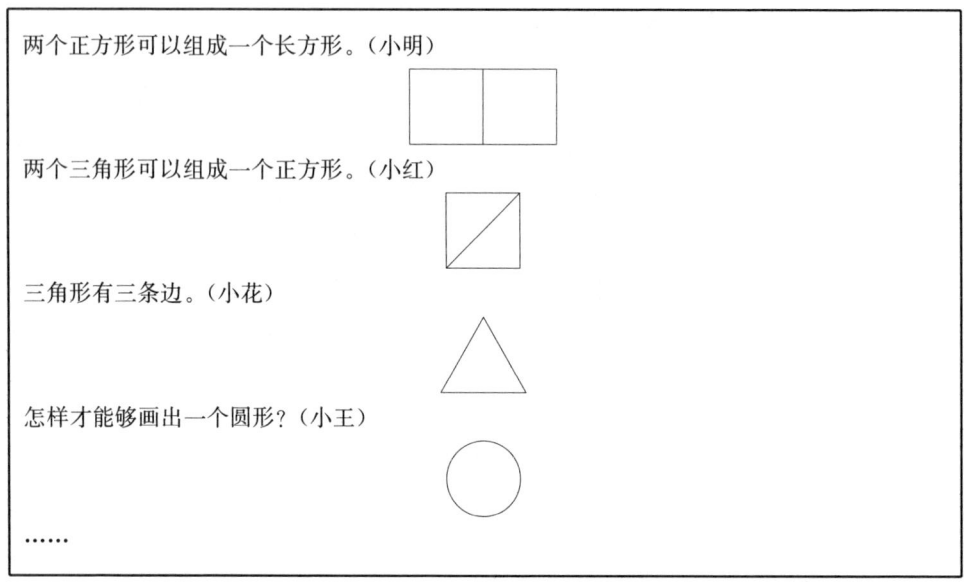

此外,在刚刚接触反思性日记时,每次记录的时间间隔不应过长或过短,以两周 1 次为宜(Williams & Wynne,2000),小学低年级可以每三周或四周记录 1 次。对于学生而言,过短的时间间隔会对其产生一些额外的负担,并且容易造成内容上的重复;而过长的时间间隔会导致学生对教学过程中发生的一些事情无法保持良好记忆,因此产生遗漏。对于教师而言,较短的时间间隔并非十分必要,因为学生可能会就当天课堂上的内容进行简单的记录,并没有将自己的思维和反思过程加入其中;过长的时间间隔则无法体现出这种评估的时效性,可能学生列出的是很久以前讲授的内容,而在后续一段时间的教学中已经解决了这个问题。

## 二、案例二:半结构化的反思性日记

在学生初步了解反思性日记的形式以及所需记录的内容后,教师可以通过半结构化的设计形式,逐步帮助学生梳理出记录的顺序及方式,这样可以让学生的反思和总结变得更有条理。

威廉姆斯和韦恩(Williams & Wynne,2000)提供了一个半结构化的设计框架。在这一框架中,学生主要记录数学知识和影响因素两个方面的内容。在数学

读懂每一个学生:课堂评估的目的、设计、分析和使用策略

知识方面,希望了解学生对数学知识的掌握程度,以及运用数学语言进行交流的能力等;在影响因素方面,则包括学生对数学课堂环境的感知,以及对自身数学兴趣、自信心等方面的记录,这些记录能够帮助学生对自己的学习过程以及所使用的策略进行反思。

为了有效获取学生学习方面的相关信息,在数学知识和影响因素的记录方面,应该给予学生不同的引导,帮助他们进行语言组织和有效反思。表7-3呈现了记录数学知识和影响因素时可以使用的一些引导语,这些引导语的作用是帮助学生进行表达。

表7-3 记录数学知识与影响因素的引导语

| 记录数学知识的引导语 | 记录影响因素的引导语 |
| --- | --- |
| 请用自己的语言描述什么是"分数的除法",并尝试提出几个问题,这些问题能够用"分数的除法"来解决。 | 你认为一名好的数学教师和一名数学学得很好的学生,应该具备怎样的特征?为什么这些特征对数学学习而言是重要的? |
| 请用自己的语言描述什么是"全等三角形",并尝试提出几个问题,这些问题能够用"全等三角形"的性质来解决。 | 反思性日记是否对你的数学学习有帮助?哪些反思性的日记是你最喜欢的或最不喜欢的?为什么? |
| 在解决分数加减法问题时,我们通常会采用哪些方法?请结合具体的例子,谈谈你是如何使用这些方法来解决分数加减法问题的。 | 请描述一下你在数学课上是如何做笔记的。你的数学笔记从哪些方面帮助你更好地学习数学? |
| …… | …… |

在半结构化的反思性日记中,教师应该帮助学生逐步建立起模式化的写作流程,并且强调在反思中尽量使用数学的语言。表7-3中对数学知识和影响因素引导语的区分,能够很好地达到这样的目的。学生在撰写日记的过程中,很容易将"数学"的语言和"非数学"的语言掺杂在一起,从而形成"流水账"式的反思性日记。这样的形式不利于教师对学生数学知识的掌握程度进行判断。此外,在反思性日记中,教师应该帮助学生逐步建立起"自我"意识,让他们认识到可以使用自己的语言建立对数学的认知和理解,从而形成自己的问题解决风格。每一名学生解决问题的策略和过程中的思维方式是不尽相同的,而反思性日记的作用就是将这些不同的风格呈现出来。

## 三、案例三:结构化的反思性日记

与开放式的和半结构化的反思性日记相比,结构化的反思性日记目的性更加明确,且有一个相对严谨的设计流程。具体设计与实施中,一般包括明确写作目的,拟好写作材料(话题),课堂讨论,撰写日记,评分,以及对学生撰写的内容进行反馈等过程。

明确写作目的是引导学生了解和接受反思性日记的重要环节。在实践当中,学生往往会认为"写作不应该是数学课堂教学的一部分""想要记录的东西很难用一页纸或者较短的篇幅来表达"等。事实上,反思性日记对于学生数学概念的理解能够起到非常好的促进作用。通过反思性日记,学生可以了解到数学学习应该包括积极地参与表达数学思维,而不仅仅是被动地接受知识和解题。学生应该通过自己的语言,使用数学的方式来交流自己的想法和问题;能够试着去归纳、组织不同的观点,并且将这些观点联系在一起;能够对自己的想法进行定义、描述和讨论;能够通过日记对课堂学习的内容进行反思,总结数学课上学习的目的,所使用的策略,达成了哪些目标,还有哪些问题没有解决;并且可以表达自己积极的或消极的情感。

结构化的反思性日记中,写作的材料应该同时包括一般性的提示语和一些具体的问题。一般性的提示语可以是"今天,我学到了……""哪些内容比较容易(困难)……""通过学习,我发现了……""通过学习,我把学到的知识和……知识联系在了一起""我希望我的老师能够……""明天我希望可以学习的内容是……""在数学中,我喜欢的内容是……""我明天的学习计划是……"。具体的问题可以紧密结合近期课堂教学中的内容。表7-4呈现了1~6年级学生可以在反思性日记中回答的一些具体问题的样例(Countryman, 1992;Frontier Math Consultants, undated)。

表7-4  1~6年级学生在反思性日记中回答问题的样例

| 年级 | 具体样例 |
|---|---|
| 1年级 | ① 从5开始计数,你最多可以数到几?请在日记中写下你的计数过程。<br>② 请根据数字5,讲一个有关减法的故事。<br>③ 请讲一个符合7+(　)=10这个算式的故事。<br>④ 如果我正在收集一些邮票,但是我不想一个个地去数它们,我还可以怎样去数? |
| 2年级 | ① 你知道什么是"估计"吗?请写下你是如何理解"估计"的。<br>② 什么是"="?请借助画图或者数字的形式谈谈你对"="的理解。<br>③ 3+5和5+3相同吗?为什么?<br>④ 两位同学同时开始数数。一位同学从40开始,5个5个地数,直至数到100;另一位同学从25开始,10个10个地数,直至数到100。你估计谁会先数到100?为什么? |

| 年级 | 具体样例 |
|---|---|
| 3 年级 | ① 你可以用多少种方式来呈现数 21？<br>② 1 个奇数＋1 个偶数＝1 个偶数,这样的说法对吗？ 为什么？<br>③ 你是如何判断一个数能否被 5 整除的呢？<br>④ 在什么情况下你需要用到除法？ 为什么？ |
| 4 年级 | ① 你是如何理解四则运算的？ 请尝试用自己的语言给每一种运算下一个定义。<br>② 分数和小数之间有什么关系？ 请用你自己的语言描述一下它们之间的相同和不同。<br>③ 请提出一个数学问题,解决这个问题需要同时包含乘法和除法的运算。<br>④ 你是如何学习用图形表达一个分数的？ |
| 5 年级 | ① 什么时候你会考虑使用整数和余数？ 生活中为什么要使用整数和余数？<br>② 43_258,43_750,43_425,上述三个数依次排列,请在横线处分别填写一个数字,使得三个数能够满足从小到大的排列顺序。此外,三条横线上是否可以填写一样的数字？ 为什么？<br>③ 小明认为 50 是一个素数。你认为他说得对吗？ 为什么？<br>④ 你是怎样比较小数的大小的？ 请描述一下你经常使用的策略。 |
| 6 年级 | ① 请写下一个数,使得这个数在 5.1 和 5.2 之间,并解释为什么是这个数。<br>② $\frac{3}{4}$ 和 $\frac{6}{12}$ 相等吗？ 为什么？<br>③ 请举例说明百分数是如何在日常生活中被使用的。<br>④ 78.098 中,0 这个数字重要吗？ 为什么？ |

## 四、案例四:特殊主题的反思性日记

有时候,课堂教学活动中会有一些"特殊"的事件发生。比如,某次课上学生和教师专门就学校新建成的一个篮球场进行了一次"数学式"的讨论;某次考试后,班里超过 80% 的学生在一个有关分数除法的题目上得分为 0;某次公开课上,孩子们展开了一次"发现和提出问题之旅",等等。此时,孩子们的思维过程会与传统课堂上的表现有一定的差异。学生的身份不一定仅仅局限于一名学习者,他们可以同时是一个数学教学任务的设计者、一名教师、一名提问者……那么他们所要思考的问题也不再拘泥于"我学到了什么",而可能是"我应该如何向他人解释""我应该如何设计""如果是我,我应该问些什么"这样的问题。

因此,在反思性日记的记录过程中,可以围绕这些特殊的主题,为学生创造更多"自由发挥"的空间,让学生在不同的主题中扮演不同的角色,记录下他们基于不同角色的视角,如何思考一个数学问题。以下呈现了三个围绕特定主题设计的反思性日记的样例(表 7-5、表 7-6、表 7-7)。

**表 7-5　主题 1**

| 反思性日记 |
| --- |
| 　　请尝试给一名低年级的学生写一封信。在信中,你需要向他(她)解释如何解决一个分数除法问题(或者近期学过的其他内容)。与此同时,你还要结合自身的经历,向他(她)解释掌握这个知识对于数学学习而言具有怎样的意义或重要作用。 |

**表 7-6　主题 2**

| 反思性日记 |
| --- |
| 　　某次考试后,教师要求学生总结出自己最可能犯的错误有哪些。如果你是教师,你认为在学习这节课的内容时,班上的学生一般都会犯哪些错误?他们为什么会犯这样的错误?如何向他们解释,才能够使得他们在下一次考试中不会再犯这样的错误? |

**表 7-7　主题 3**

| 反思性日记 |
| --- |
| 　　1. 选择一组数据。请结合这组数据,列出至少 3 项你认为教师会在课堂上要求学生完成的学习活动。<br>　　2. 请从上述几项学习活动中选出 1 项。猜一猜,教师可能会围绕这项学习活动向学生提出哪些问题?<br>　　3. 你认为应该掌握哪些知识才能够回答上述问题?列出这些知识,并解释你的理由。 |

在主题 1 中,学生扮演的是一个"过来人"的角色,他们需要向低年级的学生解释自己所学到的知识,以及学习这些知识的意义。在主题 2 中,学生扮演的是在考试过后为学生讲解错题时的教师的角色。他们需要从这个角度,考虑哪些是在学习这个知识点时可能犯下的错误,造成这些错误的原因,以及如何通过对知识的理解和认识来规避这些错误。在主题 3 中,学生则扮演了一名"课程设计者"的角色,他们在完成反思性日记时,要考虑围绕一个特定的情境可以产生哪些数学活动,在数学活动中可以设计怎样的问题,以及需要学习哪些知识才能够帮助解决这些问题等(Bagley & Gallenberger,1992)。站在不同的角度对同一知识点进行反思,能够帮助学生更好地了解教师的教学意图,掌握所要学习的知识,知道学习这些知识可能遇到的困难及解决办法等。与此同时,这种不同性质的评估方式还能够为学生的数学学习带来更多的乐趣,丰富学生的数学学习经验,为学生提供更好的数学学习体验。

## 五、反思性日记的评分方式

反思性日记不是独立于课堂存在的,而更多的是课堂活动的一种延伸。因此,课堂上的讨论对于学生课后反思性日记的撰写十分重要。在每堂课的最后,最好能够为学生预留一些时间来讨论他们学到了什么,为什么要学这些内容,遇到了怎样的挑战,可以通过怎样的努力去克服困难并解决这些问题。学生会在这样的讨论中初步反思所学的内容,并且会进一步将这些内容转化为书面语言的形式。对于那些在写作上有困难的学生,可以先通过语言的交流来帮助他们梳理写作的思路。比如,可以使用头脑风暴的方式记录下讨论过程中一些重要的观点,这样可以使学生的写作目的更加明确,内容更加聚焦。

在对学生的反思性日记进行评分之前,应该首先向学生明确写作的评分要求,如完成时间、书写格式、篇幅以及相应的内容等。对学生的反思性日记进行评分时,教师应适时提供一些文字或语言上的反馈。这种反馈可以帮助学生发现自己的日记中可能存在的问题,也是对学生这种坚持自我反思行为的一种肯定和支持,从而更好地帮助他们形成这种自我规范的习惯。反馈的形式可以有很多种,包括对学生日记中问题的回应,对思维过程的评论,用指导性的话语帮助他们拓展思维,以及提出新的问题等。

在反思性日记的评分中,绝大部分问题情境是相对开放的,并且学生更多地会使用自己的语言来进行写作或回答日记中的问题。因此,教师应该将更多的精力放在对学生所回应的内容方面的评估,而非语法和错别字方面的评估。不过,良好的写作习惯仍然是教师需要评估的因素。在表 7 - 8 中,有研究者(Williams & Wynne,2000)将学生在反思性日记中体现的信息分为"姓名、日期、标题、上课时间""整洁性""词汇和语法""长度"和"数学内容"五个方面,并且为每个方面赋予了不同分值。当然,教师可以根据实际情况对分值比重进行调整。比如,在小学低年级,考虑到学生的注意力难以集中,书写有待加强,语言组织不够准确,这方面分值的比重可以适当调高。但是无论在哪一个年龄段,都应该以数学内容为重。

表 7 - 8　反思性日记中不同维度的分值

| 维度 | 参考分值 |
| --- | --- |
| 姓名、日期、标题、上课时间 | 10 分 |
| 整洁性 | 10 分 |

| 维度 | 参考分值 |
|---|---|
| 词汇和语法 | 10分 |
| 长度 | 20分 |
| 数学内容 | 50分 |

在评估学生的反思性日记时,也可以采用不同的评分方式(Frontier Math Consultants,undated)。例如,依据学生对各项要求的满足程度进行评分(表7-9),学生的日记不满足其中的任意一项要求,都会降低一个分数等级,若有3项以上不满足,则不得分;也可以采用"有或无"的评分形式(表7-10),每满足1项要求,即可得1分,满分为5分;当然,还可以采用类似于开放题评估中定量评估的方法进行评分(表7-11),此时每一个分数代表了学生的不同程度的表现。这些评分方式都适用于开放式、半结构化、结构化以及特殊主题的反思性日记评估。

表7-9 依据学生对要求的满足程度评分

| 分数 | 描述 |
|---|---|
| 4分 | ① 对反思性日记中的引导语有完整的描述或者回答;<br>② 能够使用正例或反例来支撑自己的解释;<br>③ 所记录的想法和观点十分清晰,便于阅读;<br>④ 文字、语言、图表等书写清楚,简洁;<br>⑤ 数学公式或者相关信息使用准确。 |
| 3分 | 上述5项标准中,有1项不能满足。 |
| 2分 | 上述5项标准中,有2项不能满足。 |
| 1分 | 上述5项标准中,有3项不能满足。 |
| 0分 | 上述5项标准中,有3项以上不能满足。 |

表7-10 "有或无"的评分

| 分数 | 描述 |
|---|---|
| 1分 | 有标题和日期 |
| 1分 | 满足反思性日记中教师给出的相关要求 |
| 1分 | 展示数学知识内容 |
| 1分 | 语法正确,没有错别字 |
| 1分 | 语言简洁,有条理 |

表 7-11　定量的分数等级评分

| 分数 | 描述 |
|---|---|
| 4 分 | ① 对教师在指导语中提出的问题进行回应；<br>② 对数学知识的使用精确,表述完整；<br>③ 书写清晰,容易识别；<br>④ 对任何的结论或表述能够提供支持性的论据；<br>⑤ 对读者而言是有意义的。 |
| 3 分 | ① 对教师在指导语中提出的问题进行回应；<br>② 对数学知识的使用精确,表述完整；<br>③ 书写清晰,容易识别；<br>④ 对于结论或表述不能够提供完整的支持性论据；<br>⑤ 对读者而言是有意义的。 |
| 2 分 | ① 对教师在指导语中提出的问题进行回应；<br>② 对部分数学知识的使用不完全准确,或表述不完整；<br>③ 书写清晰,容易识别；<br>④ 对于结论或表述没有提供支持性的论据；<br>⑤ 对读者而言在一定程度上是有意义的。 |
| 1 分 | ① 对教师在指导语中提出的问题进行回应；<br>② 对数学知识的使用不准确,或表述不完整；<br>③ 书写的清晰程度尚可；<br>④ 对于结论或表述没有提供支持性的论据；<br>⑤ 对读者而言没有意义。 |
| 0 分 | ① 没有回应教师在指导语中要求回应的问题；<br>② 对数学知识的使用不准确,且表述不完整；<br>③ 书写不清晰；<br>④ 对于结论或表述没有提供支持性的论据；<br>⑤ 对读者而言没有意义。 |

## 六、结语

　　本章介绍了开放式、半结构化、结构化以及特殊主题四种不同类型的反思性日记的设计形式,以及如何对学生撰写的反思性日记进行评分。不同种类的设计各有其特点,适用于评估不同学段学生的学习过程,介绍这些方法的目的不是为了呈现各种方式的优缺点,而是希望为教师们提供多种不同的选择。本章所介绍的评分方式适用于开放式、半结构化、结构化以及特殊主题等不同类型的反思性日记。

　　撰写反思性日记能够让学生及时记录自己的学习过程,并提供一个环境让他们有机会回忆、反思并和已经学到的知识建立联系。此外,还能够让更多的学生有表达自己思维过程的机会,以及了解他们认识数学概念时的思维形成过程,帮助学生更好地参与到数学交流的过程中,形成规律性的学习习惯,在整个班级中形成一种"数学讨论与交流"的氛围,让学生能够更好地运用数学语言和思维表现数学理解能力。与此同时,反思性日记让学生学会使用多种不同的形式来组织语言,提供论据以支撑自己的观点,有助于提高逻辑思维能力和写作能力。因此,反思性日记是课堂评估中十分便捷且有效的评估手段之一。

# 第8章　如何通过成长记录袋对学生进行评估

自第7章起,我们开始为老师们介绍一些"非常规"的课堂评估方式(如反思性日记)。这些方式有助于比较全面地获取与学生数学学习有关的信息。与"常规"课堂评估方式不同的是,这些方式所获得的信息不再局限于某一次考试的分数,或者某一次家庭作业的"优""良",而是包括了学生如何参与到数学学习中,如何开展反思和自我评估,以及如何进行数学交流,从而根据这些信息调整和改进教学。

为了能够从不同渠道有效地获取这些信息,美国全国数学教师协会(NCTM,1995)在课堂评估标准中首次正式提出了"成长记录袋"的评估方式。成长记录袋主要用于收集学习过程中能够反映学生努力程度、进步幅度、学业表现、对数学的理解与反思,以及情感态度等方面的信息和证据。对成长记录袋的设计和使用有助于促进师生之间的交流,这些信息能够一直伴随学生的成长,让教师同时了解学生短期和长期的学习状况。此外,这些信息还可以让学生积极地参与到自我评估的过程中,了解自己的学习是否达到了数学教学目标,以及时作出相应的调整。

由于成长记录袋是一种与课堂教学实践紧密结合的评估手段,因此依据不同的教学目标以及各地区不同的教学习惯和方式,所需考虑的内容也会有所差异。比如,有的成长记录袋旨在记录学生的学习过程,还有的是为了服务于对学生的全面评估。本章将会对成长记录袋实施的基本流程,可包含的具体内容,针对特定数学内容领域的设计,以及评估方式等进行具体的介绍。这些内容适用于各种不同的课堂实践情境,帮助教师在教学过程中更好地使用成长记录袋,使其成为课堂评估的有效工具。

## 一、成长记录袋实施的基本流程

成长记录袋所要记录的是学生学习的过程,这一过程不仅会涉及学生在数学课堂上的表现,还包括学生在课后所进行的数学学习活动。这是一份通过长时间、有规律的积累所形成的个人学习档案。在学生开始记录这一过程之前,首先要帮助学生明确记录的目的,时间周期(以月、学期还是年作为评估周期),记录内容的选择,记录档案的管理,何时进行记录,如何进行评分等要素。

　　这一过程的实施不仅需要教师与学生充分沟通,还需要家长参与其中,起到帮助和监督的作用。当然,在现代化的教学管理系统下,一些学校也能够通过相应的软件或系统来承担监督的功能,但是家长的态度对学生习惯的培养和保持仍起到不可或缺的作用。一般而言,教师会通过"致学生的一封信"这样的形式开启学生的成长记录过程,这样的形式可以起到动员和说明的双重作用。表8-1呈现了一个样例,对于不同年级的学生,里面使用的语句和措辞可以酌情进行调整,以符合特定年龄的语言习惯。随着信息技术的不断发展,教师与家长及学生的沟通可能不再局限于写信的形式,微信、QQ、邮件、家校通以及其他各种形式的社交软件都可以达到这样的目的。

表 8 - 1　致学生的一封信

| |
|---|
| 亲爱的"数学家们":<br>　　本学期,老师将邀请你完成一份有关自己数学学习的"成长记录袋"。在这个"成长记录袋"中,你将记录自己在数学学习中的各种活动。所要记录的内容老师会另外进行说明,请仔细阅读说明中的相关信息。<br>　　由于所要记录的内容有很多,因此在提交这份"成长记录袋"时,里面的内容也许有点琐碎。所以,请你使用一个可拓展的活页夹来存放所有的档案,并使用标签标注每一类文档。如果你发现有一些内容不能够归为里面的任何一类,那么可以将这种情况告诉老师。<br>　　请记得将这个档案袋放在教室里,这样老师在填写你的成绩单时或者在家长会上,可以很方便地从档案袋中了解你的学习情况。为了能够尽快让你开始使用这种记录的方式,老师希望你能够在10月5日前提交第一份"成长记录袋"的文档,这个文档主要用于说明你的准备情况。<br>　　本学期结束后,"成长记录袋"中的所有内容都需要提交。老师会对你的"成长记录袋"进行打分,具体的评分标准同样呈现在另外的说明当中。<br>　　预祝你们新学期有一个好的开始!<br><br>爱你们的数学老师 |

　　在对成长记录袋的实施进行简要说明和动员之后,学生会正式开始记录。在记录的过程中,一般包括以下四个重要的环节(Danielson & Abrutyn,1997)。

1. 收集

　　在成长记录袋评估开始实施前,教师要对实施的目的进行界定,并向学生进行解释。教师要明确需要收集哪些类型的信息,同时应该强调哪些信息不需要放在档案袋中。此外,合理的时间安排对于成长记录袋而言非常重要,以便帮助学生养成记录的习惯。

### 2.筛选

在学生陆续准备成长记录袋中的内容时,教师应该制定出挑选优秀案例的标准,或者与学生一同制定标准并进行筛选。在这一过程中,要确保学生能够理解档案袋中记录怎样的内容是符合教师要求的,以及教师提供的优秀案例好在哪里。当然,学生也可以把自己认为好的标准与教师进行沟通,或者放入档案袋中。不同水平的学生可以根据自己的情况说明选择的标准。

### 3.反思

反思一般发生在学生总结自己数学学习中的进步和不足时,这种思维体现在学生对教师提出问题的一些回应当中(例如,"在学习中,我还有一些内容不太明白,如……"或"在后面的学习中,我会在以下方面作出改变,如……")。决定学生的反思是否系统化,并且能够和记录过程相符合的一个重要因素是教师在布置任务时的引导语。引导语越明确,学生的反思就会越有条理。

### 4.规划

对学习的规划是反思过程的一种延续。这一过程能够为学生提供机会去回顾和评估自己的记录袋中的内容(当然也可以采取同伴互评等其他形式,在评估的部分会有详细介绍),在肯定自己所取得成绩的同时,及时发现学习中的不足,并调整下一阶段的学习规划。

## 二、成长记录袋中可包含的具体内容

成长记录袋的功能是为学生提供各种表达的机会,包括如何解决问题,如何反思和完成数学任务等。伯克斯(Burks,2008)将成长记录袋中所涉及的内容归为三个大类:(1)针对特定数学内容的问题解决;(2)反思性的写作(包括反思性日记、对学习的规划等);(3)教师布置的其他一些与数学学习相关的任务。除了家庭作业、单元测试等表现学生问题解决能力的材料,以及反思性日记、课堂笔记等表现学生思维和反思过程的材料,表8-2还提供了一些可供教师选择的素材,这些素材能够帮助教师进一步拓展成长记录袋中可以存放的内容。

表8-2 可放在成长记录袋中的内容

| |
| --- |
| 学生的数学"自传" |
| 学生在学习过程中自己提出的问题,以及解决这些问题的办法 |

| |
|---|
| 需要用图表或数据才能解决的问题 |
| 通过小组合作研究完成的数学任务(包括对问题的描述、面临的困难、解决的办法和取得的成果等) |
| 需要运用科技手段才能解决的问题(用科技手段探索的数学问题) |
| 对读过的一本数学书籍的简介 |
| 教师与学生、家长之间谈话的语音或视频记录 |
| 对数学学习有困难或因某些原因(如因病)不能来上课的同学进行的帮助 |
| 学生最自豪或最特殊的一次数学学习经历 |
| 学生认为最有意思或最有挑战性的问题 |
| 可以使用多种方法解决的问题,以及这些解决问题的方法 |
| 学生自己在日常生活中所见到的数学 |
| 能够表现出学生情感态度的证据(如对某个数学任务表现出长久的兴趣,或面对困难表现出的坚毅品质) |
| 能够体现出学生进步的证据 |
| 学生在解数学题中犯的"典型错误" |
| 发生在数学课堂上的一些难忘的片断,或者有意义的讨论 |
| 对下一个月(最近一段时间)数学学习的规划和完成情况的检验 |
| 一次数学演讲 |
| 学生在一些开放式评估题中的表现 |
| …… |

可以看出,能够放入成长记录袋中的素材种类繁多。对于部分内容,如学生的数学"自传",对下一个月(最近一段时间)数学学习的规划和完成情况的检验等,应该要求所有学生都能够提供相应的记录。然而,对于绝大部分内容而言,学生可以按照自己的意愿和喜好有选择性地进行记录,而无需作统一要求。这样可以避免学生刻意地去"编造"一些不符合自己学习经验的内容。

表 8-3 提供了一份由学生撰写的数学"自传",这样的内容在教师的日常课堂教学中相对比较少见。在该案例中,学生的"自传"传递了这样几个信息:(1)偏好的数字;(2)对数学的认识(玩算不算数学);(3)喜欢的几何图形及原因;(4)图形结构的现实意义(拱形=安全)。可以看到,当学生用这种自传的形式对自己的数学学习经历进行描述时,他们更愿意用自己的语言、偏好和经历来描述对数学的认识,而这些内容是纸笔测试中无法体现出来的。

表 8 - 3    学生撰写的数学"自传"

我的数学自传

　　我出生的日期是一串幸运数字,1999 年 9 月 9 日。我十分希望自己也是在 9 点钟出生的。从我能够记事起,最开始做的与数学有关的事情是玩积木——如果玩能够算作是做数学的话。我非常喜欢用积木搭建一些东西,然后推倒它们。我最喜欢像"桥"和"半月"形一样的形状,因为它们可以被拼在一起。我常常会搭这种拱形的桥,因为这样的形状更安全……

## 三、针对特定数学内容领域的成长记录袋设计

　　在成长记录袋的内容设计中,一个重要的组成部分就是记录下学生解决问题的过程和所使用的方法。纸笔测验往往对时间有着严格的规定,学生在完成这类任务时,目标通常是在规定的时间内找到正确的答案或获得更高的分数。成长记录袋则为学生提供了更多自由发挥的空间,学生可以根据自己的进度,适当地展现出自己的创造力、对数学概念的认识,并且可以选择通过自己的语言和方式表示出来,而不再局限于"正式数学"语言中的"标准答案"。

　　表 8 - 4、表 8 - 5、表 8 - 6 提供了三个符合小学二年级学生成长记录袋特征的案例,教师可以通过这三个案例的设计,体会学生在这些案例中表现出的独特的数学思维过程。

　　表 8 - 4 中考查的数学内容是学生对"2、3、5 的倍数"的认识,以及在不同的序列当中这些数之间的关系。学生可以通过乘除法的运算来调整行数和列数,从而形成不同的巧克力组合。可以发现,学生在回答这样的问题时会提供多种不同的组合,每一种组合代表着 30 这个数可以分解成的一种乘法算式。与此同时,学生可以在这个案例中了解到乘法与除法之间相互转换的关系(如 $5 \times 6 = 30, 30 \div 5 = 6$),以及乘法交换律的概念(如 $5 \times 6 = 6 \times 5$)。

表 8 - 4    巧克力问题

| 问题 1 | 如右图,有 30 小块巧克力。请你猜一猜,由这些巧克力组成的一整块巧克力可能是什么样子的? 请画出所有你能够想到的形状。 |  |
| --- | --- | --- |

| 学生作答 | 6 行 5 列 | 5 行 6 列 |
|---|---|---|
| | 10 行 3 列 | 3 行 10 列 |

| 问题 2 | 如右图,小明有一整块巧克力,包括 30 小块。现在,小明想把这块巧克力分享给他的同学。请问:这块巧克力可以平均分给多少位同学,每位同学可以分到多少小块? 请写下所有你能想到的答案。 | |
|---|---|---|
| 学生作答 | 可以分给 30 位同学,每位同学分到 1 小块。 | 可以分给 6 位同学,每位同学分到 5 小块。 |
| | 可以分给 5 位同学,每位同学分到 6 小块。 | 可以分给 10 位同学,每位同学分到 3 小块。 |
| | 可以分给 3 位同学,每位同学分到 10 小块。 | 可以分给 15 位同学,每位同学分到 2 小块。 |

　　表 8-5 中呈现了一个关于农场地图的问题。这是一个基于现实情境的问题,学生首先会根据自己的生活经验手绘出一幅地图。从这幅地图中学生可以了解物体之间的相对位置,能够使用这些相对位置的表述(如"对角线""正下方或正上方""左侧水平方向")提出一些与地图内容相关的问题,并且这些问题中包含了地图上物体位置的一些主要特征。学生还可以使用这种相对位置的描述来说明如何从一个地点到达另一个地点。通过这样一组开放式的问题,学生能够很好地掌握"几何"中相对位置的概念,这种概念有别于学生以往所接触到的"精确"的数学概念,而是用模糊的语言表达物体之间存在的联系。当然,在一些特定的情境下,学生还会使用自己生活经验中的数量关系(如三条街的距离),对这些模糊的量赋予一定的数学意义。

表 8-5　农场地图问题

| 情境 |
|---|
| 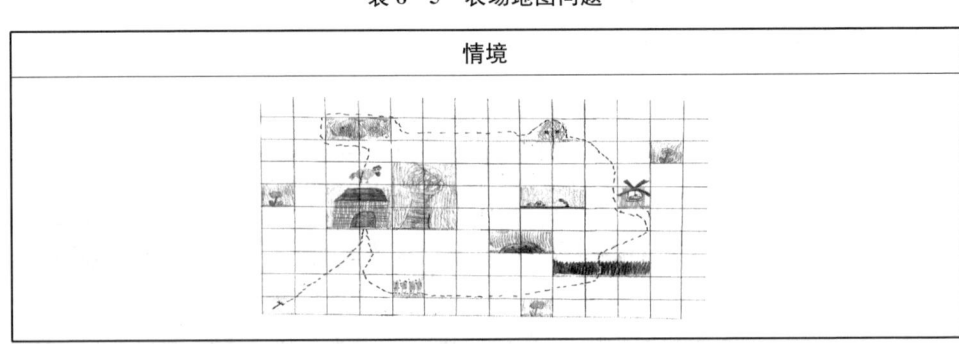 |

| 问题 | 学生作答 |
|---|---|
| 小屋和青蛙池塘之间是什么？ | 鸡 |
| 大树的下面是什么？ | 蜂箱 |
| 蜗牛和蠕虫的右边是什么？ | 风车 |
| 耙子的正上方是什么？ | 蓝色的花 |
| 请描述玫瑰花丛与地图上其他物体之间的相对关系。 | 地图的最右边是风车，北边是干草堆，斜对角的下方分别是玫瑰花丛和栅栏。 |
| 请描述一下如何从小屋走到干草堆。 | 先往北走大概三条街的距离到达青蛙池塘，然后向东走五条街的距离就可以到达干草堆。 |
| 请你基于这幅地图上物体之间的关系，提出三个问题。 | 玫瑰花丛对角线左上方的物体是什么？蜗牛和蠕虫的正下方和正上方分别是什么？小屋左侧水平方向上的物体是什么？ |

　　表 8-6 中呈现的是日历问题。教师意图了解学生能否读懂日历，正确阅读和使用日历上的日期，理解星期和日期的关系。这是一个在纸笔测试中很少见到的题目，但与数学知识的运用有着非常紧密的联系。学生需要尝试在不同单位之间进行转换（7 天为 1 个星期，31 天为一个月，3 个月为 1 个季度等），确定某一事件发生时所对应的是几号、星期几，在理解时间概念的基础上依据日历来安排自己的活动。这种内容的记录一方面帮助学生很好地理解生活中的数学，另一方面也为学生有规律地安排自己的学习生活提供了引导。

表 8-6　日历问题

| 题干 | |
|---|---|
| 在 2013 年 10 月的日历中，呈现了本月小猪佩奇所经历的事情。这个日历包含了两个重要的信息：<br>10 月 1 日是星期二；<br>10 月份有 31 天。 | ◄　　　2013年10月　　　►<br>日　一　二　三　四　五　六<br>　　　　 1　 2　 3　 4　 5<br>　6　 7　 8　 9　10　11　12<br>13　14　15　16　17　18　19<br>20　21　22　23　24　25　26<br>27　28　29　30　31 |
| **问题** | **学生作答** |
| 10 月 15 日星期二，小猪佩奇认为天天吃豆子很无聊，"明天"想吃胡萝卜。请问，"明天"是几号、星期几？ | 10 月 16 日<br>星期三 |
| 在某一个星期四，小猪佩奇不小心碰倒了一个垃圾桶，这一天可能是几号？ | 10 月 3 日，10 月 10 日，<br>10 月 17 日，10 月 24 日，10 月 31 日 |

| | |
|---|---|
| 10 月 14 日,小猪佩奇发现,要想训练好一只宠物,需要 1 周的时间,如果从当天开始训练,什么时间可以训练好? | 10 月 21 日,星期一 |
| 日历中有 4 天的日期是空白的,这四天分别是几号? | 9 月 29 日,9 月 30 日,11 月 1 日,11 月 2 日 |
| 10 月份处于 1 年当中的哪个季节? | 冬天:12 月,1 月,2 月<br>春天:3 月,4 月,5 月<br>夏天:6 月,7 月,8 月<br>秋天:9 月,10 月,11 月 |

## 四、成长记录袋的评分方式

成长记录袋是收集学生学习过程信息的有效工具,那么如何对这些信息进行评分呢? 根据不同的评分目的,可以采取不同的标准与形式。比如,对于年龄较小的学生,仅仅是将这些记录袋中的文档整理并收集起来,就可以得满分;对于高年级学生,评分标准可以涵盖:语言表达是否清楚,书写是否整洁,是否具有一定的"组织性"(不是流水账式的记录),能否按时进行记录等。

并不是成长记录袋中所有的内容都需要评分。如果成长记录袋中的某些文档只是用于展示学生某些学习活动的完成度,那就无需对这些内容作出评估。但是,不需要评分并不意味着教师无需对这些内容作出回应。事实上,教师应该对学生成长记录袋中所完成的内容尽可能地作出一些点评和回应,这些回应并不是用于评分,而是对学生这种有规律的记录行为的一种肯定。那么,哪些内容应该进行评分呢? 概括而言,可以包含四个方面(Stenmark,1991):(1)学生的问题解决过程,如学生形成一个问题,表达了对某个问题的理解,以及使用多种不同的策略来解决问题;(2)建立数学联系的能力,如是否将数学知识与其他学科领域的知识或现实生活联系在一起;(3)使用数学的语言或方式进行交流,如运用数学符号、证明或者逻辑推理等方式来表述一个活动;(4)对数学本身以及自己学习态度方面的描述,如自信心、意志力、适应能力以及对数学价值与美的认识等。

表 8-7 提供了一个相对比较完整的成长记录袋评估案例。案例中,除了对成长记录袋中内容组织的整体评估,还包括了四个部分的评估内容。对于每一部分内容,都会列出若干条评分标准。与开放性评估题和反思性日记的评分所不同的是,成长记录袋中每一部分的内容是不同的,所以依据的评分标准也有所区别。在每一部分内容当中,都可以罗列出教师认为重要的一些方面,并采取第 7 章中介绍

的"学生对要求的满足程度"的评分、"有或无"的评分等形式来对学生记录的内容进行评估。除了对内容的评分,教师还可以进行适当的点评,点评时可以指出学生的优势或不足,可以作出怎样的改进和调整,还可以给予适当的鼓励。

表8－7　成长记录袋评估案例

| 内容 | 评分标准 | 分数 | 点评 |
|---|---|---|---|
| 成长记录袋中内容的组织 | 组织性:有整体的组织结构,每一部分内容被很好地分开,并且能够通过一些标记快速找到特定的内容。 | | |
| | 整洁性:装订整齐,并且按照一定顺序排列,没有折页、缺页、字迹不工整等现象。 | | |
| | 完整性:完成教师要求的所有规定内容。 | | |
| 建议的问题 | 完成或尝试完成教师布置的一系列问题,并且将这些问题按照时间顺序进行排列。 | | |
| 家庭作业 | 完成所有的家庭作业,并放在成长记录袋中;对所有错题进行改正。 | | |
| 课堂小测验 | 将所有课堂小测验的试卷放在成长记录袋中;对所有错题进行改正。 | | |
| 课堂笔记 | 记录每堂课的要点并放在成长记录袋中。 | | |

　　除了教师评分,同伴评分和家长评分也可以是成长记录袋评估的重要组成部分。来自不同群体的评分不仅能够为教师提供更丰富的视角,还能够提供更多与学生学习有关的信息。一方面,同伴和家长给出的分数可以不作为重点参考的内容,通常占总分的 $\frac{1}{5}$ 左右即可。因为这些分数会受到专业性(如学生和家长数学专业水平的局限)和可能的偏见(如部分家长愿意给自己的孩子较高的分数)等方面的影响。另一方面,同伴和家长的点评是十分重要的信息来源。同伴在点评学生成长记录袋中的内容时,往往对其中的语言和逻辑思维方式更熟悉,对问题的表述更易于接受;同伴的评价相较于教师会更加方便及时,如在某堂课结束前,或者课间学生就可以完成对同伴的评分,而教师评分往往需要更长的时间和周期;从同伴点评的过程中,点评者也能够获得更多了解他人学习和思维过程的机会,从而反思自己学习中的不足。家长的点评则提供了另外一种视角,在他们的点评中往往会涉及学生日常学习(尤其是家庭学习)过程中的一些问题。

## 五、结语

　　成长记录袋是记录学生学习过程的一种工具,可以对学生数学知识的理解与掌握、数学学习过程的组织与管理等方面进行有效的记录和评估。本章对成长记录袋实施的基本流程、可包含的具体内容、内容设计以及评估方式进行了介绍。虽然成长记录袋中可以包含多方面的内容，但是在具体评估时，并非所有的内容都要进行评分，教师可以有选择地以点评的形式来代替评分。并且，在评分过程中同伴和家长的评分同样需要考虑在内。学生从成长记录袋这种课堂评估形式中可以接受到来自多方面的反馈，这些反馈指向的是学生学习过程中的每一个细节，而非如何解决一个具体的数学问题。

在成长记录袋的实施过程中，教师应逐渐在班级当中形成这样一种记录的氛围，让成长记录袋成为学生日常学习生活中的一部分。如果学生认为这种方式只是每学期开始时教师布置的一项任务或者作业，需要在学期结束后进行回收和评分，那么成长记录袋就会失去它应有的效果。因此，让学生理解成长记录袋的使用目的以及它能够为改善数学学习所带来的成效，是十分有必要的。学生可以适当地参与到成长记录袋评分标准的设计当中，通过教师和学生的交流来确定用于评估的内容及参考的标准，在与教师、同伴和家长的交流中逐渐学会如何对自己的学习过程进行客观的评价。

# 第三部分

## 课堂评估与核心素养

4

课堂评估与核心素养

# 第9章　也论数学核心素养及其构建

## 一、引言

　　先从一个故事讲起:同事 A 去美发沙龙理发,交流中,女理发师 B 了解到 A 是一位数学教授,于是打开了话匣子。B 告诉 A,她在小学阶段主要练习计算,数学成绩尚可。但到了高中,抽象的数学内容让她无所适从,最后靠操作计算器得到相应答案,数学考试勉强及格,很庆幸现在不用碰数学了。同事 A 听后感慨万分,因为数学是远超乎纯计算操作的。B 在学校经历的数学学习仅仅是操练计算或操作计算器,数学给 B 带来了强烈的"恐惧"。显然,尽管高中毕业,但 B 没能拥有期望的数学素养。从表面上看,她不需要什么数学素养,同样可以立足于社会,谋取一份赖以生存的工作。但是,她对数学的认知会影响其潜在才能的发挥和发展,局限她对职业的选择或在职业上的发展。更重要的是,局限了她在生活中因为数学而带来的乐趣。我们不能简单地以人们在生活中、工作中是否直接应用数学,来断定他们是否需要数学素养。就好像,不能因为不是记者或者作家,一个人就不需要写作或阅读。作为一个普通人,他平常会阅读报纸、书面表达想法,需要了解即时的信息、与人交流。因此,他同样需要有写作和阅读素养,否则其基本的生活质量将会受到影响。数学素养是与阅读素养相当的、每个人都应该拥有的素质。

　　这个故事说明,在考虑数学素养时,既要考虑人的培养目标,又要考虑数学的特质。首先,对数学核心素养的研究需要基于人的培养目标,社会所需各级各类未来人才的特质及影响个人将来生活质量的品格应该伴随在数学核心素养发展过程中。其次,数学核心素养的研究需要基于人们对数学的认识,人们拥有的数学观会影响其对数学素养的认识。如果数学只是简单的计算操作,那么讨论数学核心素养的必要性可能不大。在数学教育领域,关于数学核心素养内涵的讨论已经成为热点。尽管目前的研究对数学核心素养的构成及其内涵没有达成某种共识,但我们发现,根据人才培养的需求,根据个人的生活质量,根据数学学科特点,有些数学核心素养成分是较为公认的。本章在简要论述人的培养目标与数学认识之后,将集中探讨数学核心素养的成分及其构建,为今后数学核心素养的培养与测评打下基础。

## 二、核心素养关联的人才观与数学观

那么，我们究竟要培养什么样的人呢？不妨从国际、社会、学者、教育实践和个人五个层面来探究人才特征。

联合国教科文组织（UNESCO）2015年发布《教育2030——仁川宣言与行动框架》，提出人的培养的新愿景：成为全球公民，宽容并文明地投入社会、政治、经济活动；拥有一定的技术和职业技能，获得可持续发展能力；促进跨文化的对话，提升对文化、宗教、语言多样性的尊重；有度过危机、消除冲突的能力等。联合国教科文组织从世界和平、和谐的角度提出对人的发展的要求。

各国对人才培养有着自己的设计。中国的《国家中长期教育改革和发展规划纲要（2010—2020年）》提出教育旨在促进学生全面发展，着力提高学生服务国家服务人民的社会责任感、勇于探索的创新精神和善于解决问题的实践能力。新加坡教育强调帮助学生应对快速发展的世界，提出21世纪素养模型，指出培养的人应该拥有自我意识及自我管理、自我决策的能力，拥有人际素养、社会性意识，因此信息沟通素养、批判与创新思维、公民素养、全球意识、跨文化素养尤为重要。

进入21世纪以来，各种创新的职业和工作模式层出不穷，新技术使人类进入了信息传播的全球化时代。研究者们从不同角度对信息时代的教育提出新要求，其中，托马斯·弗里德曼（Thomas L. Friedman）的观点得到广泛关注。他从教育角度给出了孩子们成长为平坦世界里不会被淘汰的中产阶级所需具备的五种技能和态度：一是培养"学习如何学习"的能力；二是掌握网上冲浪的技巧，学会甄别网络上的噪声、垃圾和谎言，发现网络上的智慧和知识的来源；三是学会自我激励，保持学习激情和强烈的好奇心；四是学会横向思维，在不同领域寻找彼此间的联系，发展综合能力；五是培养艺术才能，学会换位思考、统筹安排、解决新挑战、追求卓越。

作为学校教育实践者的一线教师也从自身鲜活的教育实践出发，提出在数学教学中要培养学生思维的独创性、深刻性与灵活性，养成独立思考等习惯。爱因斯坦在谈到学校人才培养目标时也曾指出："学生离开学校时是一个和谐的人，而不是一个专家……被放在首要位置的永远应该是独立思考和判断的综合能力的培养，而不是获取特定的知识。如果一个人掌握了他的学科的基本原理，并学会了如何独立地思考和工作，他将肯定会找到属于他的道路。"

上述人才培养目标，为我们描绘出教育应该承担起的责任蓝图。作为学校核心学科的数学自然应该围绕这些宏观目标发挥育人功能,为数学素养的构建提供方向。例如,数学教育可以促使学生思维独创性和灵活性的发展,这就有助于在危机和冲突中寻找解决途径,从而更能享受人生。

在构建数学核心素养过程中,还需要关注人们的数学观。数学是什么? 这是一个有着丰富答案的问题,无法展开论述。数学家和数学哲学家克莱因(Morris Klein)指出,"数学本身就是一个充满活力的繁荣的文化分支。经过几千年的发展,数学已经成为一个宏大的思想体系,每个受过教育的人都应该熟悉其基本特征"。尽管数学发生在人类的思想和思维中,但人们也努力在数学和他能用感官感受的现实之间建立联系,也就是说,人们用"数学的眼睛"看现实。数学也可以应用在非数学领域,用于解决问题。进化论先驱达尔文(Charles Robert Darwin)曾经为自己在数学上没有足够造诣而深感遗憾,因为他无法理解和享受那些伟大的、引领人类发展的数学原理。数学在自身发展的过程中也证实了它对其他领域发展的贡献。数学让人们获得一种深层次思考和理解现实的新方法。

数学对人类的生活有重要意义,可惜人们对数学的认识往往是不完整的。有人认为数学是计算工具,用来计算长度与面积,或算出成本与利润;有人认为数学是物理和生理宇宙中的创世语言;有人则认为数学是很好的分析方法。树立完整的数学观,对我们认识数学核心素养的内涵显得尤为重要。数学素养应该是人的一种思维习惯,能够主动、自然、娴熟地用数学进行交流,建立模型解决问题;能够启动智能计算的思维,拥有积极的数学情感,做一个会表述的、有思想的、和谐的人。也就是说,数学素养至少包含数学交流、数学建模、智能计算、数学情感等四个方面。下面,我们将阐述这四个方面何以构成数学核心素养的主要成分。

## 三、数学核心素养成分构成模型

"核心素养是'从学习结果界定未来人才形象'的类概念。"尽管对核心素养具体内涵的表述非常丰富,但它们应该围绕人才观、课程观、学科观等展开。例如,经济合作与发展组织(OECD)发起的国际学生评估项目(PISA)较早提出数学素养概念,从数学教育角度刻画出未来公民的形象。它将数学素养界定为"一种个人能力,包括能够识别并理解数学在世界中起的作用,作出有理有据的数学判断,作为一个积极、热心、反思的公民,会使用数学并参与其中,以满足个人生活的需要"。牛津学习中心曾经发布什么是数学素养、何时会拥有数学素养、数学素养发展面临怎样的挑战等。该中心提出,数学素养包括解决真实世界问题、推理和分析信息的能力,是一种理解数学"语言"的能力。数学素养是除语言素养外的第二个关键素养,对于学生通过理解专业术语而读懂问题尤为重要。

关于数学素养的内涵,国内学者纷纷提出各自的观点。有的研究提出,数学核心素养是学生学习数学应当达成的有特定意义的综合性能力,它基于数学知识技能,又高于具体的数学知识技能,反映数学本质与数学思想,是在数学学习过程中形成的。也有研究认为,数学核心素养是数学情感态度价值观、数学知识、数学能力的综合体现。有研究强调学科核心素养是指学科的思维品质和关键能力,通过数学学科主要培养演绎和归纳的逻辑思维,培养相应的演绎和归纳的推理能力。国外一些研究则关注数学素养的具体成分,提出数学核心素养具有情景性,具体包括数学思维能力、表征能力、符号与形式化能力、交流能力、建模能力、拟题与解题(数学题处理)能力等。其他国际学者则更加重视对具体的数学素养成分的研究,其中出现频率较高的为数学问题提出、数学问题解决和数学交流。

综观国内外人才培养目标,其对于信息交流素养、问题解决素养、创新实践素养等都特别关注。从数学学科角度看,数学交流、数学建模、智能计算思维〔Computational thinking(technology related)〕、数学情感(Mathematical disposition)能刻画出满足培养目标的人才所拥有的素养。

我们提出这四个核心素养成分,不在于追求对数学素养认识的完整性,但是这四个核心素养成分体现了现代教育人才培养目标的需求,体现了数学的本质认识。另外,我们提出数学核心素养是可测试和可培养的,它应该是在相关数学内容的学习与探究过程中养成的。因此,核心素养成分的培育离不开数学内容的土壤。下面对这四个成分逐一进行分析,论证这个核心素养模型如何反映人才观和数学观。

## 四、数学核心素养成分

### 1. 数学交流

随着科学技术的发展,数学广泛地渗透在社会的方方面面。作为未来公民的学生需要具备一定的数学交流素养。数学交流是学生学习数学的一种方式,同时也是应用数学的途径之一。学生在交流中学习数学语言,并运用数学语言中特定的符号、词汇、句法去交流,去认识世界,从而逐渐获得常识的积累。

美国1989年颁布的《学校数学课程与评价标准》较早提出数学交流标准,并对学生交流素养作出相关界定:通过交流组织和巩固自己的数学思维;清楚连贯地与同伴、教师或其他人交流自己的数学思维;分析和评价他人的数学思维和策略;用数学语言精确地表达数学观点。《义务教育数学课程标准（2022 年版）》也突出了关于"数学交流能力"的目标，并将其凝练为数学核心素养的三个重要方面之一，强调会用数学的语言表达现实世界：可以简约、精确地描述自然现象、科学情境和日常生活中的数量关系与空间形式；能够在现实生活和其他学科中构建普适的数学模型，表达和解决问题；能够理解数据的意义与价值，会用数据的分析结果解释和预测不确定现象，形成合理的判断或决策；形成数学的表达与交流能力，发展应用意识与实践能力；等等。

数学交流包括用数学语言与他人和自我的互动过程。与他人互动强调一方面会阅读并理解数学事实，能理解他人以各种表征呈现的有数学意义的文本，包括书面的、视觉化的或口头形式；另一方面以书面或口头形式评述他人的数学思维和策略。与自我互动意指以书面的、视觉化的或口头形式等，表达自己的思维过程、数学见解，反思、精炼、修正自己的数学观点。数学交流素养包含数学推理论证、数学表征等数学关键能力。特别地，数学推理论证是用特殊的语言表达数学结论与观念。

## 2. 数学建模

进入 21 世纪，各个国家和地区启动的数学课程改革都将学生数学建模思想的形成以及数学建模能力的培养作为数学教育的重要目标之一。我国《义务教育数学课程标准（2022 年版）》在小学和初中阶段分别强调了模型意识和模型观念在学生数学学习过程中的重要性，并将其作为数学核心素养的重要组成部分。德国 2003 年颁布的数学教育标准也明确提出数学建模能力，要求学生学会用数学方法去理解现实相关的情景，提出解决方案，并认清和判断现实中的数学问题。

随着研究的深入，对数学建模及其能力的界定越来越充分。数学建模能力被认为是"能够在给出的现实世界中识别问题、变量或者提出假设，然后将它们翻译成数学问题加以解决，紧接着联系现实问题解释和检验数学问题解答的有效性"。这里强调数学建模是建立真实世界与数学世界之间可逆的联系，关注抽象出数学问题与解决现实问题的过程。数学建模不是线性过程，需要不断地从数学世界返回真实世界中检验结果，完善模型。

随着研究的深入，人们提出在现实问题情境和现实模型之间加入情境模型，即建模者要先理解现实情境，头脑中对情境有一个表征，然后简化和建构，得到现实模型，在此基础上形成一个由 7 个环节构成的循环模型，如图 9-1 所示。

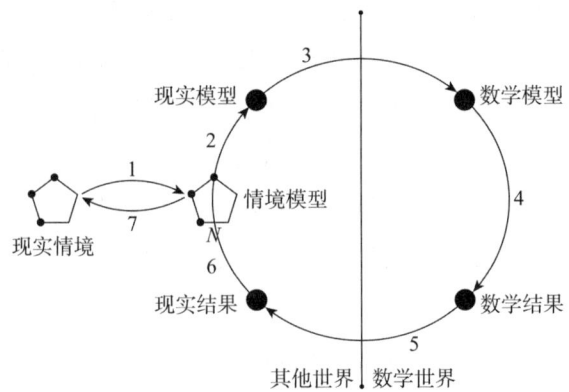

图 9 - 1　数学建模循环模型

根据上述数学建模循环模型,建模过程包含 6 个状态和 7 个环节。这里所说的状态是指建模问题所处的原始状态或经过某个环节的转换之后获得的结果,而环节是指建模者从一个状态到下一个状态所采取的操作行为。数学建模素养具体体现在这七个操作行为中,包括:理解现实问题情境(理解);简化或结构化现实情境,形成现实模型(简化);将被结构化的现实模型翻译为数学问题,形成数学模型(数学化);用数学方法解决所提出的数学问题,获得数学解答(数学求解);根据具体的现实情境解读并检验数学解答,获得现实结果(解释和转译);检验现实结果的有效性(检验);反馈给现实情境(反馈)。数学建模素养与数学地提出问题、解决问题的核心能力密切相关,因为数学建模的重要一步是提出有价值的研究问题,从而用数学去认识现实。

3. 智能计算思维

这个素养在别的研究者中不常被提到,因此我们用较长一点的篇幅来讨论。21 世纪是知识经济与信息技术高速发展的时代,随着数字化进程的不断推进,社会信息化程度进一步提高,智能计算思维的应用越来越广泛。智能计算必须像"阅读、写作、算术"一样普及,成为每一个合格公民的必备素质。

智能计算思维被界定为一种运用计算机科学基本概念解决问题、设计系统以及理解人类行为的方式方法。它代表一种每个人都应该有的应用态度和技能,而不是计算机专家独享的思维。

智能计算思维首先与计算机教育密切相关,2011 年美国国际教育技术协会(International Society for Technology in Education,简称 ISTE)与计算机科学教师协会(Computer Science Teachers Association,简称 CSTA)基于计算思维的特征,给出如下操作性定义:智能计算思维是一种问题解决过程,它强调用有助于求解的计算机或其他工具表述问题;逻辑地组织并分析数据;用模型与模拟等形式抽象表征数据;通过算法思维将求解过程自动化;识别、分析并实施可能的求解过程,以便获得步骤与资源最有效率和效益的组合;将问题解决过程概括并转换为更为一般的问题解决过程。从这一描述性的定义可以看出智能计算思维与数学的密切关系。

由于新兴学科的不断发展,智能计算思维走进了数学教育。近 20 年来,智能计算在每一个数学相关领域中得到不断发展,如生物信息学、计算统计学、化学计量学、神经信息学等。在这些学科交叉领域,智能计算尤为重要。数学教育应重视日益发展的智能计算思维以及相应的技能技巧,为学生接触并了解这些新兴交叉领域创设学习环境,帮助学生更好地适应知识经济和信息技术快速发展的社会。

《义务教育数学课程标准(2022 年版)》明确提出,"在解决现实问题的过程中,引导学生设计算法、编写程序,让学生感悟科学技术发展带来的便捷,发展创新意识"。《普通高中数学课程标准(2017 年版 2020 年修订)》也提出,要重视学生数学抽象、数学运算、数据分析等数学核心素养的形成和发展。

魏茵托普(David Weintrop)等研究者通过大量的文献分析、专家访谈、数学课堂教学观察及编码分析,提出数学教育中智能计算思维的要素分类,包括数据实践、建立模型与模拟实践、智能计算问题解决实践、系统思维实践等四个要素,并且对每个思维要素进行界定(表 9 - 1)。

表 9 - 1　数学教育中智能计算思维的要素分类

| 数据实践<br>(Data practices) | 建立模型与模拟实践<br>(Modeling & Simulation practices) | 智能计算问题解决实践<br>(Computational Problem Solving Practices) | 系统思维实践<br>(Systems Thinking Practices) |
|---|---|---|---|
| 收集数据<br>构造数据<br>操作数据<br>分析数据<br>数据可视化 | 使用计算模型理解概念<br>找出和检验解答<br>评价计算模型<br>设计计算模型<br>构造计算模型 | 为求解问题作准备<br>会计算机编程<br>选择有效的计算工具<br>评价问题求解过程<br>开发求解模块<br>生成计算抽象<br>解决疑难,排除故障 | 整体考察复杂系统<br>理解系统内部的关系<br>分层思维<br>交流系统的信息<br>定义系统和管理复杂性 |

智能计算思维特别强调系统思维这一要素,"系统思维的能力是一种重要的思维习惯……它为下一代成为科学公民作准备。在全球社会下,需要做出大规模的科学的决定,对下一代来说,发展对世界的系统思维尤为重要"。基于现代社会对人才的需要以及数学学科发展优势,我们提出将智能计算思维作为数学核心素养

主要成分之一。

在数学教育领域,智能计算思维包括数据实践、数学模拟、基于计算机的问题解决、系统思维等四个方面的能力。

数据实践是指收集数据、构造数据、操作数据、分析数据和将数据可视化等技能。这些技能主要表现为会计划收集数据的系统方案,借助智能计算工具使得数据收集等成为自动化过程。另外,能够以各种方法将数据可视化,包括利用传统的图表工具表征数据,或者用各种可视化软件表征数据,以便使用者能够与所显示的数据进行互动。

数学模拟是指使用数学模型理解概念的技能,找出模型求解方法并加以检验的技能,评价并优化模型的技能。它主要表现为针对复杂问题情境(更多是其他学科领域或现实情境的问题)会构造、使用、优化模型,模型可以包括流程图、示意图、方程、计算机模拟或者物理模型等。模型是对现象的简化,突出现象的本质特征。数学模拟的经历有助于学生对现象本质的理解。

基于计算机的问题解决是指会根据问题解决策略,将问题分解为已知问题;会进行简单的计算机编程;能够辨别不同计算工具的利弊,选择有效的计算工具,评价问题求解过程;在处理复杂问题时,会将问题模块化,利用计算机开发简单的、可重复使用的解答模块;当计算机运行模块碰到故障时,会作出相应的处理。

系统思维是指从整体上考察复杂系统,理解系统内部关系;会分层思维,交流系统的相关信息。它主要体现为能够针对收集的系统数据(如城市交通问题、养老金政策问题)从整体上提出问题,设计并实施对数据的研究方案,且能够对过程及结果加以解释等。另外,还能够识别构成系统的要素,领会并解释当系统的特征性行为产生时,系统要素互动的方式。学生能够识别所给系统的不同层面,了解清楚每个层面上的行为,正确刻画相关层面上的系统特征。系统思维有助于培养学生看待事物的整体观和全局观。

这是一个面向未来社会的数学素养,其形成与发展不仅与数学学科内容的学习密切相关,也是一个需要跨学科内容支持的素养。

### 4. 数学情感

数学素养是现代社会每个公民应该具备的基本素养,它不仅包括认知层面的数学能力,也包括非认知层面的情感与态度。蔡和梅琳娜(Cai & Merlino)关于数学情感的测评研究强调,积极的数学情感有助于学生更从容地迎接数学问题的挑战,更专注于数学活动,从而有助于数学成就的提高。美国 1989 年数学课程标准提出的五个数学教育的新目标中,前两个就是情感方面的。积极数学情感与预期数学成就之间形成一个良性循环。关于如何理解数学情感这个概念,目前的研究没有给出明确的定义,更多是对数学情感的内涵加以描述。数学情感是人们以数学和数学活动为客观感受对象的一种情感,是对数学和数学活动所持态度的体验,是数学和数学活动是否符合自身精神需要和价值观念的自我感受、内心体验。

纵观历史上数学家的成长与贡献,都伴随着积极的数学情感。出生于公元 4 世纪的古埃及女数学家希帕蒂娅(Hypatia)在专注于数学研究的同时,深情地表露自己的情感:"当你对数学着迷时,就会感觉到美丽、简洁的数学结构亦如艺术作品中明晰而欢畅的线条,它的哲学思辨的能力亦如音乐作品感人肺腑的旋律,久久地在胸中萦绕、升华。"在深奥、抽象的研究中,庞加莱似乎更多是享受,他这样描述自己的感受:"数学家首先会从他们的研究中体会到类似于绘画和音乐那样的乐趣;他们赞赏数与形的美妙地和谐;当一种新的发现揭示出意外的前景,他们会感到欢欣鼓舞……"陈省身曾经谦和地谈论自己从事数学研究的观点:"我只是想懂得数学。如果一个人的目的是名利,数学不是一条捷径……长期钻研数学是一件辛苦的事。何以有人愿这样做,有很多原因。对我来说,主要是这种活动给我满足。"数学家有着各自的积极的数学情感,由此也进一步激励他们在数学这一职业生涯上获得发展。很难想象一个人有较高的数学素养,但恨数学。

当然,学习数学未必要成为数学家,学习数学也并不意味着今后要直接应用数学。数学学习更多是要培养和谐的、有思想的、有责任心的人。作为一个"和谐"的人,其心理表现与积极数学情感的具体表现是相吻合的。数学情感素养是指这种积极数学情感的表现,包括对数学知识的认同感、信任感和审美能力,在数学学习中的好奇心、求知欲和喜悦感,对从事数学活动者的亲近感。

## 五、结语

根据现代教育的人才培养目标以及数学学科的本质特征,数学交流、数学建模、智能计算思维和数学情感无疑是数学核心素养的重要成分。数学交流素养包含数学推理论证、数学表征等数学关键能力。数学建模素养与数学地提出问题、解决问题的能力密切相关。智能计算思维则是一种系统的问题解决过程。而在强调数学素养认知成分的同时,非认知因素也尤为重要。对数学知识的认同感、信任感和审美能力,这些积极的数学情感有助于数学核心素养的发展。本章对数学核心素养的构建与其他关于数学核心素养的研究相辅相成。紧接着数学核心素养构建过程中需要重点考虑的是,如何测评以了解学生数学核心素养之表现,如何在学校教育中发展数学核心素养,如何让数学教育在人才培养目标达成中发挥作用。这些是我们持续研究的方向。

在接下来的章节中,我们会对每一个素养进行拓展并讨论,并呈现如何对这些素养进行评估的具体策略。

# 第10章 智能计算思维的内涵与意义

从本章开始,我们将着重围绕数学核心素养及其测评展开。对数学核心素养及相关话题的介绍和讨论,主要基于以下三方面的假设。其一,学生的数学核心素养可以通过适当的教学进行培养。有关数学核心素养的讨论目前还没有达成一致意见,然而不应等到完全达成一致后,才开始在课堂上实施培养学生数学核心素养的教学。其二,对数学核心素养的讨论需要基于人的培养目标和对数学的认识。其三,为培养学生的数学核心素养,我们需要讨论如何测评数学核心素养。也就是说,如何通过评估的手段测量出学生是否已经具备了这样或那样的数学核心素养,并了解学生对于各种数学核心素养的掌握程度。近年来,有关数学核心素养的讨论非常之多。虽然众多研究中对于数学核心素养的认识并没有完全统一,但其中有部分素养在学生数学学习中所起到的作用已经得到了广泛的肯定。我们将在接下来的若干章节中对这些素养逐一进行讨论。

本章主要聚焦于智能计算思维(Computational Thinking,简称CT)这一数学核心素养。值得指出的是,有研究者把CT翻译为计算思维,但在本书中我们更倾向于翻译成智能计算思维,这种表述能够将"因计算机的智能所带来的思维转变"这一内涵充分表达出来。20世纪40年代,在多数数学家还聚焦于对纯粹数学的研究时,华罗庚先生就提出应当将纯粹数学、应用数学和计算技术(也即后来的计算数学,Wing,2006)作为发展中国数学事业的基础。从1950年代开始,教育界对于数学概念的理解得到了不断扩充,应用数学乃至计算数学逐渐被纳入系统的数学教育中。这是数学教育理念的一个重要变革。时至今日,计算数学已经与纯粹数学(基础数学)和应用数学并列为数学领域的重要学科。随着科学技术的日益发展以及计算机与网络的不断普及,机器学习、人工智能等新技术正在逐渐改变着人类未来的思维和生活方式。理科、工业、医学、商业等越来越多的领域依赖复杂的计算机模拟和海量的数据分析来解决问题,而数学科学为其提供了基本的语言。有研究表明,到2020年,在科学、技术、工程和数学(STEM)领域的每两份工作中,就会有一份与智能计算紧密相关(蔡金法,徐斌艳,2016)。2012年,国家自然科学基金委员会与中国科学院组织600余位院士、专家,撰写了《未来10年中国学科发展战略》(国家自然科学基金委员会,中国科学院,2012)。其中,在数学学科的发展战略当中,计算科学中的建模、算法和模拟软件研究将作为未来十年的优先领域和重点方向。

这样的变化对传统的学科教育带来了巨大的冲击,而数学作为基础教育阶段最重要的学科之一,其内涵和性质也随着这种冲击快速地发生着转变。计算数学的加入是对原有数学概念的重要扩充,而我们的数学教育需要服务于这样的转变。在国外,智能计算思维作为数学核心素养已经被广泛接受,而在中国数学教育领域,尤其是中小学教育,尚未对智能计算思维的教学引起足够的重视。蔡金法和徐斌艳(2016)首次提出将智能计算思维作为数学核心素养纳入数学课堂教学之中。

《义务教育数学课程标准(2022 年版)》指出,"引导学生会使用计算机处理数据,养成利用信息技术开展研究的习惯"。智能计算思维概念中的许多内容与这样的理念有着共通之处,并且为上述能力的培养和评估提供了理论方面的支撑及实践层面的引领。

目前,数学教育领域对什么是智能计算思维,它在怎样的背景下被提出并逐渐引入教育领域,这一概念与数学思维、问题解决和数学建模等数学教育的核心概念之间有什么关系,以及怎样围绕智能计算思维来设计数学课堂教学,如何对学生的智能计算思维进行评估等缺乏必要的了解和认识,甚至有一些教师和研究者对于智能计算思维的理解还停留在"计算机操作"的层面。

本章将从三个案例出发来讨论智能计算思维,希望对教师初步认识智能计算思维有所帮助。在这种认识的基础上,对智能计算思维的概念源起,什么是智能计算思维,以及智能计算思维与传统数学思维之间的关系和差异等进行简要的介绍。希望这样的介绍能够帮助大家了解智能计算思维的特征。

## 一、智能计算思维:三个案例

数学科学在其他各个领域重要性的日益提升,主要源于无处不在的计算模拟(它建立在数学科学概念和方法的基础上)和呈指数级数增长的数据量。科学、工程和工业的许多领域都关注建立和评估数学模型,并通过分析大量的观测数据和计算数据来对数学模型进行研究,从而解决问题(NRC,2013)。这些工作本质上都是基于智能计算思维这一独特的思维过程。智能计算思维并非仅仅体现在机器智能或计算科学等必须应用计算机才能够解决的问题领域。事实上,当前数学课堂教学中一些常见的数学问题,也可以通过智能计算思维的方式来解决。下面将分别呈现三个案例,以简要说明在解决相同的问题时,智能计算思维和传统数学思维之间存在着怎样的差异。

【案例一】加法问题

$43+59=?$

案例一是小学课堂教学中最常见的加法问题。在解决这个问题时,通常采用的数学计算方法包括列竖式计算、凑整(整十)、进位加法等。而从智能计算思维的角度去思考,则可以通过这样的规则来完成计算:(1)每个数位上对应的数字分别相加(如$4+5,3+9$);(2)当某一数位上的数字之和大于10时,则向上一位进位(如$3+9$大于10,向十位进一);(3)若向上进位之后,使得上一位的数字总和大于10,则继续向上进位(如$4+5=9$,但是由于进位后变成了10,因此需要向百位再进一位)。通过这样三步,将这一问题分解为三个子问题,然后逐一进行操作。可以看到,在这样的案例中,数学思维和智能计算思维有许多相似之处,并且这样的操作并没有明显地简化解决问题的步骤。但上述智能计算思维的三步解决方法适用于任何两位数加法问题,这样的算法步骤正是计算器或计算机所使用的。

【案例二】分数问题

如何将20张比萨饼更好地分给60名学生?

案例二是一个与分数相关的问题。解决这一问题最常用的数学方法是将20张比萨平均分成60份,即$20\div60$,平均每人分到$\frac{1}{3}$张比萨。那么,在智能计算思维的概念下,应该如何思考这样的问题呢?可以按照如下步骤进行模拟实验:(1)将每一张比萨平均分成若干份(如每张分成10份);(2)让60名学生进行第一轮取比萨的操作,每人先取1份;(3)若第一轮过后还有剩余的比萨,则让学生继续取,直到取完为止;(4)看每名学生是否获得了相同数量的比萨,若学生所获比萨的份数不相等,则考虑重新进行实验,并调整开始时每张比萨所分的份数;(5)通过不断的尝试,最终找到合适的分配方案。这种方法与数学思维方法相比,其特点在于不是直接运用已知的数学算式来解决问题,而是通过收集数据,建立模型,不断调整和纠正错误,直到问题得以最终解决。

【案例三】中奖问题

在"作出明智的选择"电视节目中,有3扇关闭着的门,其中一扇门背后有大奖,另外两扇门背后则什么都没有。参与者首先要按照要求选择一扇门但不打开(这扇门背后可能有大奖,也可能没有,但是参与者不知情),无论如何选择,随后主持人都会打开一扇没有大奖的门(这扇门不是参与者所选的那一扇)。此时,参与者需要作出选择。他可以坚持原来的选择,也可以更改为选择另一扇没有被打开的门。那么,参与者应该如何进行选择才是明智的呢?

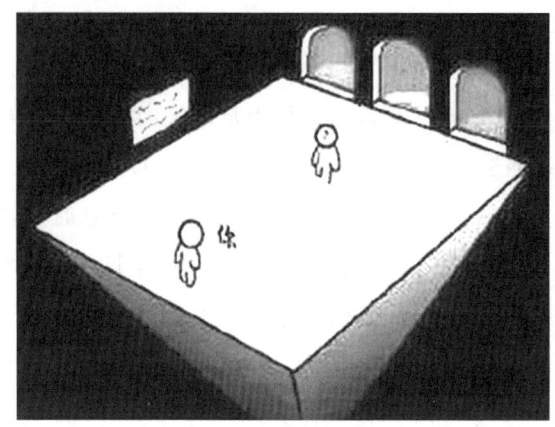

图 10 - 1  "作出明智的选择"电视节目

案例三取自 20 世纪六七十年代美国的一个真人秀游戏节目。在这个案例中,传统的数学方法是采用条件概率的公式对这个题目进行计算。当参与者选择坚持时,其中奖的概率是 $\frac{1}{3}$;当参与者选择改变时,其中奖的概率是 $\frac{2}{3}$;而当参与者以抛硬币的形式帮助选择时,其中奖的概率是 $\frac{1}{2}$。如果我们采用智能计算思维的方式解决这个问题,可以进行 1 000 次实验,在计算机上分别模拟采用 3 种不同策略的中奖情况。表 10 - 1 呈现了一组假设的计算机模拟结果。

表 10 - 1  计算机模拟结果

| 1 000 次尝试 | 中奖比率 | 未中奖比率 |
| --- | --- | --- |
| 策略 1(坚持) | 33.9% | 66.1% |
| 策略 2(抛硬币) | 50.4% | 49.6% |
| 策略 3(改变) | 66.1% | 33.9% |

可以看到,计算机模拟出来的结果可能和运用公式计算出的结果十分接近。然而,解决这一问题时,采用数学思维和智能计算思维在思路上有很大的差异。数学思维强调的是能否使用一个合适的数学公式,使得情境符合公式的要求;而智能计算思维更倾向于将问题背景中的关键环节抽象成可操作的实验,并通过实验记录的数据来推测可能的概率结果。两种方法各有特色,适用于不同的现实情境。

## 二、智能计算思维的概念源起

智能计算思维事实上并不是一个全新的概念。早在 20 世纪五六十年代,就有研究者提出了"算法思维"(Algorithmic thinking)的概念,强调使用有序而精确的步骤来解决问题,并且在恰当的时候使用计算机将解决问题的过程自动化(Denning,2009)。与此同时,有研究者认为,无论哪一类专业的大学生都应当学习一些编程以及计算的理论。然而,在义务教育阶段,智能计算思维开始得到关注是源于 20 世纪 80 年代美国麻省理工学院的 LOGO 项目(Papert,1980)。该项目前后历经十余年,致力于为学生创造一种学习环境,在这样的环境中学生能够学会如何与计算机进行交流。项目中最重要的两个研究主题是学生如何能够以一种熟练的方式使用计算机,以及如何让学生通过使用计算机来改变其认识和学习其他事物的方式。21 世纪初,智能计算思维这一概念被研究者重新重视起来。2006 年,周以真(Jeannette M. Wing)在其发表的文章中对智能计算思维进行了界定,可以被认为是 21 世纪以来围绕这一概念展开的若干讨论的起点。周以真认为,智能计算思维是一种运用计算机科学基本概念解决问题、设计系统以及理解人类行为的方式方法,它代表一种每个人都应该具有的应用态度和思维方式,而不是计算机专家独享的技能和思维。她强调,应当将智能计算思维作为每一位中小学生应对未来社会挑战所必须具备的基本能力和思维习惯,它是科学、技术、工程和数学(STEM)学习领域的重要组成部分。时至今日,这一概念被广泛应用于教育领域,并逐渐引起数学教育研究者和实践工作者的关注。其中,美国国家科学基金会计算机与信息科学工程理事会(Computer and Information Science and Engineering Directorate of the National Science Foundation)委托美国国家科学研究委员会连续组织了两次全国范围的工作坊,分别对智能计算思维所涉及的范围和性质,以及教学方面的因素展开了充分研讨,形成了两份具有重要指导意义的报告(NRC,2010;2011),为未来教育领域展开智能计算思维的研究与教学奠定了基础。

## 三、什么是智能计算思维

当谈到智能计算思维时,许多人首先联想到的是程序运算以及使用计算机来完成某项任务,并将智能计算思维等同于电脑运算、计算机技能、编程等数字化的素养。事实上,智能计算思维并不局限于一种有关如何使用计算机软件的技术细节。运用智能计算思维的过程中并不一定要求学生使用编程等手段,很多时候学生甚至不需要借助电脑就可以运用这样的思维方式解决问题。总而言之,它不是一门独立的学科,而是嵌入问题解决过程的一种思维方式,甚至可以称作是一种思维习惯。

智能计算思维被界定为一种运用计算机科学基本概念解决问题、设计系统以及理解人类行为的方式方法和思维习惯(蔡金法,徐斌艳,2016;Wing,2006)。2011年,美国国际教育技术协会(International Society for Technology in Education,简称 ISTE)与计算机科学教师协会(Computer Science Teachers Association,简称 CSTA)基于计算思维的特征,给出了操作性定义:智能计算思维是一种问题解决过程,它强调用有助于求解的计算机或其他工具表述问题;合乎逻辑地组织并分析数据;用模型与模拟等形式抽象表征数据;通过算法设计将求解过程自动化;识别、分析并实施可能的求解过程,以便获得步骤与资源最有效率和效益的组合;通过抽象和概括的方式将现实问题转化为更加一般化的问题进行求解。

智能计算思维常被用于解决那些由于人类思维的局限性所造成的无法独立解决的问题。在培养智能计算思维的过程中,要帮助学生逐渐建立起以下思维意识:(1)认识到人类思维和计算机思维各自的优势以及局限性,并且能够意识到二者之间可以通过某些方式进行互补;(2)充分了解所面临问题的困难程度,以及采用何种方式可以解决这些问题;(3)要有意识地去探索如何通过技术的运用来帮助解决问题;(4)如何从智能计算思维的角度来思考和解决问题。

有学者对这一概念所包含的要素进行了更为具体的划分(蔡金法,徐斌艳,2016;Weintrop et al.,2015),即将智能计算思维进一步分为系统思维的实践、数学模拟的实践、数据实践和基于计算机的问题解决四个方面,并对这四个方面的内涵进行了具体描述。

系统思维的实践是指从整体上考察复杂系统,理解系统内部关系;会分层思维,交流系统的相关信息。它主要体现为能够针对收集的系统数据从整体上提出问题,设计并实施对数据的研究方案,且能够对过程及结果加以解释等。另外,还能够识别构成系统的要素,领会并解释当系统的特征性行为产生时,其要素互动的方式。例如,如果将案例三中的"中奖"作为一个整体的系统来看,那么最重要的要素是参与者所作出的"选择",不同的选择对应的是不同的解决方案,并且不同的方案之间是互斥的(也即一种情况的产生会导致另一种情况的消失),这些要素和关系都是系统思维的实践中所要考虑的问题。

数学模拟的实践是指使用数学模型理解概念,找出模型求解方法并加以检验,评价并优化模型等技能。以案例三为例,学生通过建立模型,将任务情境转化为三种不同的策略(策略1:坚持,策略2:抛硬币,策略3:改变),每一种策略对应的是一种数学计算方法。在数学模拟的实践中,学生需要针对复杂问题情境(更多是其他学科领域或现实情境中的问题)构造、使用、优化模型,模型可以包括流程图、示意图、方程、计算机模拟或者物理模型等。模型是对现象的简化,突出现象的本质特征。数学模拟的经历有助于学生对现象本质的理解。

　　数据实践是指收集数据、构造数据、操作数据、分析数据和将数据可视化等技能。仍以案例三为例,针对不同的选择策略分别构造1 000次模拟实验来进行数据的采集,就是数据实践的一种体现。另外,数据实践中需要以各种方式将数据可视化,包括利用图表工具表征数据,或者用各种可视化软件表征数据,以便使用者能够与所显示的数据进行互动。

　　基于计算机的问题解决是指会根据问题解决策略,将目标问题分解为已知问题;会进行简单的计算机编程;能够辨别不同计算工具的利弊,选择有效的计算工具,评价问题求解过程;在处理复杂问题时,会将问题模块化,利用计算机开发简单的、可重复使用的解答模块;当计算机运行模块碰到故障时,会作出相应的处理。例如,案例三中需要将实验重复进行1 000次,并通过实验数据获得各种策略下可能的概率结果。这一过程如果通过人力来完成,需要耗费相当多的精力。然而,通过定义每一步所需完成的任务,这1 000次实验可以很方便地交由计算机来完成,这种问题的解构和每一步的设计就是基于计算机进行问题解决的过程。

　　智能计算思维中包含了一系列学生所应具备的能力(Bienkowski et al.,2015)。这些能力并非完全独立于数学思维。有些能力是二者共同具备的,而有些能力需要在数学思维的基础上进一步去发展。在数学思维中,数学是通过对抽象结构的符号推理和计算来认识世界的,学生需要通过数学的语言来发掘和理解这些抽象结构之间的关系;而智能计算思维要求学生在此基础上对抽象的结构进行建模、推理,并以它们作为计算框架来捕捉现实世界的某些特征,然后利用这些特征对现象进行预测或解决问题(NRC,2013)。

　　在数学教学中,如何系统性地培养学生这些方面的能力是教师面临的重要挑战。智能计算思维是数学教育中的一个新兴领域,它指向的是未来社会学生所应具备的核心素养。因此,我们应该更多地从一种发展的、灵活的、注重实效的视角来看待和理解这样的概念。对于智能计算思维来说，应该强调这一概念所能带来的各种可能性，用一种建构的方式，通过在快速发展过程中不断丰富的实践，逐步对这一概念进行系统地分类和完善。

## 四、智能计算思维与数学思维的差异

数学思维的研究对象是数学的内部规律，它往往会撇开具体的内容，以纯粹的形式去研究事物的数量关系与空间形式。计算数学则聚焦于具体的现实问题，包括从各个应用领域（科学、工业等）所提出的数学问题。当然，在解决具体问题的过程中，会将其中的数量关系进行抽象，通过数学模型的建立和算法的运用达到解决问题的目的。智能计算思维与数学思维在问题解决方面有诸多相似之处，然而二者最大的不同在于智能计算思维更加强调将数学知识与计算思维方式相结合，借助计算思维的快速性，更好地利用其他资源或工具（尤其是计算机等相关资源）解决现实问题。也就是说，数学思考是以人脑作为解决问题的工具，而智能计算思考的是如何以计算机等辅助性工具来帮助快速地解决问题。这一特点在解决复杂的、系统性的、需要大量重复迭代和纠错的问题时，体现得尤其明显。

在数学思维的认知中，对学生的教育更多的是培养他们"像数学家一样思考"。此时，教学中涉及的情境、经验等都是为学生更好地理解数学概念、寻找数学规律、进行统计推理以及验证猜想等服务的。而提升数学思维的目的是让学生对数学学科本身形成更深入的理解，这种理解又体现在他们对于种种数学抽象和符号推理之间关系的认识上。在这种导向下学生建立起来的数学思维关注的是数学中各种错综复杂的概念之间因联系而产生的"美"。图 10-2 对这种数学思维进行了可视化的呈现。当数学思维作为数学教育中的首要关注点时，无论是现实情境，还是计算科学、工程乃至其他领域产生的经验，都是为强化学生对数学学科内概念和模式的理解服务的。这种导向本身无可厚非，但是在回答"学习数学的目的"，以及"如何让数学与学生当前和未来的生活建立联系"这样的问题时，并没有达到预期的效果。如果数学教育仅仅是为了让学生理解数学，而不是运用数学使之服务于未来发展的需要，那么即使在课堂上引入再多的"真实情境"，也只是借用这些情境的躯壳来"包裹"抽象的数学问题，并不能够让学生真正了解数学对于现实生活所起到的重要作用。

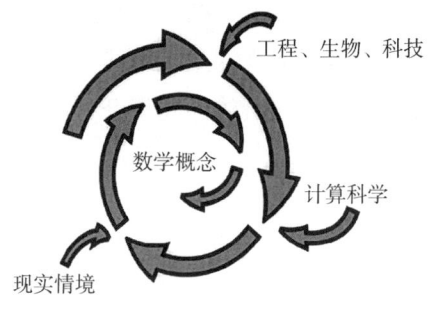

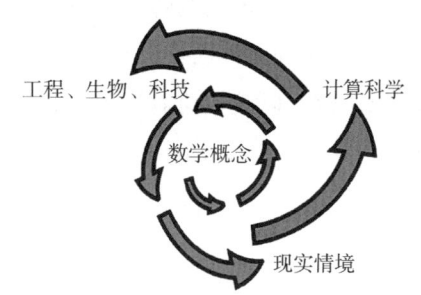

图 10-2 聚焦于数学思维的导向[1]　　　　图 10-3 聚焦于智能计算思维的导向[2]

而在智能计算思维的认知中,其思维模式是一种向外延展的形式(图 10-3)。在这样的模式下,数学教学一方面注重对数学概念本身的理解,另一方面更加关注数学概念与现实情境,计算科学,以及工程、生物、科技等领域的内在联系,而这种联系又是通过对现实意义的建构体现出来的。也就是说,数学学习要与其他学科,特别是计算科学建立联系。此时,数学更多地被视作一种科学的渠道,在这个渠道中所形成的概念、工具和实践能够帮助学生将知识从一个领域迁移到另一个领域(NRC,2013)。智能计算思维对于数学教育的作用正体现在这个方面。

当然,强调智能计算思维的发展并不意味着它应该取代数学思维而成为数学教与学最优先考虑的内容。但是,在这样的思维导向下,学生能够有更多的机会体会到数学的理念和观点在现实生活中的应用和价值。这就好像我们都知道什么是线性方程,但是又有多少人真正了解如何通过线性方程来编辑程序,从而令一个机器人可以按照设计的程序完成求解线性方程的任务呢?

## 五、结语

本章对智能计算思维的概念源起,什么是智能计算思维,以及智能计算思维与数学思维之间的关系和差异进行了简要介绍。在智能计算思维的背景之下,学生需要具备运用计算机科学基本概念解决问题、设计系统以及理解人类行为的能力,并将数学中的概念、思维和方法与现实情境及其他学科领域中的实践建立联系。通过智能计算思维的培养,学生能够持久地参与到具有挑战性的任务中,通过与他

[1]　Pérez A. A Framework for Computational Thinking Dispositions in Mathematics Education [J]. Journal for Research in Mathematics Education,2018,49(4):424-461.

[2]　同上。

人的协作，不断改进问题解决的方法，建立合适的模型，以探索并揭示各种任务和数据当中的不确定性因素。在后续的章节中，我们将对如何在课堂上培养学生的智能计算思维，以及如何对学生的智能计算思维进行评估等具体问题展开详细的讨论。

# 第 11 章　智能计算思维的课堂教学

在上一章中,我们主要介绍了智能计算思维的概念源起、内涵以及与传统数学思维之间的差异。将这一概念引入课堂教学,是对现有数学课堂教学内容的一种补充。在义务教育阶段,有意识地在课堂上组织这方面的活动,不仅能够帮助学生在教学活动中逐渐培养智能计算思维能力,还可以促进学生更好地理解数学的概念、思想和方法,让学生有更多的机会了解实际生活中如何运用数学知识解决问题。

智能计算思维可分为系统思维的实践、数学模拟的实践、数据实践和基于计算机的问题解决四个方面(蔡金法,徐斌艳,2016;Weintrop et al.,2015)。而在课堂教学中,每一方面所对应的是学生不同的数学能力。智能计算思维要求学生具备的能力有很多种。美国国家科学研究委员会(NRC,2010)归纳出了智能计算思维的实践过程中学生所应具备的十余种基本能力,包括数据收集能力、处理不确定性的能力、启发式的推理能力、纠错能力、模块化的能力、问题分解的能力、抽象化的能力、编辑算法与程序的能力、检索能力以及对计算科学相关概念的掌握(如机器学习)能力等。其中,有些能力与数学教学所培养的学生能力相似,有些可以通过特定的教学内容进行培养,有些则需要通过不同学科的学习以及丰富的综合实践来帮助学生逐步发展。

如何通过课堂教学培养学生的智能计算思维能力是各学科教学所面临的共同问题。事实上,许多学科已经体现出了对学生智能计算思维能力的培养。比如,柯曾等人(Curzon et al.,2014)设计的科学课堂活动中,包含了对学生算法思维、评估、问题分解、抽象化和一般化等智能计算思维能力的培养。

由于在教学实践过程中,上述十余种智能计算思维能力的体现会有所交叉和重复,因此本文将以数据收集、编辑算法与程序、问题分解和抽象化这四种基本能力为例,与大家分享和讨论如何在数学课堂教学中培养学生的智能计算思维能力。与此同时,借助若干教学案例介绍学生不同的智能计算思维能力是如何通过特定的教学活动来体现的。

## 一、课堂教学中智能计算思维的基本能力

在我们看来,数据收集、编辑算法与程序、问题分解和抽象化是智能计算思维的数学课堂教学中可以培养的基本能力。这些能力涵盖了学生从接触问题并获取信息,到理解问题、建立模型,通过对问题的不断分解、整合与抽象,最终达到问题解决的一系列过程。对智能计算思维的教学并非要在传统数学课堂教学中单独开辟出一个领域,而是希望能够为学生解决系统性的复杂问题提供更多的机会。在智能计算思维的概念下,看待问题的角度往往会产生一定的变化,解决问题不再要求学生仅凭借自身的能力,也可以借助计算机或其他工具对问题进行表述和分析,从而运用效率和效益最优化的方法组合来解决问题。所以,智能计算思维与传统数学思维之间是相辅相成的,二者在解决问题的基本方法上有很多相似之处,而在解决实际问题的过程中又能够相互补充。

在智能计算思维中,数据收集能力是解决问题的先决条件。有效地收集数据并对数据进行有意义地表征和解读,以更加简单的方式对数据进行呈现,可以帮助学生更好地理解并快速找到解决问题的方法。无论是传统数学教学,还是在智能计算思维的教学中,都会涉及数据收集这一过程。二者的区别在于,传统数学教学中学生用于数据收集的时间是相当少的,获得的数据在绝大多数情况下是已经被处理过或者被部分处理过的,它们往往已经按照某种特定的数学形式进行排列。比如,学生接触到的统计图表或者通过观察和简单测量形成的数据,是其最主要的数据来源。而在智能计算思维的教学中,体验使用不同工具来采集和记录多种类型的数据,是课堂活动十分重要的组成部分。学生需要了解数据本身的复杂性,掌握不同测量工具(这些工具不仅限于直尺和圆规等数学仪器,还包括其他电子仪器等)的使用方法,在必要的时候还能通过计算机模拟来获取所需的数据(Weintrop et al.,2015)。

编辑算法与程序的能力在智能计算思维中体现为将求解问题的过程用可程序化的形式表达出来,从而使得问题可以通过一步步的计算或自动化的程序算法来解决(Aho,2012)。这一点是传统数学教学所不具备的。虽然在传统数学教学中也会涉及算法和运算符(如加、减、乘、除、乘方等),但它们是以一种便于"人"理解的形式呈现出来的。比如,$1+2+3+\cdots+100$ 会呈现为 $(1+100)\times100\div2$。而在智能计算思维中,更多地会以"计算机"或者"其他工具"能够理解的方式进行呈现,如上述求和公式会被呈现为类似 Sum(1 to 100)这样的形式。在这里,学生要做的

读懂每一个学生:课堂评估的目的、设计、分析和使用策略

不是自己直接算出来,而是让"工具"知道应该如何计算。也就是说,算法的作用是对解决问题过程的每一个步骤进行清楚的界定。

　　问题分解能力指的是学生在面对复杂的问题时,能够将问题或者解决问题的目标分解为若干个小的问题或目标,而这些小问题能够用一些可自动化的、简单的算法来解决(Wing,2006)。分解问题最重要的目的在于使得分解后的每一个子问题可以更好地被理解以及能够用自动化的方法解决。需要注意的是,有时简化后的问题对于"人"而言解决起来并非是最"简捷"的。以$(25+14)\times(25-14)$为例,在传统数学教学中,学生往往会先分别计算$25\times25$和$14\times14$,再将二者的结果相减〔即$(25+14)\times(25-14)=25^2-14^2$〕,这对于学生而言是"简捷"的分解方法。而在智能计算思维背景下,先分别算出$25+14$和$25-14$,再将二者的结果相乘对于机器而言是最简单的方法,因为在机器的"眼中",$(25+14)\times(25-14)$与$(30+20)\times(40-15)$是没有什么分别的,二者可以使用相同的步骤来解决。如果要求机器按照人认为"简捷"的方式操作,反而需要机器首先识别算式是否能够用$(a+b)\times(a-b)=a^2-b^2$这一公式来解决,经过判定之后再使用不同的算法规则解决问题。

　　智能计算思维中的抽象化能力要求学生能够将问题或者解决问题的思路概括化,并且可以使用一种更为一般的方式表征出来(Weintrop et al.,2015)。一个比较典型的抽象化过程就是建立数学模型。以最简单的"通过抛硬币来计算正面朝上的概率"为例,这实际上是第 10 章中"案例三:中奖问题"的一个简化模型。在传统数学教学中,学生往往需要先知道什么是等可能性事件(比如,硬币正面朝上和反面朝上的概率是相等的),才能够得出"硬币正面朝上的概率为$\frac{1}{2}$"这样的结果。当然,在"案例三:中奖问题"中情况更为复杂,学生还需要知道条件概率等数学知识,才能够对问题进行求解,这对于学生的知识水平有较高的要求。然而,在智能计算思维的概念下,学生可以先尝试抛 1 次硬币,记录下结果;进一步,可以抛 10 次硬币,并将这个过程抽象为"正面朝上的概率=正面朝上的次数÷抛硬币的总次数"这样的数量关系,然后利用电脑来重复上千次这样的实验,通过实验结果对这个问题进行描述。此时,学生只需要学习过分数的相关知识,就能够解决问题。因此,智能计算思维适用于各个年龄段的学生学习相关数学知识,它往往只需依据学生当前掌握的知识,就能帮助学生对一个数学概念形成该学段应有的理解。

　　在课堂教学中,教师可以单独就某一项能力设计题目,而在更多的情况下,是通过一系列课堂活动同时培养学生上述多方面的能力。因为上述各项能力之间存在着紧密的联系,很多时候学生在运用一项能力的同时,还需要考虑对其他方面可能产生的影响(比如,学生在对问题进行分解的过程中,还需要考虑怎样进行任务分解便于设计相应的算法和程序来解决问题)。

下面,我们将借助三个案例具体介绍如何通过数学活动促进学生相应能力的发展,在每个案例中都将涉及智能计算思维的多项基本能力。

## 二、案例一:线性关系

《义务教育数学课程标准(2022年版)》在"统计与概率"领域,要求学生能够学习掌握"通过样本数据推断总体特征的方法,以及定量刻画随机事件发生可能性大小的方法,形成和发展数据观念"。学生在学习两组数据之间线性关系的时候需要进行数据分析。在教学过程中,通常会利用一些表格或者图形来帮助学生理解这一关系。教师可以通过让学生自己收集数据,建立图表并分析数据,比较不同数据的规律,来帮助理解线性关系中的重要概念(Google for Education,2015)。

### 1. 问题情境

首先,在课堂上组织一些"热身"活动,让学生通过这样的活动收集一些"有意义"的数据,并记录在表格中。比如,可以收集班里每一名学生身高或鞋子尺码的数据,学生可以根据自己的喜好收集不同的数据。这一活动也可以作为课前作业要求学生提前完成。由于学生收集的数据类型不同,因此他们所使用的方法也不同。有的学生会采用直接观察或询问的方式获得数据(如鞋子的尺码),有的学生会采用仪器进行测量(如身高)。收集数据的过程主要是为了培养学生通过多种手段获取解决问题所需信息的能力。

### 2. 建立图表并分析数据

这一阶段,学生可将表格中记录的数据描绘在直角坐标系中,也可以通过计算机来完成这一步骤(图11-1)。在建立图表的过程中,教师可以使用一些引导语(表11-1)来帮助学生思考和分析数据,从而归纳出图形的规律。基于这些引导语,学生会思考和比较在用不同方式表征数据时,它们各自的优势和不足分别是什么,哪些优势有助于更好地解决当前面临的问题。与此同时,学生会在不断的尝试中总结并抽象出规律,并用一个个特例来检验自己发现的规律,直至找到一种自认为最优的方式来定义自己的模型,使得这些数据能够更好地符合这一规律。

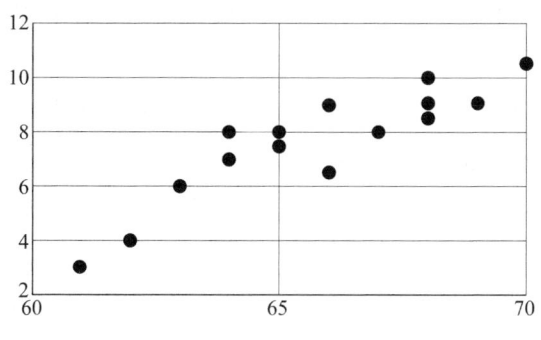

**图 11 - 1　散点图**

**表 11 - 1　引导语**

| |
|---|
| 问题1:哪些信息可以从数据表格中得到,但是无法体现在图形中? |
| 问题2:使用图形对数据进行表征的好处体现在哪里? |
| 问题3:基于图中的数据,你可以发现怎样的规律? |
| 问题4:在图中试着找出至少1个特例,这个特例不符合你总结出的规律。 |
| 问题5:尝试改变数据排列的顺序或者数据的单位(如厘米换成米),看看是否会改变你所总结出的规律。 |
| 问题6:尝试使用一种计算方法列举出若干组数据,并将这些数据描绘在图或表中。 |

　　更进一步,学生可以调整数据的顺序或单位,并观察怎样的调整会对他们所发现的规律产生影响。事实上,当学生采用不同的形式来绘制图表时,产生的体验可能会不同。如果学生采用手绘的形式在直角坐标系上描点,那么顺序的调整就会让他们产生"图形发生变化"的错觉;而如果使用 Excel 等工具进行绘图,那么无论数据顺序如何调整,最后的图形结果都不会发生变化。建立图表和分析数据的过程实际上是对数据进行抽象的过程,面对同一个图形,学生可能会给出不同的定义和解释。

　　3. 比较规律

　　在前两个阶段,每一名学生都会找到自己所采集的数据中的规律。接下来的课堂活动中,要求学生将一组组数据呈现在图表上。例如,除了前文所述鞋子大小与身高的关系,还有学生收集了温度和穿衣数量的关系,并将两组关系放在一起进行比较。通过观察和分析,学生可能发现鞋子尺码越大,身高往往越高;而户外温度越高,穿衣数量往往越少。教师可以进一步将这两种类型分别概括为"正相关"和"负相关",并尝试让学生列举生活中符合这两种"关系"的例子。

　　在这个课堂活动中,教师主要培养的是学生收集和分析数据,并从数据中抽象出数学模型和规律的能力。学生在接触这个单元的知识时,不是先从"线性关系"的定义、特征、函数表达式出发,也没有使用诸如"截距""斜率"等对图形特征进行描述和界定的数学概念,因此所形成的认识不是"当斜率大于0时,是正相关;当斜率小于0时,是负相关"。他们所面对的并不是恰好符合一元线性回归方程的数据,而是从生活中获得的真实数据。数据中存在的关系和规律可能不同,并且即使收集的数据对象完全相同(如全班学生的鞋子大小和身高),不同学生收集的数据结果也会有差异(如顺序上的差异,由于测量工具不同所产生的单位上的差异,以及由测量产生的误差等)。在智能计算思维的教学中,学生不仅可以通过数据归纳出传统数学教学中可以获得的规律(比如,什么是正相关,什么是负相关),更重要的是,他们能够感受到每一个数据的收集、排列、呈现和变化对于整体的趋势会产生怎样的影响。

## 三、案例二:数学推理

《义务教育数学课程标准(2022年版)》将"推理意识"(小学)和"推理能力"(初中)作为数学核心素养的重要组成部分。以小学为例,具体表现为"知道可以从一些事实和命题出发,依据规则推出其他命题或结论;能够通过简单的归纳或类比,猜想或发现一些初步的结论;通过法则运用,体验数学从一般到特殊的论证过程;对自己及他人的问题解决过程给出合理解释"。其中,根据一定的规则排除可能性,最终获得正确的结果是学生推理能力的一种体现(Google for Education,2015)。在本案例中,我们将通过一个数学逻辑推理的活动,帮助学生认识和理解如何通过分解任务并运用算法与程序来解决问题。

### 1.问题背景

在下面的问题情境中,学生被邀请参加一个有趣的聚会。与通常的聚会所不同的是,邀请者并没有直接提供聚会的具体地址,而是提供了一系列关于地址的数字线索。学生需要根据这些逻辑规则进行推理并最终找到地址(表11-2)。学生需独立完成这一任务,教师可以适当地给予学生一些提示,如"采用怎样的方式可以更好地帮助你解决这个问题"(猜想、数学工具)"哪些线索不是特别有用""哪些线索能够帮助你缩小范围"等。

表11-2 数学逻辑问题情境

| 地址在哪里 |
| --- |
| 好友小明邀请你参加一个聚会。为了和你开一个小玩笑,小明并没有直接告诉你地址,而是为你提供了一些有关地址的线索,你需要根据这些线索找到聚会的具体地点。<br>线索1:聚会的地点在建国路上。 |

读懂每一个学生:课堂评估的目的、设计、分析和使用策略

线索 2:门牌号是一个大于 31 的数。

线索 3:门牌号是一个奇数。

线索 4:门牌号是一个小于 90 的数。

线索 5:门牌号每一位上的数字不同。

线索 6:门牌号上的第一个数字(如 21 中的 2)要大于第二个数字。

线索 7:门牌号每一位上数字之和为 15。

## 2.分解问题

在经过一段时间的思考后,部分学生已经有了自己的答案和解决问题的办法。他们可能会一个数、一个数地尝试,直至找到符合的数(穷举法);也可能根据线索一步步地缩小范围,直至找到那个数(排除法);还有的学生可能对这个问题没有头绪。此时,教师可以引导学生将自己的想法一步步地呈现在一张如图 11 - 2 的表格中。学生在操作的过程中,无论采用上述哪一种方法,都会先将问题进行分解。例如,采用"穷举法"和"排除法"的学生,都会把每一个线索当作解决原问题的一个子问题,当某数满足所有线索(每一个子问题)时,就能够找到正确结果。二者的区别在于,"穷举法"在列举每一个数的时候要把这些子问题都验证一遍,而"排除法"是按照线索顺序一个个进行排除,不会有重复。

| 1 | 2 | 3 | 4 | 5 | 6 | 7 | 8 | 9 | 10 |
|---|---|---|---|---|---|---|---|---|---|
| 11 | 12 | 13 | 14 | 15 | 16 | 17 | 18 | 19 | 20 |
| 21 | 22 | 23 | 24 | 25 | 26 | 27 | 28 | 29 | 30 |
| 31 | 32 | 33 | 34 | 35 | 36 | 37 | 38 | 39 | 40 |
| 41 | 42 | 43 | 44 | 45 | 46 | 47 | 48 | 49 | 50 |
| 51 | 52 | 53 | 54 | 55 | 56 | 57 | 58 | 59 | 60 |
| 61 | 62 | 63 | 64 | 65 | 66 | 67 | 68 | 69 | 70 |
| 71 | 72 | 73 | 74 | 75 | 76 | 77 | 78 | 79 | 80 |
| 81 | 82 | 83 | 84 | 85 | 86 | 87 | 88 | 89 | 90 |
| 91 | 92 | 93 | 94 | 95 | 96 | 97 | 98 | 99 | 100 |

图 11 - 2　数字表格

在分解问题的过程中,让学生进行充分讨论是十分重要的。因为每一名学生对于问题的理解不同,采用的方法各异,对问题的分解也会随之有所区别。这些方法有的看上去很复杂(如"穷举法"),有的则看上去相对简单(如"排除法")。学生可以把每一个分解问题的步骤、解决问题的方法以及所使用的时间记录下来,为后续的比较作准备。

### 3. 建立算法和程序

程序性思维并非特指通过编写计算机指令或代码来解决问题。在低年级,学生可能还没有接触计算机程序的编写,但这并不妨碍学生建立这种算法的思维。事实上,算法和程序性思维指的是如何建立明确的规则一步步地解决问题,并且能够判断哪些规则是更加"有效"的过程(尤其对于计算机程序化运算而言是有效的)。这种规则有些是与传统数学思维相一致的,如在四则运算中,乘除法的优先级要高于加减法的优先级($2+3\times5$ 要先计算 $3\times5$,再加 2);有些则需要符合计算机独特的逻辑。

在这个案例中,"穷举法"和"排除法"是两个比较典型的方法,其背后的推理规则如表 11-3 所示。可以看到,对于计算机而言,采用"穷举法"和"排除法"在本质上区别并不明显,无论采用哪一种方法,都需要对每一条线索进行排除后得到最终结果。区别在于,当由人来进行这些操作时,"穷举法"显然要比"排除法"更加费时,因为"排除法"每考虑一条线索,都可以帮助排除一批数,从而减少可能性,而"穷举法"每次只能排除一个数。但如果站在机器的角度,"穷举法"则更加便于机器运算,因为使用"穷举法"时,机器只需要按照一种规则(一个大的规则)对每个数判断一次,而使用"排除法"的话,有的数则需要按照不同的规则判断多次方能够确定。对于机器而言,它们更喜欢一套规则重复多次,而非不同的数采用不同的规则来筛选。

表 11-3　两种方法的逻辑规则

| 逻辑规则 | 穷举法 | 排除法 |
|---|---|---|
| 步骤 1 | 输入线索 1~7 | 输入线索 1,排除不满足线索 1 的数,保留剩余数 |
| 步骤 2 | 将所有的数按照线索 1~7 检索一遍,找到正确的数 | 输入线索 2,在保留的数中排除不满足线索 2 的数,保留剩余数 |
| 步骤 3 | 无 | 输入线索 3,在保留的数中排除不满足线索 3 的数,保留剩余数 |
| …… | …… | …… |

在实际课堂教学过程中,学生可能还会采用其他不同的方法解决这一问题。这样的案例不仅为学生提供了采用多种手段分解问题的可能性,而且可以通过分析不同的算法,了解某种方法在怎样的条件下更加有效(比如,人计算和机器计算的有效性是不同的),从而理解智能计算思维和传统数学思维之间的异同。

## 四、案例三：算法思维

《义务教育数学课程标准(2022年版)》要求学生能够"经历算理和算法的探索过程,理解算理,掌握算法"。实际上,智能计算思维同样要求学生能够设计算法和程序来解决问题,但这种算法并非仅仅局限于数学中的"运算"和"公式",它更多是代表一种"规则"和"程序"。本案例旨在帮助学生了解什么是"算法",以及这种算法思维在解决问题时所起到的重要作用(Google for Education,2015)。

### 1. 问题情境

在课堂活动中,首先可以通过一个情境来帮助学生初步了解什么是"程序"。例如,早上起床之后,你会遵循哪些步骤来完成刷牙这一活动? 如果让你说明刷牙的步骤,你会如何进行描述? 这样的引导可以让学生意识到每一个问题在解决的过程中都会遵循一定的"规则"。

随后将学生分为3至4人的小组,解决表11-4中的问题。

表 11-4 程序性思维问题情境

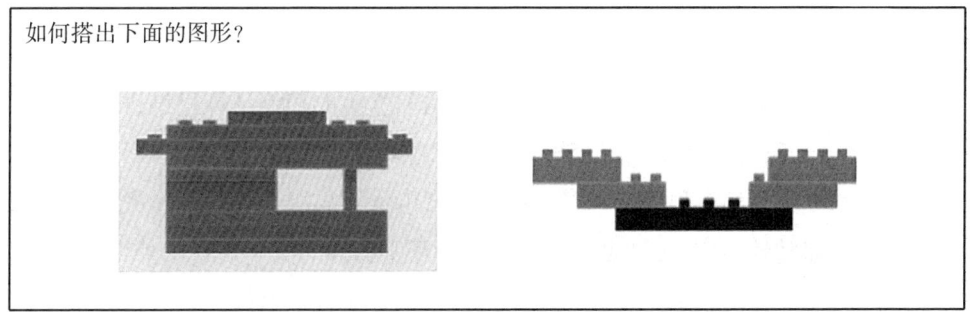

如何搭出下面的图形?

每一个小组都会获得一套相同的零件,要求在规定的时间内完成图形的拼装,不同学生需要承担不同的任务。其中:

只有学生1能够看到表11-4中的图形,但是他不能自己动手拼装,而是需要将如何拼装的每一步过程口头描述出来。

学生2和学生3无法看到表11-4中的图形,但是他们需要在学生1的口头指导下共同完成图形的拼装。学生2和学生3只能按照步骤一步步拼装,如果发生错误,学生1不可以纠正(例如,学生1不可以说"这里不对,应该放在那里"等类似的话语)。

学生4无法看到图形,也无需进行拼装,而是需要记录下学生1的每一步指导过程,并将对拼装图形有用的指导步骤和无用的指导步骤进行区分。最后,学生4

还要统计出学生 1 的指导一共用了多少步和多长时间,才帮助学生 2 和学生 3 完成拼装。

所有的步骤应当在 5 分钟之内结束。5 分钟后,每个小组可以向全班展示他们拼装后的作品,同时将每组中"学生 4"记录下的程序步骤展现出来。

2. 理解算法思维

在完成上述过程后,学生可以对每一组所拼出的图形以及展现的步骤逐一进行讨论,探讨哪一组提供的步骤程序更加清晰明确,并且能够帮助他们在较短的时间内正确完成图形的拼装。随后,可以进一步让学生思考:如果让计算机来帮助完成图形的拼装,那么上述哪些步骤还需要调整?

这样的课堂活动能够为学生理解算法思维提供一个新的角度。事实上,无论是应用乘法交换律、求解一元二次方程组,还是寻找数学模式等,这些都体现出一种算法的思维,也即按照一步步明确的规则来处理,最终得到解决问题的方案。只是在这个案例中,问题对象不再是具体的数学问题,而是一种带有"工程"性质的游戏。因此,在这样的情境下更容易帮助学生厘清"算法"和"计算"之间的区别。

## 五、结语

本章通过若干具体案例对如何在课堂上培养学生的智能计算思维进行了简要介绍。案例一、案例二和案例三分别涉及数据收集、算法与程序编辑、问题分解和抽象化这四种智能计算思维中的基本能力。智能计算思维代表的是一种解决问题的过程。在课堂教学中,这种思维不应独立于正常的数学教学内容之外,而是需要帮助学生建立一种平行的逻辑思维模式,让学生既可以使用数学的逻辑思维解决问题,又可以使用计算机的思维解决问题,并能够充分地意识到人的思维过程与计算机的自动化过程之间存在的共性与差异,从而将特殊问题一般化,并借助计算机来有效完成解决问题的任务。智能计算思维的教学能够与传统数学教学相互补充,让原本不易接受的数学概念、知识,通过这种数据收集、算法与程序编辑、问题分解和抽象化的过程,更好地被学生所理解和掌握。

# 第 12 章　智能计算思维的评估

在前两章中,我们分别对智能计算思维的概念及课堂教学任务的设计进行了简要介绍。本章将围绕如何评估学生在智能计算思维任务中的表现展开讨论。智能计算思维代表的是一种基本能力、应用态度和思维习惯。虽然智能计算思维在国外已经得到了比较广泛的认可,但在教育研究领域,对于如何评估学生的智能计算思维,还没有形成一个相对完备的课堂评估标准,并且在世界范围内有关智能计算思维评估的实践也很少。

随着近年来智能计算思维相关研究的不断发展,越来越多的研究者尝试从不同角度对学生的智能计算思维进行评估。布伦南和雷斯尼克(Brennan & Resnick,2012)通过学习活动的设计,从学生对智能计算思维概念的理解(Concepts),智能计算思维在实践中的应用(Practices),以及学生应具备的一些智能计算思维的独特视角(Perspectives)等方面进行评估。巴苏等人(Basu et al.,2014)尝试为学生创设学习的环境,学生在这个环境中首先需要建立一个概念模型(Conceptual model),对若干概念形成一定的理解,然后基于这些概念将学习环境中提供的若干条件转化为特定的智能计算思维模型,用以解释特定的科学现象。谢尔曼和马丁(Sherman & Martin,2015)对学生某些特定的智能计算思维能力进行评估,并尝试用量化的评分方式建立相应的评估标准。卡劳等人(Calao et al.,2015)基于一款由美国麻省理工学院(MIT)开发的 Scratch 交互式学习软件,对学生在数学情境中运用智能计算思维进行建模、推理、问题解决和重复性训练的能力进行评估。

在本章中,我们会结合已有研究所涉及的评估方法和标准,重点讨论如何对学生的智能计算思维进行评估。事实上,无论是在课堂教学的具体环境中,还是在使用交互式软件进行学习时,某一个特定的任务或者问题很难同时覆盖数据实践、数学模拟的实践、基于计算机的问题解决和系统思维的实践这四个类型的智能计算思维。然而,一个整体性的评估框架对于开展智能计算思维不同维度的能力测评具有共同的指导意义。因此,我们会参照第 5 章开放题的一般性评估方法,首先尝试给出智能计算思维的一个整体性评估标准,然后结合具体的任务,讨论如何按照整体性标准对学生的表现进行评估,以及这种评估与传统开放题评估可能存在的差异。

## 一、智能计算思维的整体性评估标准

在第 5 章设计开放题的定量评估标准时,我们将学生的表现分为 0～4 分共五个等级。该标准是在蔡金法等人(2007)设计的学生数学问题解决评估标准的基础上形成的。其中,每个等级的划分均考虑了学生对数学知识的掌握、策略的使用以及数学交流三个方面。

同样地,在智能计算思维的整体定量评估中,也可以考虑从上述三个方面将学生的表现划分为 0～4 分共五个等级。其中,在数学知识的掌握方面,智能计算思维对学生概念性和程序性知识掌握水平的要求是基本相当的,也即无论是在传统数学思维中,还是在智能计算思维中,学生掌握数学知识的水平都应该达到国家课程标准的基本要求。在数学课堂教学中引入智能计算思维,并不需要刻意去降低或者提高数学知识掌握方面的要求,而应为学生提供更多的途径和思考的角度,以帮助他们更好地解决问题。

基于数学思维和基于智能计算思维的问题解决策略存在明显的差异。传统数学思考是以人脑作为解决问题的工具,而智能计算思考的是如何通过计算机等辅助性工具来帮助快速地解决问题。传统数学思维要求学生通过抽象结构的符号推理和计算来认识世界,会使用数学的语言来发掘和理解这些抽象结构之间的关系。而智能计算思维要求学生在此基础上能够对抽象的结构进行建模、推理,并以它们作为计算框架来捕捉现实世界的某些特征,然后利用这些特征对现象进行预测或解决问题(NRC,2013)。因此,学生在运用这两种不同的思维方式解决问题时,往往有诸多不同。

虽然在传统数学问题解决中也会涉及算法和运算符(如加减乘除、乘方等),但它们是以一种便于"人"理解的形式呈现出来的,如学生在解决 $1+2+3+\cdots+100$ 这个问题时,会使用 $(1+100)\times100\div2$ 这样的策略。而在智能计算思维中,解决问题需要使用"计算机"或者"其他工具"能够理解的方式来分解任务,所以采用 Sum(1 to 100)这种直接将 1 至 100 进行按序求和的方式也是可以接受的。这就对学生合理选择策略和方法提出了新的挑战。

在数学交流方面,数学思维和智能计算思维的交流对象不同,所需借助的载体也不同。比如,在用数学思维解决问题时,更多的是使用方程、不等式、数学符号来对问题进行表征和运算,同时辅以文字性的说明。这类内容的表达形式更多的是通过纸笔测验来实现的,并且这种交流的最终目的是让人能够更好地理解。而在智能计算思维的评估中,数学交流的形式可以有很多种,如使用手机 APP,基于特定软件(如 Scratch 操作软件),基于智能设备(如 Makeblock 开发的程小奔编程机器人),基于专业编程工具(如 SQL、C 语言)等。在这样的交流过程中学生也会使用到数学语言,但语言的组织和呈现形式需要符合特定程序或工具的逻辑,才可以被实现。

结合上述传统数学思维和智能计算思维在数学知识的掌握、策略的使用以及数学交流三方面的对比,可以发现在建立智能计算思维的整体性评估标准时,对策略使用和数学交流方面的要求将有所不同。例如,在策略的使用方面,罗斯·克莱曼(Ross-Kleinmann,2013)提出的有关智能计算思维的评估标准中,要求学生能够对问题情境中提供的信息进行模块设计,重新组合信息,并且能够对采用的策略和得到的结果进行检验与纠错。该评估标准的每一个子维度都使用了起步、发展、精通、超常 4 个水平来描述(见表 12-1)。其中,起步可以等同于 1 分的水平,发展为 2 分,精通为 3 分,超常为 4 分。

表 12-1 罗斯·克莱曼的评估标准

| 维度 | 起步 | 发展 | 精通 | 超常 |
| --- | --- | --- | --- | --- |
| 平行化 | 设计的任务中没有模块化 | 设计的任务中包含 1 个模块 | 设计的任务中包含 2 个及以上的模块 | 设计的任务中包含 2 个及以上的模块,并且模块之间能够实现协同工作 |
| 重新组合 | 只能够重复别人的做法,无法对其中的设计进行重组 | 能够改变任务设计中的一些元素,但是这些元素不一定相互契合 | 能够改变任务设计中的一些元素,并尽量保证这些元素相契合 | 能够在保持原有框架的前提下对任务中的元素重新设计和组合,使得新的过程更加合理 |
| 检验与纠错 | 能够在教师的帮助下对自己的任务进行简单的检验 | 能够对任务进行检验和纠错,但是有时需要教师的帮助 | 能够独立完成检验过程,但是部分较难的错误和问题需要教师帮助纠正 | 能够完全独立地进行检验和纠错 |

从这样的要求中可以看出,在评估学生的智能计算思维时,我们更加注重智

能计算模型的构建,也即根据给定条件建立模型,将情境转化为可借助计算机等工具解决的问题,并且能够平行地和自动化地处理问题。在这一过程中,学生需要有检验和纠错的意识,对已经建立的模型能够采用一定的策略发现其可能存在的问题。该要求与智能计算思维中数学模拟实践的要求十分契合(蔡金法,徐斌艳,2016;Weintrop et al.,2015)。因此,在设计评估标准时,关于策略的使用仅仅按照一般开放题评估标准中的要求,即"所应用的解题策略清晰、完整,解答过程清晰地表明了正确策略的使用"(蔡金法,2017)是不够的,拥有智能计算思维的学生所使用的策略还应该体现出"对任务中的元素重新设计和组合,形成模块,以达到部分模块可以实现自动化处理,并能够在一定程度上进行纠错"这样的能力。

在数学交流方面,格罗弗等人(Grover et al.,2014)对学生在智能计算思维教学中的表现进行了评估。评估中的一个重要组成部分是学生对于计算科学(Computational Science)中词汇和语言的运用能力。准确地说,就是评估学生是否能够运用计算科学中的专业词汇或者思维逻辑去描述和解释解决数学问题的过程。这一点在运用智能计算思维解决数学问题时起到不可或缺的作用。培养智能计算思维,不仅是为了学生能够更好地借助计算机等智能工具解决数学问题,与此同时,学生还应该具备将问题解决过程用程序员或者计算机可以理解和接受的方式表达出来的能力。换言之,学生所提供的问题解决过程,或者可以通过计算机直接实现,或者能够被懂得计算机程序语言的专业技术人员所理解。虽然智能计算思维不要求每一名学生都能够使用计算科学的语言来进行程序设计,他们的解题过程也并非一组组程序代码的罗列,但是学生只有了解这种逻辑思维方式,以及模型构建的规则,才能够更好地对数学问题进行分解和表征。在设计评估标准时,有关学生解决问题时数学交流的评估,不但要考虑"解答过程是否有遗漏;是否能正确和完整地解答问题,并提供正确的解释;论证过程是否混乱或不完整",还要将解答过程(包括对问题的解释)在其他工具(如计算机)上实现的可行性作为重要评价维度,要求学生在解决问题时尽可能用其他工具(如计算机)"可识别"的方式表达出来。

从策略的使用和数学交流两方面的差异可以看出,基于传统数学思维的问题解决和基于智能计算思维的数学问题解决在评价标准上各有侧重。在构建智能计算思维整体性评估标准时,我们主要对这两个方面的要求进行了调整,具体见表12-2。

表 12-2　智能计算思维的整体性评估标准

| 学生等级 | 描述 |
|---|---|
| 等级 4 | 对问题所涉及的数学观点有正确和清晰的理解。<br>所应用的解题策略清晰、完整;能够将复杂问题模块化,策略能够在其他工具上进行应用和迁移;转化后的问题在借助其他工具后能够得到更有效的解决。<br>解答过程没有遗漏,能正确和完整地解答问题;解答过程中能够使用所借助工具的特定语言或逻辑思维方式对问题进行合理表征。<br>解答富有创造性或包含非常规性的解答过程。<br>解决问题的策略和方法可能超出题目的要求。<br>对解答的正确性能作出核查。 |
| 等级 3 | 对问题所涉及的数学观点的理解基本正确,理解题目中涉及的条件、彼此间的关系和问题的要求,可能有遗漏但不至关重要。<br>解答过程基本完整或正确,且清晰地表明了正确策略的使用。虽然使用的策略尝试将复杂问题分解为若干模块,但其中有一些模块的划分不完全合理;转化后的问题能够通过其他工具进行解决。<br>对解决问题过程的表述基本完整,能够使用所借助工具的特定语言或逻辑思维方式对问题进行表征,可能有遗漏或小错误,但不至关重要。<br>能够有意识地核查答案的正确性。 |
| 等级 2 | 对问题所涉及的数学观点只有部分的理解,对重要的条件和关系有所理解。<br>表现出解决问题的策略或计划,但是在应用解题策略时没有考虑借助其他工具解决问题,或者对工具的使用存在比较严重的错误。<br>解决问题的过程比较混乱、不完整或有遗漏;对工具特定语言的使用或逻辑思维方式的理解出现一定偏差,不能够直接被应用于所要借助的工具上。<br>表现出解题的计划,却在应用时出现错误,或没有具体实施计划。 |
| 等级 1 | 对问题所涉及的数学观点只有初步的理解,对重要条件和关系的理解存在较大偏差。<br>尝试着去解答,却没有应用正确的解题策略。解题过程中体现出借助工具的意向,却没有形成完整的策略,可能应用了无关的数据或过分强调某些不重要的条件。<br>只有零散的解题过程,语言的表达不完整;无法使用所借助工具的特定语言或逻辑思维方式对问题进行表征。<br>只提供了正确答案,而没有给出如何得到正确答案的解释。 |
| 等级 0 | 无任何尝试。<br>尝试的解答没有意义。<br>无意义地对问题涉及的数进行运算。<br>错误地应用数学公式或规律。 |

## 二、评估标准案例

更进一步,我们通过一个案例具体阐述基于智能计算思维的整体性评估标准如何对学生解决数学问题的能力进行评估。如表 12-3 所示,本案例考查的是学生在智能计算思维的数据实践中"通过简化和转换对困难问题进行重新表述"的能力。题目本身所提供的 9 个条件并没有按照解决该问题的顺序进行排列,并且条件之间有包含的关系或者存在一定的交集。此外,在解决这一问题时,答案是不唯一的,学生很难通过纸笔运算来穷尽所有可能的结果,需要借助一些工具(如计算机)才能够完成这道题目。从策略运用的角度,要求学生在解决这类题目时,能够对已有的信息进行重组,剔除不必要的条件,以形成新的数学模型,并且该模型能够将一些重复性的工作自动化。而从数学交流的角度,形成数学模型的过程必须是清晰的、可交流的,尤其是能够被所借助的工具所理解。

表 12-4 给出的评分标准可以体现出对学生上述能力的要求。以等级 4 为例,首先要求学生"能够厘清不同条件对于不同结果可能产生的影响是不同的",这样的要求能够让学生在转化困难问题的时候,避免因为理解上的偏差导致转化后的问题不能够完全地等同于原问题。而"能够对已有条件进行重组,以形成新的数学模型;能够通过自动化的模式在新的数学模型上验证和筛选可能满足条件的数",则要求学生能够使用计算机可以理解的策略将已有的问题进行抽象和模型化,使得计算机能够并行地处理一些数学公式,达到解决问题的目的。最后,"能够描述计算机是如何依据已有的表达式逐步算出正确结果的过程。该过程能够通过所借助的工具来实现"的要求,意图反映学生与计算机之间的数学交流能力,确保学生在转化问题和建立模型时所使用的策略能够为计算机所理解和接受。

表 12-3　评估题

| 有一筐鸡蛋: |
| --- |
| 条件 1:1 个 1 个拿,正好拿完;　　　　　条件 2:2 个 2 个拿,还剩 1 个;<br>条件 3:3 个 3 个拿,正好拿完;　　　　　条件 4:4 个 4 个拿,还剩 1 个;<br>条件 5:5 个 5 个拿,还剩 4 个　　　　　条件 6:6 个 6 个拿,还剩 3 个;<br>条件 7:7 个 7 个拿,正好拿完;　　　　　条件 8:8 个 8 个拿,还剩 1 个;<br>条件 9:9 个 9 个拿,正好拿完。<br>请问:筐里有多少鸡蛋? |

表 12-4　智能计算思维评估标准的案例

| 学生等级 | 描述 |
|---|---|
| 等级 4 | 能够理解 9 个条件所对应的数学意义,将每个条件与特定的除法余数问题相结合。能够厘清不同条件对于不同结果可能产生的影响是不同的。<br>所应用的解题策略清晰、完整;能够对已有条件进行重组,以形成新的数学模型;能够通过自动化的模式在新的数学模型上验证和筛选可能满足条件的数。<br>能够将条件清楚地转化为数学表达式,并给出至少一个正确答案。能够描述计算机是如何依据已有的表达式逐步算出正确结果的过程。该过程能够通过所借助的工具来实现。在转化过程中未出现信息遗漏。比如,通过条件的删减、合并和顺序调整,得到鸡蛋数 $x=63\times(10n+3)$,$n=2\times(2k+1)$,$k\in\mathbf{N}$(自然数)[1]。需要注意的是,这里学生不一定要将原有问题情境中的条件化简为数学上的最简形式,但逻辑顺序要便于借助计算机等工具实现。<br>能够对计算机给出结果的正确性进行有效核查。 |
| 等级 3 | 能够理解 9 个条件所对应的数学意义,将每个条件与特定的除法余数问题相结合。可能没有发现其中部分条件之间存在的包含关系(比如,没有把条件 1 直接删去,而是仍作为判断条件之一带入到模型当中)。<br>解答的过程基本完整或正确,清晰地表明了正确策略的使用。能够将 9 个条件中的部分条件进行合并,使合并后形成的数学模型更易于计算机或其他工具处理,但是重组的模型仍有一定的完善空间。解决问题的策略中没有考虑到条件使用的先后顺序对于计算机解决问题复杂程度的影响(比如,如果先进行条件 4 的判断,那么无需再进行条件 2 的判断)。<br>对解决问题过程的表述基本完整,能够将条件转化为数学表达式,并给出至少一个正确答案。在描述计算机如何依据已有表达式解决问题时,可能会出现使用的计算机语言无法完全呈现数学表达式所要得出的结果,从而产生遗漏。<br>能够对计算机给出结果的正确性进行有意识的核查。 |
| 等级 2 | 只能够理解 9 个条件中的部分条件,不能够将每个条件与特定的除法余数问题相结合,当两个以上的条件同时起作用时,可能得到错误的结果。<br>表现出解决问题的计划,尝试使用其中的几个条件来共同建立数学模型,却没有给出完整而具体的计算方法,或者使用的策略本身不能借助计算机等工具实现。<br>对解决问题过程的表述比较混乱,条件和条件之间的关系没有表述清晰,或者不同的数学表达式之间是相互独立的,无法共同形成解决问题的完整过程。 |

[1]　简要推理过程如下:①条件 1 显然成立;②由条件 3、7 和 9 可知,该数能被 3、7、9(最小公倍数为 63)整除,因此是 63 的倍数;③由条件 5 可知,该数的尾数应为 4 或 9,又由条件 2 得出该数为奇数,即尾数为 9,所以该数可分解为 63 与一个个位是 3 的数相乘;④设该数为 $x$,则有 $x=63\times(10n+3)=630n+189$,显然满足条件 6;⑤因为 $189\div8=23\cdots\cdots5$,根据条件 8,$630n$ 除以 8 应余 4,即能被 4 整除,但不能被 8 整除,所以 $n$ 必须是偶数且不能整除 4,可记为 $n=2\times(2k+1)$,$k\in\mathbf{N}$(自然数)。

| 学生等级 | 描述 |
|---|---|
| 等级 1 | 只能理解 9 个条件中的几个简单条件,不能够理解两个条件之间存在的数学关系(比如,条件 7 和条件 9 相结合,说明该数能被 63 整除)。<br>通过已有条件能够列出一些简单的数学表达式,但是表达式之间相互独立,并不能够形成共同的模型以解决问题。解决问题时依据某些条件形成的策略可能是错误的。<br>只有零散的解题过程,无法使用数学语言完整地表达某个条件所蕴含的数学意义;所列的数学表达式无法使用计算机程序实现。<br>只提供正确答案,而没有给出如何得到正确答案的解释。 |
| 等级 0 | 无任何尝试。<br>尝试的解答没有意义。<br>无意义地对问题所涉及的数进行运算。<br>错误地应用条件。 |

## 三、结语

本章重点对智能计算思维的评估标准进行了简要介绍,并通过一个案例,呈现了如何评估学生的智能计算思维能力。在义务教育阶段的数学课堂教学中引入智能计算思维的评估,一方面,希望在数学课堂上培养学生从计算机的角度来思考问题的意识,发展学生借助计算机或其他相关工具解决问题的能力。另一方面,希望广大的数学教师和教育研究者能够思考这样一些问题,即在人工智能时代,计算机可以代替人做许多事情,那么在培养学生的数学素养时,怎样将人所能做的事情与可以借助计算机等工具解决的事情区别开来？哪些是未来社会中人所必须具备的数学素养？这些问题值得探讨。

更具体地说,我们希望在此抛砖引玉,吸引更多的教师和研究人员一起来开发评估智能计算思维的题目和标准,从而促进课堂上学生智能计算思维的发展。

# 第 13 章　数学建模的内涵与意义

从本章开始将进入一个新的主题——数学建模。在讨论有关数学建模的课堂评估之前,先使用两章的篇幅对数学建模的内涵与意义,以及数学建模的课堂教学进行阐述。本章讨论的重点是数学建模的内涵与意义。

数学建模是数学教育的重要目标之一,也是数学素养的重要组成部分(蔡金法,徐斌艳,2016)。《义务教育数学课程标准(2022 年版)》特别强调数学核心素养,其中就包括"模型意识"(小学)和"模型观念"(初中)。以"模型观念"为例,其具体表现为"知道数学模型是数学与现实联系的基本途径;初步感知数学建模的基本过程,从现实生活或具体情境中抽象出数学问题,用数学符号建立方程、不等式、函数等表示数学问题中的数量关系和变化规律,求出结果并讨论结果的意义"。美国于 2010 年发布的《州共同核心数学课程标准》(Common Core State Standards for Mathematics)也将数学建模(Model with mathematics)作为贯穿于小学、初中和高中的八个数学实践(Mathematical practices)之一,这里的"数学建模"具体指,"学生能够运用所学知识建立假设或近似值来简化一个复杂的情境,并且可以认识到这些假设和近似值可能需要不断的修订"(蔡金法,孙伟等,2016)。同样地,德国于 2003 年颁布的数学教育标准中也明确提出数学建模能力,要求学生学会用数学方法去理解与现实相关的情境,提出解决方案,并认清和判断现实中的数学问题。

数学建模和生活的方方面面存在着紧密联系。无论是水果小贩、商业精英,还是机场调度员,他们的工作都与数学建模有关。在工作中,他们都会经历"预测、计划、选择、理解到最后解决问题"这样类似建模的过程。例如,小贩在早晨进货的时候,首先需要依据前一天、前一周或者更长一段时间内的销售情况,预测今天各类商品的销量,并制订相应的进货和销售计划;其次,在清点过程中,如果发现某些商品滞销或者库存有剩余,还需要对进货的种类和数量进行适当调整,并在综合判断后形成具体的采购清单。这种解决问题的过程就具备了数学建模的雏形。因此,数学建模并不仅仅是成为一个数学家应具备的能力,而是现代社会中的所有个体都需要掌握的最基本的思维方式。这也是为什么数学建模一开始被引入大学阶段教育,却逐渐成为中小学生日常数学学习的重要内容的原因(蔡金法,孙伟等,

2016;COMAP,2013)。

通过数学建模,学生会对数学概念的现实意义形成更深刻的理解。数学建模的过程实际上是学生运用数学工具来模拟现实世界并解决现实问题的过程。一方面,学生可以体会到数学作为一个有效的工具在解决众多领域的现实问题时所起到的核心作用;另一方面,学生能够借助现实情境和已有的生活经验,加深对数学概念的理解。可以说,培养数学建模的能力对学生理解数学本身和通过数学的视角认识世界都有重要的促进作用。

为了帮助教育实践工作者更好地理解数学建模在课堂教学实践中能够起到的作用,本章首先从两个案例出发,呈现数学建模存在哪些基本特征;在特征分析的基础上,阐述数学建模的核心概念和过程,并简要说明在真实情境下数学建模问题的一些重要特征。

## 一、什么是数学建模:两个案例

什么是数学建模? 我们将通过一组案例(详见表 13-1、表 13-2)尝试回答这一问题。案例一中,首先提供了一个纯数学问题,计算"6+3=?"。接下来,我们尝试给这个问题增加一个文字情境。问题 2 中,数字"6"和"3"都被贴上了现实意义的标签(代表几个苹果),但这并不代表问题 2 是一个数学建模的问题。主要原因有两个方面:其一,如果不是为了完成家庭作业,学生为什么要关心"小明"和"小红"这两个虚拟人物有多少水果? 这种问题情境对于学生而言很难有归属感,因为学生不认为这样的问题与他们有什么"直接联系"。其二,这个问题从头到尾都是一个封闭的问题,无论是问题的条件还是结果都是相对唯一的。即使在解决这一问题的过程中,学生会采用一些不同的方法,如画图、列式计算等,但解决问题所需的所有数据都已经明确地在题目中给出,并且只有唯一的正确答案。画图或者列式的方法只是对情境中"6+3"的不同表征方式。

表 13-1    案例一

| 问题 1 | 6+3=? |
|---|---|
| 问题 2 | 如果小明有 6 个苹果,小红有 3 根香蕉,那么两人一共有多少水果? |
| 问题 3 | 如果你和家人出去野炊,你的任务是准备水果,那么你需要为他们准备多少水果? |
| 问题 4 | 如果你在餐馆当服务员,你的任务是准备餐后水果,那么你需要为客人准备多少水果? |

为了让学生对情境更有归属感,问题 3 没有直接给出具体的数字,而是让问题更加贴近学生的生活经验。在面对这个问题时,学生首先考虑的不是采用什么方法去解决,而是"家里有多少人""哪些人会参加""他们都爱吃什么水果""一顿可以吃多少"等问题。所以,学生首先要依据问题提出假设,并在情境中"输入"一些背景信息的数据,同时赋予每个数据特定的"意义",随后根据这些意义建立模型、解决问题(COMAP & SIAM,2015)。

数学建模并不一定要在学生熟悉的情境中进行,但提供熟悉的情境能够让学生更容易将数学与现实问题建立联系。例如,问题 4 同样涉及"准备水果"的情境,然而在北京市某学校的实地调研过程中发现,学生对"餐馆打工"这样的情境是陌生的,因此无法围绕这一情境建立起系统的数学模型。他们可能会提出一个或若干个相互独立的命题,如准备 6 个苹果或者准备 3 根香蕉,但是对这些水果如何进行分配,每桌客人数量的变化是否会影响到水果的准备等问题,无法展开进一步联想。

特别指出,结果不唯一可以让学生不断地建立假设并尝试使用不同的模型来解决问题。让我们回到问题 3 的情境中,家庭成员构成不同(有的和祖父母住在一起,有的仅和父母住在一起),生活习惯不同(有人爱吃西瓜,有人爱吃樱桃),目的地远近不同(乘坐公交、自驾或徒步抵达野炊地点)等,都会影响到模型的建立。学生会根据自己的生活经验对所建立的模型进行说理,从而反映出他们对于数学概念的理解。

在案例二中,我们提供了一个对于中小学生而言相对陌生(未亲身经历过)的情境。在这样的情境中,学生同样可以进行数学建模的思维活动。解决案例二中的问题并不要求每名学生都会开车,或者拥有给汽车加油的经验,他们可以根据各自已有的知识来建立模型、解决问题。事实上,在不考虑经济问题的前提下,模型 1 和模型 2 就是最优的解决方案。如果只考虑加满油的情况,那么只在 B 镇加油的模型最节约。然而,从题干给出的条件可知,当前剩余油量不足以开到 B 镇,所以在原模型中还需要加入"在乡下先加一部分油"的步骤。此时,学生就会面临"在乡下和 B 镇各加多少油才是最优模型"这样的问题。在油箱中的油足够支持到达 A 市的前提下,尽可能少在乡下加油,而多在 B 镇加油则为最优解决方案。但是,当考虑到"是否需要加满油"以及"车辆的类型"后,结果可能又会发生变化。如果不加满油,而仅仅保证顺利行驶到 A 市,模型的最优结果是只在乡下加足油,而不再绕道去 B 镇加油(如模型 5),因为只要 B 镇的油价超过 3.73 元/升,无论小明家的车每百千米耗油多少,绕道 B 镇的花费都要高于仅在乡下加油的费用(如模型 6)。当然,如果将"汽车油箱的容量"以及"A 市不同加油站的油价"这些变量考虑在内,那么最优模型的求解过程就会更加复杂。

表 13-2　案例二

| 问题 1 | 小明家住在乡下,他的父亲每周日要开车 18 千米把小明从家送到位于 A 市的学校。一日,父亲在送小明时发现油箱里的汽油不多了,只够行驶 8 千米。此时,小明的父亲面临两种选择:如果在乡下的加油站加油,那么每升汽油需要 7 元;如果选择去 10 千米外的 B 镇加油,那么每升汽油需要 6.3 元,但从 B 镇去小明学校还需行驶 15 千米。请问,小明的父亲应该选择怎样的加油方案才更省钱? |
|---|---|
| 模型 1 | 选择在乡下把油加满,因为剩余油量不足以行驶到学校或 B 镇。 |
| 模型 2 | 选择在乡下把油加满,因为 B 镇和乡下油价相差不大,节约时间。 |
| 模型 3 | 选择在乡下先加可以行驶 2 千米的汽油,再到 B 镇把油加满,因为 B 镇的油比乡下便宜。 |
| 模型 4 | 选择在乡下先加可以行驶 2 千米的汽油,随后到 B 镇加行驶 15 千米所需的汽油,等到达 A 市后,再寻找更便宜的加油站。 |
| 模型 5 | 选择在乡下先加可以行驶 10 千米的汽油,等到达 A 市后,再寻找更便宜的加油站。因为我家开的是吉普车,每百千米耗油 14 升。<br><br>若直接在乡下加可以行驶 10 千米的汽油,则需要花费 $14 \times 10 \times \frac{7}{100} = 9.8$ 元;<br><br>若在乡下先加行驶 2 千米的汽油,到 B 镇后再加行驶 15 千米的汽油,则需要花费 $14 \times 2 \times \frac{7}{100} + 14 \times 15 \times \frac{6.3}{100} = 15.19$ 元,得不偿失。 |
| 模型 6 | 选择在乡下先加可以行驶 10 千米的汽油,等到达 A 市后,再寻找更便宜的加油站。因为无论小明家的车是什么车型,百千米耗油多少,只要 B 镇的汽油单价超过 3.73 元/升,那么绕道 B 镇的花费都要高于直接在乡下加油的费用。 |

上述案例说明,数学建模的过程并非仅仅是一个从"现实情境"转化为"数学模型"的单向过程。它是建立真实世界与数学世界之间可逆的联系,关注抽象出数学问题与解决现实问题的过程。数学建模不是线性过程,需要不断地从数学世界返回真实世界中检验结果,完善模型(蔡金法,徐斌艳,2016),就像上述案例二中的问题一样,每当加入新的条件时,结果都有可能发生变化。

## 二、从"数学问题"转化为"模型问题"

数学建模是一个过程,它要求学生"能够在给出的现实世界中识别问题、变量或者提出假设,然后将它们翻译成数学问题加以解决,紧接着联系现实问题解释和检验数学问题解答的有效性"(Blum et al.,2007)。数学建模的过程中会运用数学对现实世界的现象进行表征、分析并作出预测(COMAP & SIAM,2015)。

上述两个案例在一定程度上体现了"纯数学问题"和"数学建模问题"的差别，以及如何从"纯数学问题"转化为"数学建模问题"的过程。已有研究对上述过程进行了更为细致的界定。

如何从"纯数学问题"转化为"数学建模问题"是教师首先需要考虑的问题。从案例一中可以看到，纯数学问题是可以通过适当的修改转化为数学建模问题的，而且这一转化过程并非仅仅加上一个情境那么简单。美国数学及其应用联合会和工业与应用数学学会在《数学建模教学与评估指南》中给出了一个模型(图 13-1)来解释这一转化过程，具体包括"添加标签""赋予意义"和"提供解释"三个步骤。

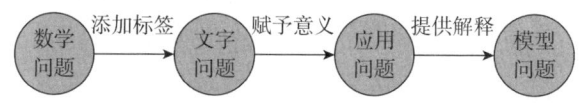

**图 13-1　从"数学问题"转化为"模型问题"的过程**

以案例一为例。第一步，在面对"6+3=?"这个纯数学问题时，通过将"6"定义为苹果，将"3"定义为香蕉，把一个数学问题转化成了文字问题("6 个苹果加上 3 根香蕉")。第二步，给数学运算赋予"分配"或者"求和"的含义，让学生可以通过加减法运算来实现这个水果分配的过程，形成诸如"小明有 6 个苹果，小红有 3 根香蕉，那么他们一共有多少水果"这样的问题，这是将一个数学问题转化为简单应用问题的过程。此时，学生已经可以将数学运算和现实情境下的行为建立联系。第三步，将问题置于一个相对开放的情境中，给予学生为自己的结果进行"解释"的空间。比如，案例一的问题 3 中，虽然学生所面对的都是"野炊"这样一个情境，但是由于掌握的数学知识不同，生活经验背景各异，就会造成他们建立的数学模型有所区别，因此对模型的解释也会在一定程度上有所差异，这就为学生提供了解释结果的空间。

## 三、数学建模过程

从学生解决问题的角度看，数学建模实际上是一个从"现实情境"转化为"数学问题"，再将结果带回到"现实情境"进行检验和调整，使得模型不断优化，最终得以更好地解决现实问题的过程。布鲁姆和费里(Blum & Ferri,2009)将这一过程分解为包含 7 个步骤的循环模型(图 13-2)。下面，结合案例三中学生建立模型、解决问题的思维过程进行分析(详见表 13-3)。

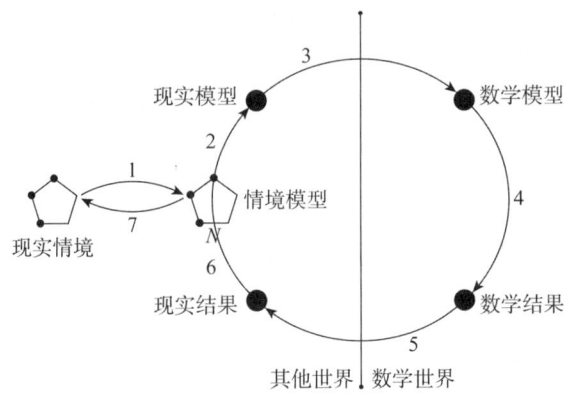

图 13‑2　数学建模循环模型

第一步,构建(Constructing)。学生在数学建模过程中的第一步是理解现实情境,从而构建出基于现实情境(Real situation)的情境模型(Situation model)。例如,在案例三的学生作答中,第一步学生会根据自己对情境的理解,将题目描述的情境中比较重要的元素提炼出来(如船只、地球等),构成一个"情境模型"。与此同时,学生可以有意识地把在情境中所面临和要解决的问题,通过这样的过程逐渐转化成属于自己的数学问题,这是一个数学问题提出的过程,是学生数学学习的重要组成部分。第二步,简化(Simplifying)。将船只、地球和灯塔画在纸上后,学生会发现问题还是无法直接解决,因为船只的大小、地球的形状等都会对解题产生影响。此时,学生需要将情境进行适当简化。比如,船只可以看作一个点而不用考虑体积的大小,地球可以近似地看作一个球形,假设船只和灯塔之间没有任何遮挡物,将航海的路线与灯塔和地球中心之间的关系近似地简化为一个三角形等,从而形成一个现实模型(Real model)。第三步,数学化(Mathematising)。数学化的过程是将抽象出的现实模型转化为一个可解的数学形式的过程,这种数学形式可以是方程等数学表达式。比如,在案例三的第三步使用了勾股定理,列出一个二元二次方程,将现实模型转化为数学模型(Mathematical model)。第四步,完成数学运算及其他相关的数学工作(Working mathematically)。将已知的地球半径、灯塔高度和马鞍山高度等代入算式进行求解,将数学模型转化为数学结果(Mathematical result)。第五步,结果解释(Interpreting)。在解决实际问题的时候,数学往往作为一种手段和工具,它能够为结果解释提供一定的依据,但不会作为解决问题的全部。在案例三中,考虑到实际上灯塔高度、马鞍山高度与地球半径属于不同数量级,所以在计算过程中可以近似地忽略一些数值,使得模型在实际应用过程中能够进一步简化,从而得到现实结果(Real result)。第六步,结果验证(Validating)。在数学建模的任务中,当学生从现实情境中抽象出一组解决方案并得到结果后,判断结果正确与否并非基于"标准答案"或者"教师的权威判断",而是需要学生将结果带回到自己抽象出的情境模型(只包含情境中一些重要元素的模型)进行验证。第七步,进一步阐释(Exposing)。当学生完成第一个循环的数学建模过程后,会对问题的解决形成初步的方案,这个方案中已经考虑了现实情境里面一些重要的因素(如船只、地球、灯塔)。然而,这个过程也会忽视一些看似不那么重要,却对估计结果产生重要影响的因素(如天气的能见度、行进过程中是否还有其他遮挡物等),此时就需要学生回到现实情境中,进一步思考和提炼出其他有价值的信息,对模型进行重构。

表 13-3　案例三

| 问题 | 灯塔问题<br>在中国湛江的海岸线上,有一座著名的湛江灯塔,始建于 1899 年,矗立在海拔 81.6 米的马鞍山上,灯塔自身高度为 23 米。灯塔的作用是为了警示来往的船只正在靠近海岸线,以便船只能够提前减速。已知地球可以近似视作一个平均半径约为 6371 千米的球体,如果不考虑海上能见度的问题(假设船只出现在视野中就可以被看到),那么当船只第一次看到灯塔的时候,与灯塔之间的距离大概是多少? 请解释你的答案。 |
|---|---|
| 学生作答 | 第一步:画出一艘船,并将地球"截面"画成一个圆形。(现实情境→情境模型)<br>第二步:将船只、灯塔以及地球的中心分别连起来,作出一个三角形。(情境模型→现实模型)<br>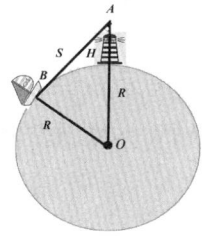<br>第三步:在这个三角形中,由于灯塔所在的点 $A$ 和小船所在的点 $B$ 相连可以近似看作与圆相切,因此△$OBA$ 是直角三角形。根据勾股定理可以建立方程,$S^2+R^2=(R+H)^2 \Rightarrow S=\sqrt{2RH+H^2}$。(现实模型→数学模型)<br>第四步:将 $R$ 和 $H$ 分别代入,求出 $AB$ 之间的距离 $S$。(数学模型→数学结果)<br>第五步:由于与地球的半径相比,马鞍山的高度和灯塔的高度几乎可以忽略不计,因此 $S=\sqrt{2RH+H^2}$ 又可以近似化简为 $S=\sqrt{2RH}$(数学结果→现实结果)<br>第六步:事实上,船并不是一个点,而受遮挡物等方面的影响,实际能够见到灯塔的距离要略小于这一理论数值(现实结果→现实情境或情境模型),验证结果部分有效。<br>第七步:返回现实情境,考虑其他可能的影响因素,重构模型。 |

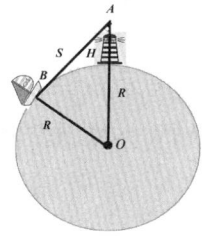

值得注意的是,在实际进行数学建模时,上述过程并非总是一成不变的,学生不会严格地按照这一步骤来解决问题。并且,在课堂教学过程中也没有必要让学生这样做。比如,布鲁姆等人(2007)提到,有的学生会将第二步(情境模型→现实模型)和第三步(现实模型→数学模型)进行合并,统称为"构建模型",因为在学生的思维过程中,这两个步骤并非完全分开,可能是在三种模型之间不断转换的一个过程。还有研究者将学生在计算出"数学结果"(第四步)后的过程统称为"解释结果",从而把上述七个步骤简化为"理解任务""建立模型""运用数学"和"解释结果"四个步骤。事实上,《义务教育数学课程标准(2022年版)》在第二学段(5~6年级)的课程目标中就指出,"尝试在真实的情境中发现和提出问题,探索运用基本的数量关系,以及几何直观、逻辑推理和其他学科的知识、方法分析与解决问题,形成模型意识和初步的应用意识、创新意识"。

案例四(表13-4)基于上述简化的步骤,为学生提供了一个数学建模的任务情境。该任务取材于新世纪小学数学教材(第四版)二年级上册。第一步,学生需要理解任务,从"为晚餐准备餐具"的情境中抽象出数学问题。对学生而言,首先会考虑家里有多少人、需要多少副碗筷等问题,此时人数、碗的数量和筷子的数量就是任务理解中的关键因素。第二步,将人和碗建立起1:1的数量关系,将人和筷子建立起1:2的数量关系,并意识到碗筷的数量随着人数的变化而变化。第三步,将家里的实际人数代入,得到具体的数字。第四步,当初步的数学模型构建之后,有的学生还会意识到,吃饭可能不仅仅需要碗筷,还会用到勺子,此时就需要建立起人和勺子的数量关系。当然,有的菜或汤还需要单独的勺子,有的家庭(一些西式文化背景的家庭)中还会用到公筷,那么筷子的数量就不仅仅和人数有关,还会和晚餐的菜品及其数量有关;有的学生则认为还需要一个盛放垃圾的碗或者盘子(比如,在吃海鲜时)。经过对结果的解释并不断地返回到情境中,让学生能够充分理解各种要素之间的数量关系,以及在现实情境中的意义。

表13-4　案例四

餐具问题

晚饭前,妈妈让你准备吃饭所需要的餐具。请问:你会如何准备?

无论采用上述哪一个模型来解释学生数学建模的过程,对于数学建模的认识,都可以基于以下几点共识(COMAP & SIAM,2015):

1. 建模是一个开放但相对凌乱的过程。虽然学生可以在教师设计好的题目中解决问题,但是这样做会剥夺他们解决真实问题的成就感。事实上,在建模过程中,很重要的一个环节就是让学生提出有意义的问题并鼓励他们积极探索,尝试按照自己的思维方式构建数学模型。

2. 当学生在建模时,他们需要作出明智的抉择。在建模过程中,学生会逐渐了解数学可以怎样帮助他们建立更加合适的模型,以便更好地解决现实问题。

3. 建模的评估应该更加注重过程,而不是结果。建模是基于现实情境来建立假设,并通过数学模型更好地解决问题,所以学生的能力体现在能够更好地建立模型,而不仅仅是解决问题。

4. 数学建模的能力无法被单独培养。虽然数学建模是数学素养的重要组成部分,但是这一能力很难被单独培养。换句话说,培养数学建模能力的渠道是多方面的。比如,同伴之间对问题的讨论分享、网上资料和数据的寻找与搜集以及现实经验的积累等,都会对学生的建模能力产生潜移默化的影响。

## 四、结语

本章通过两个数学建模的案例,分别就如何从"数学问题"变为"模型问题"以及如何将"现实情境"转化为"数学模型"进行了简要介绍。与此同时,以学生的建模过程为例,对数学建模所涉及的若干环节逐一作出解析。

当前义务教育阶段的数学教材中虽然涉及许多真实问题情境,但总体而言,数学建模还不是教材中的重点,所呈现的数学任务也不总是能够很好地为学生提供数学建模的学习机会。但是,教材中提供了大量基于真实情境的文字题和标准化的应用题,这些题目经过一定的改造和拓展后,就可以转化成数学建模问题。教师不仅仅是课程和教材的使用者,更是课程与教材的再设计者。教师应当在充分运用教材的基础上,对课程的实施进行更加多元化地再设计,让学生在学习过程中能够自然地将数学知识应用到现实生活情境中。

值得指出的是,建模问题的开放程度可以有不同的设置。在本章中,为了便于把握建模的内涵和过程,我们所举的案例在开放程度上属于较低等级。就中小学生而言,有时建模问题的开放程度也可以是很高的。例如,"北京市郊新开了一个游乐场。请建立一个数学模型,以帮助解决有关游乐设施等待时间的实际问题"。

这样的问题就很开放,我们将在下一章详细讨论。

当然,这种一般性的建模过程并不能够完全涵盖学生在建模时所有可能的表现,很多学生在建模过程中并不会严格按照顺序完成每一个环节,在更多的情况下,学生会在其中一个或多个环节之间不断地进行转换和尝试,直至找到解决问题的最优模型。这是一个相当开放并且富有创造性的活动过程,无论是针对教师数学建模的教学,还是学生数学建模的学习,都不太可能用一套标准完整地对教与学的全过程进行评估,而需要更加细致的方法,对数学建模可能涉及的重要环节逐一给出相应的评估标准。在后续章节中,我们将分别从教师教学和学生建模的评估两个方面,进行更为深入的讨论。

# 第 14 章　数学建模的课堂教学

在第 13 章中,我们结合一些案例对数学建模的概念、基本特征,以及如何从现实情境转化为数学模型、再回到现实情境中进行检验的过程进行了一定的探讨。尽管国内外的数学课程标准(如我国《义务教育数学课程标准(2022 年版)》、美国《州共同核心数学课程标准》等)中都将数学建模作为核心概念(或数学实践)之一,但在具体的课堂教学实践中,教师们依然面临种种困难,主要体现在以下几个方面(Stillman et al.,2013):

1. 难以找到恰当的现实问题情境进行课堂教学。在数学建模的课堂教学中,我们会尝试将数学概念或问题嵌入一个背景情境,使得一个数学问题能够转化为现实问题。然而,这样的问题或者"情境过于丰富而开放,以至于学生给出的答案并不能够反映他们对特定数学知识的掌握",或者"简单地套用情境,现实情境与数学概念或问题相剥离",又或者"教师与学生间的背景经验存在差异,使得学生无法理解情境,从而不能建立模型"。

2. 难以选择合适的教学方法进行数学建模的教学。与问题解决相比,数学建模的教学对于教师的要求更高。教师一方面要给予学生充分的支持,另一方面又不能够剥夺学生在建模活动中的独立性。这需要专业的教学知识以及系统的教学策略才能够支持整个数学建模的教学。

3. 缺乏相应的教辅工具以更好地支撑课堂教学过程。不可否认,科学技术正在给数学课堂教学带来十分积极的影响,这种影响自然而然也会辐射到数学建模的课堂教学中。但是,如何恰当地使用工具,特别是智能计算工具来支持数学建模的课堂教学,是一个尚未解决的问题。

4. 缺乏对学生数学建模能力的系统性评估。数学建模的问题通常不是从数学概念、图表或公式开始的,所得到的结果最终也将回到现实情境中加以检验和解释。有时候,依据同一个情境所建立的数学模型之间可能存在较大的差异,教师难以穷尽所有可能的模型。因此,对于数学建模的评估,不仅仅是评估答案是否正确,而需要对建模过程中的每一个环节进行评估,并且结合学生的表现给出适度的反馈,从而帮助学生修正和完善模型。

事实上,我们很难通过一本书的几个章节就解决上述所有问题。在不同学龄段,由于学生的生活背景、思维发展水平以及掌握的知识存在差异,他们分析现实问题、构建数学模型的方法和思路有着显著不同,教师需要结合具体的课堂教学情境进行有针对性的分析和设计。但是,在有限的篇幅内,我们尝试探讨在数学建模的课堂教学中,可以参考哪些基本的原则,设计怎样的数学建模任务,以更好地解决上述课堂教学实践中面临的困难。

本章将围绕课堂上数学建模任务的设计,如何对学生可能的建模策略进行预测,以及建模教学活动的组织等方面逐一进行探讨,并结合一些具体的案例来说明。

## 一、选择或设计恰当的数学建模任务

数学课堂教学始于恰当的教学任务,数学建模教学也自然地始于数学建模任务。因此,在开展数学建模的课堂教学时,首要的是设计恰当的数学建模任务。开放的结构和丰富的背景信息是数学建模任务所具备的一般特征。教师需要结合自己的生活经验,同时考虑学生的认知水平来构建合适的数学建模任务,并通过这样的任务了解学生知道了什么以及他们能够做什么。但是,仅仅做到这些还远远不够。有研究者(Clarke D & Clarke B,2002)提出,一个丰富的数学建模活动应该具备一系列重要特征,包括:

(1) 能够自然地与已有的建模活动建立联系;

(2) 包含一系列需要解决的问题;

(3) 设计的建模活动能够在有限的时间内高效地完成;

(4) 处于不同水平的学生都能够参与其中,有机会表达自己思考和理解的状况;

(5) 能够提供一定程度的选择性和开放性;

(6) 建模活动本身对于学生而言是有意义的,并且贴近学生的生活;

(7) 与现实情境相联系,数学建模活动中所蕴含的知识和技能是未来生活和学习中用得到的。

这里,我们通过两个案例来说明一个丰富的数学建模活动是怎样体现上述特征的。案例一(表 14 - 1)是一个涉及周长与面积概念的代数问题(Clarke D & Clarke B,2002)。《义务教育数学课程标准(2022 年版)》要求学生能够"经历平面图形的周长和面积的测量过程,探索长方形周长和面积的计算方法"。图形的面积往往和它们的周长或边长存在一定的联系,这种联系又会影响到图形的形状。以长方形为例,若长、宽分别为 $a$ 和 $b$,则周长是 $2(a+b)$,面积是 $a \cdot b$。在传统的问题解决题目中,教师常常会要求学生回答"一个边长是 4 cm 的正方形,它的周长和面积相等吗"或者"两个三角形的周长和面积都相等,那么它们是否一定全等"这样的问题。这些问题的答案是肯定而唯一的。

表 14 - 1　案例一

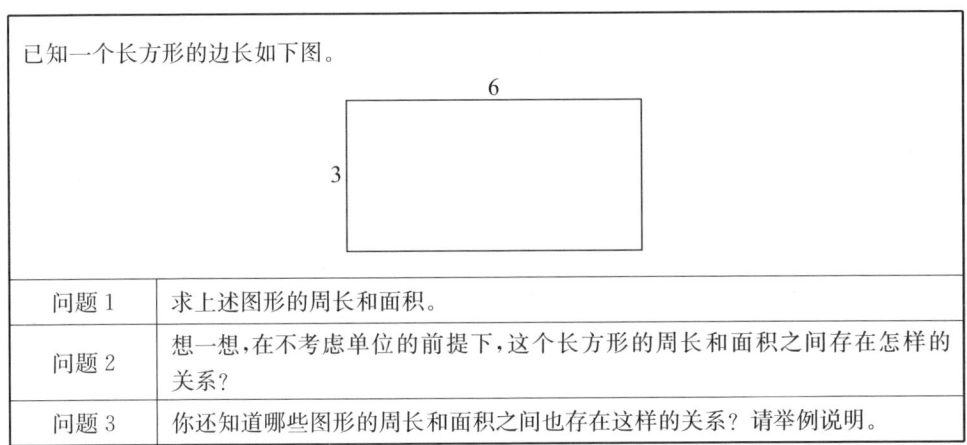

| 问题 1 | 求上述图形的周长和面积。 |
|---|---|
| 问题 2 | 想一想,在不考虑单位的前提下,这个长方形的周长和面积之间存在怎样的关系? |
| 问题 3 | 你还知道哪些图形的周长和面积之间也存在这样的关系? 请举例说明。 |

在案例一中,我们将面积与边长(周长)之间的关系固定,从而鼓励学生探索图形可能的特征。该案例较好地符合了上述若干特征:①问题情境与周长、面积的建模活动相联系。②包含一系列要解决的问题,这些问题围绕的是同一个情境(周长与面积在数值上相等)。③在有限的时间内完成,每一个问题相对聚焦,只需要学生提供一个样例即可。④处于不同水平的学生都能够参与其中,问题的难度之间有梯度,解决这一问题,学生至少需要掌握周长、面积的计算方法,对于能力水平或所处学段较高的学生,则需要他们掌握一些代数的知识(如方程和函数思想等)。这些概念之间的联系体现的是学生对于边长(周长)和面积之间关系的理解。⑤问题有一定的选择性和开放性,每个学生构建的图形可能是不同的,事实上,以任何满足 $a \cdot b = 2(a+b)$ 这个二元一次方程的解作为长和宽,都可以构成一个满足条件的图形。我们不妨考虑一个极端的情形,假设 $a$ 是 $b$ 的 $n$ 倍,则有如表 14 - 2 的解题过程,此时只要满足 $b = \dfrac{2(n+1)}{n}$,$a = 2(n+1)$ 的所有边长的组合,都能满足上述条件。当然,仅从这道题目的表述上看,并没有能够完全满足上面的特征 6 和特征 7。

表 14-2　案例一的一种解

$a=n \cdot b$，且 $b \neq 0, n \in \mathbf{N}$；则有

$a \cdot b=2(a+b) \Rightarrow n \cdot b^{2}=2(n+1) \cdot b \Rightarrow b=\dfrac{2(n+1)}{n}, a=2(n+1)。$

案例二(表 14-3)结合一个现实情境,对学生基于几何关系建模作了进一步的设计,能够帮助我们更好地体会上述特征 6 和特征 7 在数学建模任务中的体现。在该案例中,学生面临的情境是日常生活中常见的问题,这些问题对于他们有着现实意义。这种结合数学知识作出判断的能力在日常生活中是不可或缺的。

表 14-3　案例二

| 夏天某日,一个卖西瓜的小贩在不停地叫卖着:"1 个大西瓜 10 元,买 3 个小的也是 10 元。"这时过来一位细心的顾客,他拿来两种西瓜,目测大西瓜直径约 7.9 寸,小西瓜直径约 5 寸。 | |
|---|---|
| 问题 1 | 买哪一种西瓜比较划算? |
| 问题 2 | 如果花 10 元可以买 4 个小西瓜,那么买哪一种西瓜更划算? |
| 问题 3 | 你认为还需要考虑哪些问题,以便帮你进一步作出选择? |

在案例二中,学生建立模型的目标是解决"买哪一种西瓜更划算"的问题。已有信息包括两种西瓜的直径以及各自的价格。学生在将现实情境转化为数学问题的过程中,首先需要将西瓜近似地抽象为一个球体(实际上西瓜的形状并非严格意义上的球体)。此时,学生建立比较模型的直接依据是西瓜的体积。由表 14-4 中问题 1 的作答可知,通过体积来判断,买大西瓜更划算。

那么,体积基本相当时,又该如何建立模型作出判断呢? 在问题 2 中,10 元可以购买的小西瓜数量增加到 4 个。此时,1 个大西瓜与 4 个小西瓜的体积相差不大,仅凭体积模型是无法提供充分的依据来帮助选择的。学生会考虑将西瓜皮所占的面积(此时没有考虑西瓜皮的厚度),也即球体的表面积作为另一项判断依据。通过计算,大西瓜的瓜皮面积要小于 4 个小西瓜的瓜皮面积之和,由此推断买大西瓜更划算。

在问题 3 中,有学生进一步将瓜皮的厚度(而不仅仅是表面积)考虑进来,那么针对这一情境建立的数学模型就变为 $\dfrac{1}{6}\pi(D-d)^{3}$。此时不能直接通过已有的信息来判断选择哪一种西瓜,而需要在明确两种西瓜瓜皮厚度的基础上,才能够得到结果。

通过解决问题 1 至问题 3,学生在比较熟悉的日常生活情境中,经历了从现实

情境到数学模型,再回到现实模型的循环过程,通过不断地考虑新的现实情境变量,来调整和完善已有的数学模型,从而更好地对现实问题进行解释。当然,从上述两个例子中也可以看到,并非每一个数学建模任务都需要严格地按照这些特征进行设计,上述罗列的特征更多地可以作为一种指南来帮助教师设计建模问题。

**表 14 - 4  案例二的典型作答**

| 问题 1 作答 | 球体的体积公式是 $\frac{1}{6}\pi D^3$($D$ 为球体直径)。<br>那么,大西瓜与 3 个小西瓜的体积比是 $7.9^3:(5^3\times3)\approx493:375$,所以选择大西瓜。 |
| --- | --- |
| 问题 2 作答 | 球体的体积公式是 $\frac{1}{6}\pi D^3$。<br>如果 10 元买 4 个小西瓜,那么大西瓜与 4 个小西瓜的体积比是 $7.9^3:(5^3\times4)\approx493:500$,二者体积近似相等。<br>球体的表面积公式是 $\pi D^2$。<br>那么,大西瓜与 4 个小西瓜的表面积之比是 $7.9^2:(5^2\times4)\approx62:100$,所以选择大西瓜。 |
| 问题 3 作答 | 球体的体积公式是 $\frac{1}{6}\pi D^3$,设瓜皮的厚度为 $\frac{d}{2}$,则去除瓜皮后球体的体积为 $\frac{1}{6}\pi(D-d)^3$。<br>如果大西瓜的瓜皮厚度为 $\frac{d_1}{2}$,小西瓜的瓜皮厚度为 $\frac{d_2}{2}$,那么大西瓜与 4 个小西瓜瓜瓤的体积比为 $(7.9-d_1)^3:4(5-d_2)^3$。<br>买哪一种西瓜要视两类西瓜的瓜皮厚度而定。 |

## 二、对学生可能的建模策略进行预测

有效课堂教学的特征之一,就是教师能够预测学生的思维状况、可能产生的错误及学习过程中面临的难点。在开放而复杂的数学建模任务中,如何对学生可能的建模策略进行合理的预测,是教师在实施数学建模的课堂教学中面临的重要课题。有研究指出,学生的数学建模通常会经历"关系的发现""简化"和"情境分析"三个主要步骤。在"关系的发现"阶段,学生首先需要从现实情境中识别重要的数量关系,并用文字、图表等形式对这样的关系进行描述。随后,结合已有的知识经验作出一些假设,并将数量关系进行梳理或适当合并,以简化复杂的情境。最后,通过分析和数学运算对情境中每一部分进行验证,将数学的结果放回情境中以检验模型的合理性和适切性,并通过改进模型以更好地对情境进行解释。

需要指出,这三个步骤并非总是以一种严格的先后顺序出现在学生的讨论中,学生的数学建模也并不一定总是能够在一次循环中完成。为了更好地聚焦学生某一方面的思维特征,下面会按照这三个步骤分别描述学生在数学建模过程中的表现。案例三(表 14 - 5)呈现的是一个游乐场问题(Bleiler-Baxter et al.,2017)。在这一任务情境下,学生依据表格中已有的信息,通过合理的推测帮助公园经理完善表格中的剩余信息。教师可以组织学生以分组讨论的形式完成这一任务。

表 14 - 5  案例三:游乐场问题

| | 在公园游乐场中有若干游乐设施。公园经理统计了每一项游乐设施在空闲、一般、繁忙和非常繁忙四种情形下游客需要等待的时间。在统计过程中,经理发现有一些游乐设施的数据是不完整的。 | | | |
|---|---|---|---|---|
| 问题 | 请你根据表格中已有的数据信息,尝试帮助公园经理将下面的表格补充完整。<br><br>游乐设施等待时间表(分钟) | | | |

| | 空闲 | 一般 | 繁忙 | 非常繁忙 |
|---|---|---|---|---|
| 设施 1 | 10 | 20 | 30 | 40 |
| 设施 2 | | | 95 | 155 |
| 设施 3 | | 30 | 50 | 90 |
| 设施 4 | | 70 | 90 | 110 |
| 设施 5 | 20 | 30 | 45 | 65 |
| 设施 6 | | | | 45 |
| 设施 7 | 30 | 50 | 90 | 150 |
| 设施 8 | 10 | 20 | | 55 |
| 设施 9 | 5 | | 25 | 35 |

关系的发现阶段   在这一阶段,学生需要从给定的图表中识别有用的数量关系。例如,研究者(Bleiler-Baxter et al.,2017)发现,学生最容易识别的数量关系是设施 1 中的差值(10,20,30,40;简称关系 1)。自然地,学生会尝试将这种关系迁移到其他设施上,进一步探究是否有新的关系存在。实际上,在现实世界中总是潜藏着各种各样的模式,而这些模式又可以通过数学的方式表征出来。

简化阶段   在这一阶段,学生需要建立"探索关系"的策略。表 14 - 5 中提供了 9 种设施,逐一验证当然是最简单的策略。然而,当学生看到设施 5 的时间表时,发现从空闲到非常繁忙的转变过程中,游客的等待时间不是以 10 分钟为单位递增的,因此就出现了第二种数量关系(20,30,45,65;简称关系 2);随后在观察设施 7 时又发现第三种数量关系(30,50,90,150;简称关系 3)。此时,学生需要建立一种策略,来简化"发现—验证"的过程。在讨论过程中有学生指出,依据"发现关系"的难易程度,可以将 9 种设施按照"数据缺失的程度"来分类。其中,有的设施在四种情形下的数据是完整的,这类数据往往可以直接反映存在的数量关系。而当缺失的数据多于 2 个时(如设施 6),设施在不同情形下的等待时间并非一定服从于某个固定的数量关系,而是存在多种可能。

情境分析阶段 在简化并建立"探索关系"的策略后,学生会对每一个设施的具体情况进行分析。第一步,通过对设施 1、设施 5 和设施 7 的观察,形成三种不同的关系。第二步,验证设施 3、设施 4、设施 8 和设施 9 所服从的数量关系。第三步,猜想设施 2 和设施 6 所服从的数量关系。在分析过程中,学生发现这些设施并非总是严格地服从于一开始所识别的关系 1、2 和 3。以设施 4 为例,它更可能服从的是间距为 20 的等差数量关系。这样的关系又可以近似地看作与关系 1(间距为 10 的等差数量关系)属于同一类型。同样地,设施 3 所服从的数量关系可以看作与关系 3 相近,因为从空闲到非常繁忙的转变过程中,设施 3 的等待时间可能分别增加了 0、20、40 分钟,而设施 7 的等待时间增加了 20、40、60 分钟,二者均以 20 分钟为单位递增。更进一步,有学生会把关系 2 与关系 3 也分为一类。原因在于,关系 2 中从空闲到非常繁忙的等待时间分别增加了 10、15、20 分钟,这样的增长模式与关系 3 在本质上是一致的,即每转换一种时段,所增加的等待时间变长,只不过关系 3 中变长的时间是以 20 分钟的速度增长,而关系 2 中是以 5 分钟的速度增长。经过这种情境分析以及分析过程中对于数量关系的进一步简化,最终形成如图 14 - 1 所示的关系网络。

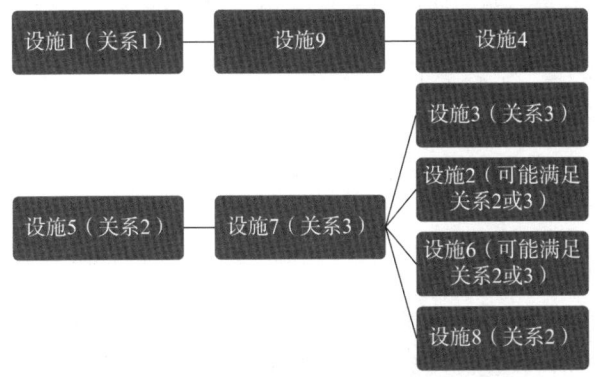

图 14 - 1 案例三关系图

在课堂教学过程中,基于这种对数量关系的分析和认识,教师能够对学生可能使用的建模策略进行合理预期。这样的任务一方面能够给予学生比较充分的开放性和思维空间,另一方面也不会因为题目情境过于灵活导致学生所建立的模型难以被评估,或者不能够完全反映出学生对所学数学知识的理解程度。

有限的课堂教学时间内所设计的数学建模任务,在开放程度上往往会有很大的局限性。为了便于教师设计与课堂教学任务衔接较为紧密的数学建模任务,在前面与数学建模有关的章节中,并没有涉及十分复杂且开放程度较高的数学建模任务案例;基本的定位是,相较于课本中已有的问题,更有利于学生拓展思维、建立模型。然而,数学建模任务本身也可以是十分开放的,这种高度开放的数学建模问题不太容易在一节课上展开,但是可以通过兴趣小组或者研究性学习的形式让学生参与其中,经过几周甚至更长时间的思考,对可能建立的数学模型进行比较充分的探索。案例四和案例五简要呈现了这种任务可能的呈现形式。

案例四(表14-6)是一个公园门票问题。逛公园几乎是每一个学生都具有的生活经验,而"公园的门票如何定价"本身就是一个很开放的数学建模问题。解决这样一个问题需要学生考虑方方面面可能的影响因素,并且由于学生生活经验的不同,所建立的模型会产生很大的差异。比如,门票定价首先要考虑公园建造的成本;其次,日常管理需要一定数量的工作人员,这就涉及管理成本;再次,公园里的设施、环境等随着时间的推移需要维修或者更新,会产生一定的折旧费用;此外,土地的租赁也会产生一部分成本。这些数据都需要学生进行实地调查才能得到。而从收入方面,学生还需要考虑公园附近居民区的人口密度(影响到会不会有人来公园)、人口年龄构成(影响到什么时间会有人来,如在退休人口较多的地方,可能平时白天逛公园的人数比率会增加)、本地区的收入水平和消费水平等。上述诸多因素使得解决这个现实问题的数学模型会变得比较复杂,学生需要进行充分的调查和思考才能够设计出相对完善的数学模型。

表14-6 案例四

| 小明家附近新开了一个公园,请你设计一个门票定价方案。 |
| --- |

案例五(表14-7)是一个水费计算问题。同样地,题目中并没有具体给出水龙头坏了多久、损坏程度、水费如何支付、价格等信息,学生需要想办法获取这些信息,将影响水费的诸多因素考虑进来,才能够解决这个问题。比如,有的学生会假设水龙头坏了3天,并持续地按照一定的速度漏水,且水费价格恒定,进而得到一

种数学模型。另一些学生则会认为,水龙头坏了以后,只会在每次使用后的一定时间内漏水,且漏水的速度会随着时间而衰减;与此同时,在用水比较多的家庭,水费价格会随着用水量的增长而按照一定的函数关系增长,并非总是恒定的。按照这种假设得到的数学模型会和前一种数学模型有一定差异,并且两种模型在特定的情境下都是成立的。诸如此类的建模任务不仅让学生通过数学更加了解现实生活,也能够尝试使用不同的方式去看待同一个问题。

表 14 - 7　案例五

| 笑笑家的水龙头坏了一段时间,经常会漏水。她想知道一年会多交多少水费,请你设计一个方案帮助她解决这个问题。 |
| --- |

## 三、数学建模的课堂教学组织

有研究者(Blum & Ferri,2009)用一组形象的图片描绘了数学建模课堂中,"正确"和"错误"的教学形式各自所具备的特征(图 14 - 2)。可以看到,在一般性的课堂教学环境中,教师往往充当的是讨论的组织者和答疑者的角色。课堂上,教师会提出一个具体的问题,让学生分组讨论;然后加入到某一小组中,对学生的建模进行指导,回答小组产生的疑问;在结束每一组的巡视之后,给出标准答案,进而让学生审视自己的错误。

而在良好的课堂教学环境中,教师会提出一个相对开放的建模问题,并将课堂的组织权转交给学生。在解决问题的过程中,教师不会给出具体的建议,只是对题目当中学生不确定或者不熟悉的条件作出回应。学生首先需要依据现实情境和已有条件提出自己的问题,所提问题反映了每个学生看待问题的角度以及对问题中数学模型的认识。随后围绕主要问题自发地组织讨论,并尝试对其他同伴提出的模型建议进行评估,通过协商的方式不断说服组内成员,从而共同形成适合的数学问题解决模型。

"错误"的课堂建模

"正确"的课堂建模

图 14 - 2　数学建模课堂教学组织形式

由于数学建模的开放性,这类任务通常具有较大的挑战性,有些时候很容易超出一些学生的能力水平,使得他们难以在规定的时间内独立完成这类任务。因此,在进行数学建模的课堂教学时,最好采用小组合作讨论的形式。

当然,这两种课堂组织形式之间并不总是泾渭分明的,有时候在一堂课上两种形式会同时出现。这就需要教师能够把握高质量的数学建模课堂教学中的关键因素——如何保持"教师指导最小化"和"学生独立思考最大化"之间的平衡,也就是说,教师如何帮助学生通过小组合作更好地独立完成建模任务。

表14-8呈现了一组引导语的对比,我们能够进一步发现两种课堂组织形式之间存在的差异。在数学建模的课堂教学中,教师的干预策略十分重要。教师在课堂上对学生的引导应更多地采用"启发式"的话语,提醒学生不应仅仅关注结果对错,而是更多地关注所采用的方法能否更好地对情境中的问题进行模拟和应对。比如,当教师询问学生"你忽视了哪些情况"时,学生会更多地考虑如何"完善自己提出的模型";但如果教师直接告诉学生"你的错误是……",学生会去思考或猜测"自己哪里做错了,老师的正确答案是什么",这样就丧失了数学建模原本的独立性。

表14-8 数学建模教学引导语对比

| 较恰当的数学建模引导语 | 有待改进的数学建模引导语 |
| --- | --- |
| 想象一下生活中的这种情境。 | 看一下这道题。 |
| 你的目标是什么? | 这个任务要求解决什么问题? |
| 你已经完成了什么? | 题目中列出了哪些条件? |
| 你忽视了哪些情况? | 你的错误是…… |
| 建立的模型是否满足现实情况? | 表达式是否解决了问题? |

## 四、结语

本章通过几个案例介绍了"如何选择或构建合适的数学建模任务"以及"如何对学生可能的建模策略进行预测",同时对课堂教学中"如何组织数学建模活动"进行了探讨。数学建模作为核心素养的重要组成部分,其教学的组织主要应该完成两方面的目标:(1)数学建模本身;(2)数学建模作为数学知识建构的一种手段。对于第一个目标,教师应当在课堂上创设合适的情境,让学生充分意识到数学建模本身的重要性,培养他们从现实情境中抽象出数学问题的能力。而第二个目标需要通过一系列设计良好的数学建模评估题,反映学生对特定领域数学知识的掌握情况。由于数学建模的特殊性,学生在这类任务上反映出的能力往往更加综合,需要更加谨慎的设计,以确保对学生能力的评估更加聚焦。

# 第 15 章　数学建模的评估

## ——基于美国《州共同核心数学课程标准》的评估

　　数学建模是一个相当复杂的过程,在课程标准、教材以及课堂评估中,很难用一个任务、一套标准将数学建模的全部过程进行覆盖。在数学建模的评估系列章节中,我们将依据评估目的以及侧重点的不同,分别介绍不同类型的数学建模评估标准。

　　数学建模要求学生"在真实的情境中识别相关变量和关系并提出问题与假设,同时将这些变量、关系、问题、假设转化为数学问题并与给定的情境相结合,从而实现对结果的解释和验证"(Blum, Galbraith, Henn & Niss, 2007)。这一过程具备了问题解决的基本特征,但又超出一般的问题解决。一般而言,在评估标准的设计中,研究者或课程标准的制定者(如 NGACBP & CCSSO,2010)会将数学建模的过程进行适当简化,聚焦于能够反映学生数学建模能力或表现的显性特征(这些特征不仅体现在数学模型产生的过程中,还体现在模型的解释和验证过程中),并尝试用一些可观察、可测量的行为作为评价学生数学建模能力的具体指标。

　　不同的评估标准各有侧重。有的评估标准更强调学生在建模的"循环"过程中完善自己的数学模型,通过迭代不断逼近最优模型;有的评估标准更强调数学知识与现实经验的结合,突出如何从现实情境中剥离并形成数学模型,并将评估的重点放在对模型现实意义的解释上;还有的评估标准试图兼顾建模过程和建模结果,尝试从"过程—结果"二元论的视角评价学生数学建模的整体表现。本章将重点介绍基于美国《州共同核心数学课程标准》的数学建模评估(该评估是围绕数学建模的"循环"而设置的),并结合一些案例对这一评估标准进行具体阐释。

## 一、基于美国《州共同核心数学课程标准》的数学建模评估

　　全美州长协会最佳实践中心(National Governors Association Center for Best Practices,简称 NGACBP)和首席州教育官员理事会(Council of Chief State School Officers,简称 CCSSO)在美国《州共同核心数学课程标准》中,将数学建模过程抽象为一个基本的循环(图 15-1)。

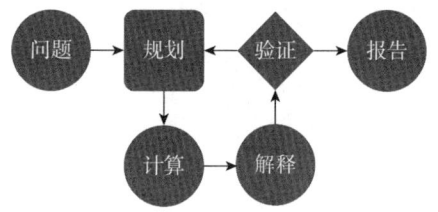

图 15-1　数学建模基本循环

这个基本循环包含以下六个关键环节,每个环节分别对应一项关键能力(蔡金法,孙伟等,2016):

(1)"问题(Problem)"环节:"确定变量"是最重要的能力之一,它要求学生能够从现实情境中识别变量,并从这些变量中选择能够代表最基本特征的变量;

(2)"规划(Formulate)"环节:要求学生能够创造或选择合适的几何、代数、统计公式或图表等,来描述不同变量之间的关系;

(3)"计算(Compute)"环节:要求学生能够分析和执行这些关系,从而得出结论;

(4)"解释(Interpret)"环节:要求学生能够从原有的解题方案出发,对数学结果进行解释;

(5)"验证(Validate)"环节:要求学生能够将对结果的解释带入现实情境,通过比较和分析对结论的有效性进行验证,并决定是否对模型进行改进或接受模型结果;

(6)"报告(Report)"环节:要求学生能够将获得的结论以及背后的推理过程,包括所作出的假设和各种选择等清晰地报告出来。

为了对学生在数学建模过程中的表现进行评估,梁(Leong,2014)提出了一个"建模循环评分标准"(Modeling Cycle Scoring Rubric)。该标准较为充分地考虑到了上述六个环节,并将各环节中教育工作者所应关注的学生表现以检核表的形式体现(表 15-1)。针对每一个环节,该评分标准都列出了 2~3 个关键行为,并使用 4 分制对每一个关键行为进行评分。以"问题"环节为例,涉及 3 个关键行为,分别是"描述问题""描述模型中的关键变量"和"描述重要特征"。评分者需要对每一个关键行为进行评分,分数取值在 0~4 分范围内,因此,学生在"问题"环节可能得到的分数分布在 0~12 分的区间内。将各个环节的得分求和,即可得到学生数学建模表现的总分。在原有研究中,梁还对不同的环节给出了建议的权重,在此不予赘述。

表 15 - 1 建模循环评分标准

| 环节 | 行为 | 得分 |
|---|---|---|
| 问题(Problem) | 描述问题 | 0~4 分 |
| | 描述模型中的关键变量 | 0~4 分 |
| | 描述重要特征 | 0~4 分 |
| 规划(Formulate) | 清晰地表达所有假设 | 0~4 分 |
| | 描述变量之间的关系 | 0~4 分 |
| | 建立模型 | 0~4 分 |
| 计算(Compute) | 正确地使用数学知识 | 0~4 分 |
| | 运用数学知识分析变量关系 | 0~4 分 |
| | 进行数学运算 | 0~4 分 |
| 解释(Interpret) | 形成解决方案 | 0~4 分 |
| | 对方案进行解释 | 0~4 分 |
| | 对方案和模型的合理性进行评估 | 0~4 分 |
| 验证(Validate) | 基于提出的问题修订模型 | 0~4 分 |
| | 基于修订的模型作出解释 | 0~4 分 |
| | 改进模型 | 0~4 分 |
| 报告(Report) | 对建模结果进行总结 | 0~4 分 |
| | 阐述假设的推理过程 | 0~4 分 |

不难发现,该评分标准主要关注的是学生数学建模的行为过程。也就是说,即便学生最终不能给出一个像常规问题解决题目中那样百分之百正确的答案(如果这个答案在真实的建模情境下确实存在的话),也可以参考其在不同环节上的表现和优缺点,给予相应的分数。

在数学建模过程中,学生应该得到充分的机会去表达他们对于现实问题的思考。这种思考不局限于给出一个"合理的解",而是首先需要他们从数学情境中构建出自己所要解决的问题,包括这些问题涉及的关键变量。

然后,围绕自己提出的问题形成若干假设和数学模型,这个数学模型能够充分地描述各个变量之间的关系。与一般的数学问题解决类似,对数学知识的运用同样是数学建模的核心能力,学生能否运用数学知识对模型之间的变量关系进行分析和求解,以获得所需要的结果,也是数学建模评估的重点。

当得到一组数学结果后,如何对模型进行解释和评估,则是数学模型能否反映真实问题情境需求的关键。学生在这一环节要对自己建立的数学模型进行合理性辩护,或者对模型的可靠性进行验证,或者在发现已有模型的问题后作出改进。

最后,对建立模型的过程和得到的结果进行总结,并报告模型、假设与所提数学问题之间的关系,这一环节体现了学生对整个数学建模过程的认识和把握。

## 二、"健康周活动"案例:问题阶段

由于"建模循环评分标准"重点指向学生数学建模的行为过程而非所建立的模型结果,因此这套标准在数学建模的过程性评估中能够更加充分地发挥作用(Leong,2014)。

我们将通过一个案例来介绍如何运用"建模循环评分标准"中部分环节的标准,对学生数学建模过程中表现出的行为进行评分。下文中,表 15-3、表 15-4 和表 15-5 共同使用了"健康周活动"案例(表 15-2),分别呈现学生在数学建模的"问题"环节、"规划"环节和"验证"环节的表现及相应的评分。

"健康周活动"案例呈现的是一个数学建模活动的若干片断(Ferri,2018),其中涉及分数运算、整数除法、带余数除法等多个概念和知识点的运用。

表 15-2 "健康周活动"案例

近期,学校准备开展健康周活动。在活动期间,学校希望在校的学生能够喝到鲜橙汁。那么,一共需要花多少钱买橙子才能够满足这样的要求?

学生需要依据问题情境提出数学问题,建立模型并解决问题。解决这一问题,至少需要明确"学校有多少学生"(学生人数),"每个橙子可以榨多少橙汁"(橙汁/橙子),"每名学生每天要喝多少橙汁"(橙汁/学生),"活动持续多少天"以及"每个橙子的价格"(元/个)等。而是否能够捕捉到这些信息,以及如何运用这些信息来解决问题,可以从学生"出声想"的思维过程中得到反映。

表 15-3 呈现了学生在面临一个开放的问题时,如何筛选出关键变量,结合变量对每一个涉及的子问题分别进行描述,并逐步聚焦于问题相关的重要特征。

表 15 - 3　问题阶段学生作答及评分

| 学生 1 的作答 | 嗯——想要知道花多少钱,首先得知道要多少个橙子……这就要知道学校有多少人参加活动,每人每天要喝多少杯橙汁,一杯有多少……还要知道这个活动持续多少天,是不是每个人每天只能喝 1 杯,这样才能算出一共要准备多少杯橙汁……橙子和橙汁之间又是什么关系呢……还有好像橙子每天的价格都不太一样,如果冬天橙子比较贵,可以加一些其他的水果……如果买的橙子坏了,那还要重新买……不过我认为,人数决定了所需的橙汁量,橙汁量又和橙子数有关,而橙子价格又与总价格有关,这些问题都要解决,才能够回答老师的这个问题。 | | |
|---|---|---|---|
| 学生 1 的评分 | 描述问题:4 分 | 描述模型中的关键变量:4 分 | 描述重要特征:4 分 |
| 学生 2 的作答 | 这个问题不是特别清楚……是想问学校应该准备多少个橙子吗?可是我不知道学校有多少人,橙子榨汁可以有多少,如果人多的话需要的橙子就会比较多……可能还需要考虑在哪里买橙子比较便宜,我家那边的橙子既好吃又便宜……班里有的同学喜欢喝橙汁,但是我就从来不喝橙汁,如果老师不要求所有人都喝的话,我就不喝了……我想,还是需要知道有多少人想喝橙汁,才可以解决这个问题吧。 | | |
| 学生 2 的评分 | 描述问题:2 分 | 描述模型中的关键变量:3 分 | 描述重要特征:1 分 |

在学生 1 的作答中,从"描述问题"的角度分析,该学生所提出的问题都紧紧围绕已有问题展开,使用了诸如"想要知道……首先……还要……通过这些信息我们能知道……还有如果……"这样的逻辑连接词,清楚地将不同问题之间的逻辑顺序和关系展现出来,并且尽可能多地考虑不同方面涉及的问题,因此得到 4 分。从"描述模型中的关键变量"的角度分析,该学生列举了许多问题解决过程中需要考虑的因素,如所需橙子的数量、每人每天喝的橙汁量、橙子的价格、活动持续的天数等,覆盖了解决这一问题所需的基本变量,因而得到 4 分。从"描述重要特征"的角度分析,该学生能够从自己提出的问题中,逐渐梳理出解决目标问题最关键的变量,并将变量所具备的特征描述出来,如知晓橙子的价格是为了获取总价格等,因此得到 4 分。

在学生 2 的作答中,从"描述问题"的角度分析,该学生提出的问题存在描述不清晰的现象。比如,学生在描述"需要考虑在哪里买橙子比较便宜,我家那边的橙子既好吃又便宜"的时候,或许希望表达花多少钱买橙子与橙子本身的价格有关,但是没有将这一层含义直接表述出来。又如,学生在描述"班里有的同学喜欢喝橙汁,但是我就从来不喝橙汁,如果老师不要求所有人都喝的话,我就不喝了"这句话时,似乎是在考虑喝橙汁的学生比率和买橙子数量之间的关系,但是同样地,这个思考过程并没有通过问题的形式完整地表达出来,因此得到 2 分。从"描述模型中的关键变量"的角度分析,该学生直接提到了"学校有多少学生"和"每个橙子能够榨多少橙汁"(橙子榨汁可以有多少)这两个变量,并间接地考虑了"每个橙子的单价"(需要考虑在哪里买橙子比较便宜),因此得到3分。从"描述重要特征"的角度分析,该学生并没有对这个问题最重要的特征进行归纳,而是将问题部分归结为"需要知道有多少人想喝橙汁"。这个特征只涉及人数与橙汁的关系,对于橙汁与橙子、单价与总价的关系等虽然也有所描述,但显然学生并没有很清楚地将这些问题共同指向的特征梳理出来,因此只能得1分。

## 三、"健康周活动"案例:规划阶段

表15-4呈现了在规划阶段学生如何将问题分解为若干假设,并描述变量之间的关系,从而建立模型。

表15-4 规划阶段学生作答及评分

| 想一想,你刚才思考了哪些问题?如果知道了这些问题的答案,对你有怎样的帮助?解决这个问题,你需要用到哪些算式? | | | |
| --- | --- | --- | --- |
| 学生3的作答 | 如果知道学校的人数以及每人每天喝多少杯,就可以算出一天需要准备多少橙汁……再乘天数,就得出一共要多少杯橙汁……我看商场里2个橙子可以榨1杯橙汁,所以假设活动期间每杯橙汁也要2个橙子……1个橙子3块钱,2个橙子就是6块钱。这样,30个学生乘2杯橙汁,再乘6块钱,就能够算出总价格。所以,用30×(2×3×2)就可以解决这个问题。 | | |
| 学生3的评分 | 清晰地表达所有假设:3分 | 描述变量之间的关系:4分 | 建立模型:3分 |

在学生3的作答中,从"清晰地表达所有假设"的角度分析,学生作出了若干假设,包括"每个学生每天喝2杯橙汁""学校有30个学生""每个橙子3块钱"等。但是,有一些在解决目标问题时思考过的问题并未出现在假设中,而这些问题恰是解决目标问题所必需的条件,如"活动持续的天数"等,因此在这个维度只能得到3分。从"描述变量之间的关系"的角度分析,学生比较清晰地用语言描述出所作假设之间存在的关系,并且将每一组变量的关系和另一组变量间的关系建立了联系,也就是说,学生描述的变量关系是按照一定的逻辑层层递进的,因此得到4分。从"建立模型"的角度分析,学生列出的公式包含了假设中所涉及的数量和数量关系,同时也出现了一定程度的遗漏(活动持续的天数),导致最后得到的结果代表的是每天所需的金额,而非整个活动购买橙子所需的金额,所以得到3分。

## 四、"健康周活动"案例:验证阶段

表15-5呈现了在验证阶段学生面临的问题,以及学生如何基于问题修订模型、作出解释,并改进模型。

表15-5 验证阶段学生作答及评分

| 你认为当前采用的方案合理吗? 如果不合理,请具体说一说存在的问题是什么,应该如何进行改进,这样改进的原因是什么,并按照你的思路列出新的算式。 | | | |
|---|---|---|---|
| 学生4的作答 | 我不同意学生3的方案。为什么一定要自己买橙子榨汁呢? 榨汁还要买榨汁机,而且每天需要清理榨完汁以后的水果皮,很麻烦。这些都很贵的,刚才都没有算进去。我觉得直接买橙子很不划算,应该去买橙汁。在超市里,1瓶鲜榨的橙汁约13~15元,差不多可以倒6杯,够3位同学喝。这样的话,30位同学只需买10瓶,应该比直接榨汁便宜一些。如果买果粒橙,1瓶大概是9块钱,但是瓶子要大很多,够更多同学喝……所以,我觉得买果粒橙更划算,只需$9÷6×3×30=135$元。 | | |
| 学生4的评分 | 基于提出的问题修订模型:3分 | 基于修订的模型作出解释:2分 | 改进模型:1分 |

在学生4的作答中,从"基于提出的问题修订模型"的角度分析,学生所提出的问题是买橙子榨汁"很贵",要"买榨汁机","要清理榨完汁以后的水果皮",但实际上修订过程主要是围绕买橙子榨汁"很贵"这个问题进行的。也就是说,虽然该学生在修订模型的时候考虑到了主要问题,但没有很好地回应自己所提出的其他问题,这些问题并没有通过修订模型的过程全部得到解决,因此得3分。从"基于修订的模型作出解释"的角度分析,学生4对购买瓶装鲜榨橙汁与使用橙子直接榨汁两种方式之间数量关系的解释是基本正确的,发现了"30位同学只需要买10瓶"这个重要的数量关系。但是进一步,对于换成果粒橙后的关系描述比较笼统,很多数量关系无法量化,如"瓶子要大很多"和"更便宜一点"等,因此得2分。从"改进模型"的角度分析,学生4最终得出的结论是"买果粒橙更划算",但是其给出的数学模型存在明显错误。当假设1瓶果粒橙是9元时,或者应当先用$9÷6$算出每杯橙汁多少钱,再乘2算出1名学生要喝多少钱的橙汁,最后乘30;或者直接用$9÷3$算出将1瓶橙汁分给3名学生(每名学生实际分到2杯)后,每名学生平均多少钱,再乘人数;而学生4列出的算式$9÷6×3$在数量关系上存在明显错误,因此只得1分。

## 五、结语

本章通过一个案例及不同类型的学生作答情况,对如何使用基于美国《州共同

读懂每一个学生:课堂评估的目的、设计、分析和使用策略

核心数学课程标准》的"建模循环评分标准"进行了简要介绍,其中重点围绕"问题""规划"和"验证"三个阶段的建模评估展开,主要侧重对学生数学建模行为(如作出假设、建立模型、提出问题等)的评估。该标准是以过程而非结果为导向的,即学生最终是否构建出一个完备的数学模型并不是这套评分标准最为核心的评估内容。它更强调引导学生使用所学的数学知识,运用不同的策略(如提出新的数学问题)激发自身对于现实问题的不断思考,从而达到对数学学习本身更深层次的理解,这也是课堂教学评估的重要组成部分。

# 第 16 章　数学建模的评估

## ——基于新加坡《数学建模资源工具包》的评估

上一章我们对基于美国《州共同核心数学课程标准》的评估进行了介绍,这一评估标准包含"问题""规划""计算""解释""验证"和"报告"六个环节,主要侧重于数学建模的"循环"过程,突出在数学模型构建与修正过程中对学生数学建模行为的评价。

在数学建模中,另一个重要的特征是数学模型与现实情境之间的联系。在布鲁姆和费里(Blum & Ferri,2009)看来,数学建模首先就是从学生理解现实情境,构建出基于现实情境的模型这一过程开始的。一方面,数学建模有助于学生加深对数学概念和知识的理解;另一方面,学生可以通过数学建模认识到数学与现实世界的联系,这种联系能够为学生积累起更加丰富的经验,从而有助于学生运用数学的眼光看待世界。

本章重点介绍基于新加坡《数学建模资源工具包》的数学建模评估(MOE,2012)。与基于美国《州共同核心数学课程标准》的评估不同的是,该评估更加强调学生对现实情境的认识。在课堂环境下的数学建模活动中,通常所要解决的目标问题已经被清晰界定。例如,在本书的前几章中,许多例题所包含的都是诸如"怎样选择加油方案更省钱""当船只第一次看到灯塔的时候,与灯塔之间的距离大概是多少"(第 13 章),以及"一共需要花多少钱买橙子"(第 15 章)这样的问题。这些问题的共同特征是"目的性"明确,即学生所建立的数学模型服务于教师在现实情境中为学生设立的具体目标,而学生建立模型的重点在于考虑变量之间的关系,因为变量是相对明确的。但在真实情境中,所面对的现实问题在初始阶段往往是"模糊的""不明确的",需要学生自主地进行界定,并围绕自己所界定的目标建立合适的模型。因此,即使在同样的问题情境中,学生所聚焦的问题也会有差异,所建立的模型也会有所不同。基于新加坡《数学建模资源工具包》的数学建模评估所服务的就是这样一类数学建模过程。

## 一、基于新加坡《数学建模资源工具包》的数学建模评估

新加坡教育部早在 2007 年就将数学建模这一核心能力引入数学教学大纲

（MOE，2007），并将其定义为"通过形成和改进数学模型来表征和解决现实问题的过程"。从该定义可以看出，学生不仅要能够形成数学模型以解决问题，还要能够表征数学问题。与此同时，新加坡教育部在教学大纲中强调，"数学建模在促进学生对数学核心概念和方法的理解，以及发展数学能力方面发挥着至关重要的作用"。新加坡2013年版的数学教学大纲进一步尝试界定数学建模和一般问题解决之间的区别。该文件指出，"与一般问题解决不同的是，在新加坡课程中数学建模为学生提供了一个平台，在这个平台上学生能够面对模糊情境（这里指情境中的数学并非是显而易见的），建立变量之间的联系，选择和运用恰当的数学概念和方法，建立假设并运用在解决现实问题的过程中，从而基于给定的或者自己收集到的数据作出明智的决策"（MOE，2013）。通过这样一种平台的建立，在新加坡的数学课堂上，学生不但能够系统地学习数学知识，还能够在数学建模的活动中获得丰富的实践经验。这种经验能够帮助学生加深数学理解，同时将数学学习作为一个有机的整体来看待，使学生可以看到他们所学到的数学是如何与课堂外的现实世界建立联系的。

新加坡的《数学建模资源工具包》将数学建模能力所涉及的行为作了进一步细化，包括"理解和简化问题（Understanding and simplifying the problem）""处理问题并发展数学模型（Manipulating the problem and developing mathematical model）""对问题的解答结果作出解释（Interpreting problem solution）"以及"检验与验证（Verifying and validating）"等四个方面（MOE，2012）。具体而言：

"理解和简化问题"的过程包括作出假设，识别变量，建构变量间关系，区分相关和无关信息，理解问题，通过建立假设来简化问题，以及对问题进行表征。

"处理问题并发展数学模型"的过程包括选择合适的表征对问题进行推理，使用恰当的数学知识、方法和工具解决问题，并作出准确的计算。

"对问题的解答结果作出解释"的过程包括使用描述性的以及数学的语言对自己得出的结果进行交流，解释自己所提供的数学模型和问题的解答在现实情境中的意义。

"检验与验证"的过程包括对所建立的模型和解答提出质疑，检查和反思所建立的模型以及建立模型过程中的推理过程，逐步改进模型。

基于这样的理念，有学者（Chan，Ng，Widjaja & Seto，2012）建立了一套适用于上述过程的数学建模评分标准。在这个评分标准中，陈（Chan）等人对上述四个方面所涉及的关键能力进行了提炼和整合。他们认为，"作出假设""数学推理与运算"以及"运用现实世界的知识对模型和解答结果进行解释"是数学建模中最重要的能力,应当在课堂教学过程中加以评估。特别地,研究者对这三项能力与教学大纲中所提到的四个方面的联系进行了阐述。陈等人认为:

"作出假设"体现了学生"理解和简化问题"的过程,它强调学生在尝试理解和简化问题时,提出猜想及作出假设的意识。这种猜想和假设的意识在数学建模活动中发挥着双重作用:(1)作为联系现实世界和数学世界的一种桥梁;(2)在数学建模过程中促进数学模型的形成。

"数学推理与运算"体现了学生"处理问题并发展数学模型"的过程,在这一过程中,学生所面对的不再是教师、课本及考试中提供的结构化问题,而是学生自己通过分析和假设所提炼出的数学问题。此时,学生所要处理的多个变量之间的数学关系并非一目了然,他们需要进行主动建构并运用所学知识形成数学模型来解决问题,以证实或证伪自己的假设。当然,正确地进行数学运算也是解决数学问题的基础,同样需要在这个过程中加以考虑。

"运用现实世界的知识对模型和解答结果进行解释"则同时体现了"对解答作出解释"和"检验与验证"这两个过程,事实上在数学建模活动中这两个过程总是密不可分的。学生对结果进行解释时,往往会结合自己的现实经验作出更加理性的推断。而当他们所得到的结果与自身经验不符时,学生自然会对已有的结果进行反思,或说服自己和他人接受这样的结果,从而达到对模型进行合理性辩护的目的。

进一步,陈等人给出了判定上述三项能力的评分标准,其中每一项能力均包含三个不同的水平。这是一个多维度的评分标准,学生在每一个维度上的表现都可以用0~2分来评估。其中,0分代表学生不具备这项关键能力;1分代表学生在一定程度上具备这项能力,但是在对现实情境中的变量进行考虑时往往不够全面,证据间的逻辑联系不够紧密;2分代表学生具备这项能力,并且通过相应的行为将这种能力表现出来。表16-1比较详细地描述了这三项能力在每一个分值上所具备的特征。

表 16-1　基于新加坡《数学建模资源工具包》的建模评分标准

| 能力 | 0分 | 1分 | 2分 |
|---|---|---|---|
| 作出假设 | 未作出任何假设;作出错误的假设 | 作出的假设和对假设的解释基于现实情境;对假设的陈述与模型相关联 | 能够作出综合性的假设,假设之间存在紧密的逻辑联系且符合现实情境 |

读懂每一个学生:课堂评估的目的、设计、分析和使用策略

| 能力 | 0分 | 1分 | 2分 |
|---|---|---|---|
| 数学推理与运算 | 只考虑了单一变量；尝试运用数学知识，但是运算过程存在错误；尝试进行数学逻辑推理，但是对推理过程没有提供证据 | 能够考虑两个变量之间的关系；能够运用数学知识，运算过程几乎没有错误；数学推理在一定程度上合乎逻辑，提供部分证据以支持自己的观点，但是存在证据不够充分或证据间条理不清晰的现象 | 能够考虑三个及以上变量之间的关系；能够恰当地运用数学知识，计算结果准确；数学推理严谨且合乎逻辑，能够提供充分的证据支持自己的推理过程 |
| 运用现实世界的知识对模型和解答结果进行解释 | 在解答结果的解释过程中没有考虑任何现实世界中的条件限制 | 至少能够考虑 1～2 个现实世界中可能对模型解释产生影响的条件，但是无法依据这样的条件对模型进行改进 | 能够考虑现实世界中多个对模型产生影响的条件，以及这些条件间的联系，同时可以根据这样的条件对模型进行反思并改进 |

## 二、乘车案例：作出假设

从表 16-1 可以看出，该评分标准侧重于所构建模型与现实世界联系的紧密程度，而这种紧密程度是通过假设的合理性、逻辑的连续性以及证据和解释的全面性来体现的。在这一评分标准中，一个好的数学建模活动至少需要在一个或多个符合现实情境的假设基础上展开；在解决问题时，能够将现实情境中多个变量同时考虑进来，并且处理变量之间关系的过程能够反映出学生对于数学概念和知识的正确理解。在这里之所以要将考虑变量间的数量关系作为判断的重要依据，并非仅仅是鼓励或要求学生尝试使用更复杂的模型解决问题，因为一个设置好的数学建模任务通常都和现实情境紧密相连，而真实情境往往较为复杂，包含许多不确定的因素，这些因素会对数学模型的结果产生重要的影响。因此，能够考虑多个不同的变量也是学生数学建模能力的突出体现。当然，在小学阶段，受已有生活经验的限制，学生不太可能建立过于复杂的数学模型，并且即使提出的问题假设覆盖了较多的不确定因素，这样的因素也很难在学生所建立的数学模型中得到充分的解释和验证。因此，评估在考虑变量数量的同时，还应对推理的严谨性和逻辑性有一定的要求。

下面通过一个"乘车"案例进一步阐述基于新加坡《数学建模资源工具包》的数

学建模评估中,不同环节具体如何进行评分。该案例改编自陈等人(Chan,Widjaja & Ng,2011)在研究中所使用的测试题目,我们对题目的背景和地点等进行了适当修订,使之更符合中国国情(详见表16-2)。学生需要根据问题情境中给出的若干条件,逐一回答后面的四个问题。其中,问题1和问题2对应学生"作出假设"的过程;问题3对应学生"数学推理与运算"的过程;问题4对应学生"运用现实世界的知识对模型和解答结果进行解释"的过程。

表 16-2 乘车案例

| 题目背景 | 最近,崔老师的家从西坝河搬到了将台。下周开始,她要到A大学上班。从她家到学校有多种乘车方式,包括地铁、公交车、共享单车(自行车)等。由于每一条线路都很难直接到达学校,因此崔老师正在犹豫如何选择"最佳"线路。各条线路所需时间、平均等待时间和票价如下。<br>其中,家门口没有公交车站,需要通过共享单车或者步行至芳园里公交车站才能够乘车,搭乘公交车后可以直达学校。<br>家门口有地铁站(将台站),但是地铁站无法直达学校,需要首先乘地铁从将台站行至积水潭站,下地铁后转乘公交车、骑共享单车或步行才能够到达学校。<br>步行或骑共享单车也可以直接从家(将台)抵达学校。 | | | | |
|---|---|---|---|---|---|
| **交通信息** | 类型 | 路线 | 路程所需时间 | 平均等待时间 | 票价 |
| | 公交车 104 路 | 104 芳园里站—104 学校站 | 55 分 | 7 分 | 3 元 |
| | | 104 积水潭站—104 学校站 | 5 分 | 7 分 | 2 元 |
| | 地铁 | 地铁将台站—地铁积水潭站 | 40 分 | 3 分 | 4 元 |
| | 共享单车 | 家门口—104 芳园里站 | 2 分 | 无 | 1 元 |
| | | 积水潭站—学校 | 8 分 | 无 | 1 元 |
| | | 家门口—学校 | 80 分 | 无 | 2 元 |
| | 步行 | 家门口—104 芳园里站 | 5 分 | 无 | 无 |
| | | 积水潭站—学校 | 20 分 | 无 | 无 |
| | | 家门口—学校 | 300 分 | 无 | 无 |
| 问题 | 请你帮助崔老师制订一个乘车计划,这个乘车计划需包含:<br>(1) 描述什么是你心中的"最佳"线路。<br>(2) 为了制订乘车计划,你会提出哪些问题和假设?<br>(3) 在确定"最佳"线路时,你会进行哪些计算?<br>(4) 崔老师如何判断你所提供的就是"最佳"线路? | | | | |

解决这一问题,学生首先需要明确什么是"最佳"线路。通过日常使用各种地图或导航软件等积累起来的生活经验可以知道,"最佳"线路可以是用时最短、换乘最

少、费用最省或者路程最短等。对同一目标的不同界定方式,可能会导致学生使用不同的数学模型进行求解。在确定目标后,需要进一步假定哪一种乘车方式或者方式的组合更能够体现"最佳"路线的要求,并通过相应的数学知识和算式进行求解。在完成求解后,还要求能够尝试通过不同模型之间的比较,来验证所作出的假设(即某种方案是"最佳"路线)是否合理。

表 16 - 3、表 16 - 4 和表 16 - 5 分别呈现了不同学生在"作出假设""数学推理与运算"和"运用现实世界的知识对模型和解答结果进行解释"方面的表现以及对应的评分。值得注意的是,该问题情境并没有将问题限定在某一个或几个知识点上。也就是说,学生所运用的数学知识取决于他们从问题情境中所提炼并聚焦的具体问题。

表 16 - 3 呈现了两名学生在"作出假设"过程中的表现及评分。其中,学生 1 在回答问题 1 和问题 2 时,所基于的是一个目标或一种假设,也就是换乘最少。虽然这样的假设和问题情境的联系最紧密,但并没有综合地考虑到其他因素的影响。进一步,学生 1 在假设乘坐地铁或公交车换乘最少的时候,潜意识中实际上也考虑了时间等因素,因为如果不考虑时间因素,仅以换乘次数最少作为目标的话,那么单独使用共享单车或纯粹依靠步行到达学校的换乘次数才是最少的(无需换乘),而无论乘坐地铁还是公交车,都需要至少换乘 1 次。学生 2 在作答中综合性地考虑了多种因素,不仅包括乘车的时间、换乘的次数、花费的金额等,还根据自己的判断对不同条件的重要程度进行了排序。也就是说,当两个条件可能出现矛盾时,优先以哪一个条件为准。在对重要程度进行排序时,学生 2 还表达了选择每一个因素背后的思考过程;在作出假设时,不是仅仅基于某一个条件作出判断,而是在比较分析后挑选出能够满足更多条件的方式,作为所需验证的主要假设。

表 16 - 3  作出假设

| 学生 1 的作答<br>(1 分) | 我觉得崔老师每天上班很辛苦,所以应该坐一下子就可以到达的车,这样"最佳"线路应该是换乘次数比较少的线路。<br>我感觉直接乘坐地铁或者直接坐公交车到达,换乘是最少的。 |
|---|---|
| 学生 2 的作答<br>(2 分) | 如果从家里到学校,应该选择时间尽量少一点,换乘也少一点,花钱少一点,最好步行或者在室外的时间也能够少一点的方法。其中,我最希望时间能够少一点,然后是换乘少一点,这样会比较方便一些。在此基础上,如果在外面的时间能少一点更好,这样冬天和夏天会比较舒服。<br>坐地铁一般都会比较快,而且地铁都是室内的,这样下车后再换一次公交车就可以了,我认为这种方案可能最适合崔老师。 |

通过比较两名学生的作答可以发现,一方面学生 2 所作出的假设和解释更加贴近实际的情况,另一方面所涉及的数学模型也相对更为复杂,考虑的因素更多、更全面,并且学生 2 能够将现实情境中变量间丰富的关系以一种符合逻辑的形式表达出来,而学生 1 虽然在这方面也有一定的意识,但是这种意识并没有很好地得到表达。

## 三、乘车案例:数学推理与运算

在数学建模过程中,同样会涉及数学推理与运算。然而,这里强调运算的目的并非用以检验计算结果的准确性,而是评价学生运用计算结果支撑自己假设的能力。也就是说,这里的运算是一种寻找模型证据的过程,学生不仅要正确地计算结果,还需要知道这一组结果的运用可能会对模型解释产生怎样的影响。

表 16 - 4 呈现了两名学生在"数学推理与运算"过程中的表现及评分。其中,学生 1 围绕自己的假设对比了乘坐地铁和公交的换乘次数,从而得出结论。虽然在计算方面没有出现错误,但推理过程中的条理存在一定程度的矛盾。因为在选择乘坐地铁时,学生 1 将下地铁后走到学校也当作 1 次换乘,可能是考虑到下地铁后步行的时间较长(20 分钟);而在计算坐公交车的线路时,并没有将这个换乘计算在内,所以得 1 分。学生 2 的条理则更为清晰,首先罗列出所需计算的变量以及对计算结果的判断标准,比较充分地体现了在假设过程中对不同变量重要性的排列,同时统一了不同线路在计算时所要比较的变量;此外,计算过程准确,较好地表现出辩证思维的能力。事实上,与乘坐公交车相比,乘坐地铁总体花费时间较少,但是在户外的时间相对较多,需要学生通过进一步权衡来判断采用哪一种方案。

### 表 16 - 4  数学推理与运算

| 学生 1 的作答<br>(1 分) | 首先,我需要乘坐地铁,从将台站坐到积水潭站,然后从积水潭站下车走到学校,这里需要换乘 1 次。<br>如果直接乘坐公交车,我可以先步行到芳园里公交车站,然后乘车到达学校,这里就不需要换乘。所以,我觉得先步行然后直接坐公交车,换乘次数最少。 |
| --- | --- |

读懂每一个学生:课堂评估的目的、设计、分析和使用策略

| | |
|---|---|
| 学生2的作答<br>（2分） | 我会先算出想使用的方式所花时间是多少，换乘次数是多少。然后，选择时间和换乘次数相对较少的，再计算出哪种方式在户外的时间也比较少，最后找一种花钱比较少的方式推荐给老师。我的计算方法如下——<br>当我选择主要乘坐地铁的时候，要先乘坐地铁，然后从公交车、共享单车或者步行中选择一种方式。通过比较可以算出，公交车花费的时间是12分钟，而共享单车的时间是8分钟，看上去坐公交车花费的时间更多，所以我选择共享单车。因此，总计需要40分钟在车上，11分钟在户外，换乘1次，花费5元钱。<br>当我选择主要乘坐公交车的时候，要先骑共享单车或步行到达芳园里公交站，再乘坐公交车到学校。比较发现，共享单车要2分钟，步行要5分钟，因此我选择共享单车。这期间，乘坐公交车需要55分钟，在户外的时间为9分钟，换乘1次，花费4元钱。<br>综合上面两种方式，我觉得乘坐地铁的方式更符合"最佳"线路的要求，应该将其推荐给崔老师。 |

## 四、乘车案例：运用现实世界的知识对模型和解答结果进行解释

表16-5呈现了两名学生在"运用现实世界的知识对模型和解答进行解释"过程中的表现及评分。其中，学生1在给出方案的同时，考虑了另外一个现实世界中可能存在但题目背景信息中没有的变量——是否有座。然而，这个变量无法通过问题情境中的已有条件反映出来从而对模型方案进行改进，因此仅得1分。学生2在作答中的整体思路是"确定所有可能的路线—设置标准—依据标准选择路线—调整标准—确定路线"。这种思路的好处是能够减少不必要的遗漏，同时可以保证在比较过程中所基于的标准相同。此外，学生2还意识到在第一次设立标准时，得到的结果不一定能完美地与标准相契合，此时就需要进一步调整标准，形成新的模型，再进行筛选，直至得到理想的结果。所以，两者最重要的区别在于，学生1是根据某一个标准直接给出结果，而学生2是在尽可能多地考虑到现实情境中不同变量之间的关系后，在不断调整模型的过程中逐渐逼近最终想要得到的答案，后者对于现实情境的理解显然更深刻，得到的结果与现实情境的联系也更为紧密。

表16-5　运用现实世界的知识对模型和解答结果进行解释

| | |
|---|---|
| 学生1的作答<br>（1分） | 为了不让崔老师很辛苦，我会推荐先步行后乘公交车这条线路，因为其他的方式换乘都太多了。但是，坐公交车比坐地铁时间长，所以如果有座的话就没有那么累了。 |

| 学生 2 的作答<br>（2 分） | 我会先把所有可能的乘车线路都写下来,然后告诉崔老师"最佳"线路应该满足怎样的要求。如果崔老师不想很辛苦,我会最先考虑乘车时间和换乘次数,因为时间比较长或者频繁换的话就会比较累。然后考虑户外的时间,因为夏天或者冬天的话,户外走太久就会不舒服……当然,可能不会有一个方案满足崔老师的所有要求,这时我们就要进一步思考什么条件可以不要,如可以不考虑价格,或者在换乘次数差不多的前提下先考虑时间。这样就可以找到"最佳"线路。 |
| --- | --- |

## 五、结语

在学校环境中,学生经历的数学建模问题应尽可能丰富,既要有"目标明确"的情境,又要有"目标模糊"的现实情境。本章介绍的是在"目标模糊"的现实情境中进行的数学建模评估。但更重要的是,本章强调了"假设建立"在"目标模糊"的情境中所发挥的作用及重要性。事实上,一旦建立好恰当的假设,"目标模糊"的现实情境就转化成了"目标明确"的建模问题。

# 第 17 章　数学建模的评估

## ——"基于建模过程和结果"的整体性评估

第 15 章和第 16 章分别介绍了一种侧重于数学建模"循环"过程的评估和一种在"目标模糊"的现实情境中进行的数学建模评估。其中,侧重数学建模"循环"的评估包括"问题""规划""计算""解释""验证"和"报告"等环节,强调学生在"循环"过程中完善自己的数学模型,通过迭代不断逼近最优模型;在"目标模糊"的现实情境中进行的评估包括"作出假设""数学推理与运算"和"运用现实世界的知识对模型和解答进行解释"等环节,强调假设要建立在对模糊目标的理解和简化的基础上。

上述两种评估方式,尝试通过个体在数学建模活动中表现出的行为对学生进行独立评估。这两种评估的共同特点是假设由某一个体独自进行数学建模活动,且遵循一定的前后顺序逐步进行评估(如问题→规划→计算→解释→验证→报告)。事实上,能够全部覆盖上述行为或能力的数学建模活动对个体而言通常是相对庞大和复杂的,很多时候可能无法让学生在某一节课上独自完成,往往需要通过小组讨论等合作的形式建立数学模型。这就意味着学生在数学课堂上的建模行为并不是"一气呵成"的,而是需要在时刻反思(包括自我反思和批判性地思考他人的意见)建模过程与模型结果之间联系的基础上,通过与他人沟通合作共同完成数学建模。

在这样一种课堂环境下,评估学生数学建模能力所面临的主要困难是:(1)教师不得不在"整体性"(如关注学生个体完整的建模过程)和"简约性"(如尽可能在有限的时间内反映出多个学生在数学建模过程中某一阶段的表现)之间进行平衡;(2)在多大程度上给予学生自主性。数学建模是一个相对开放的过程,往往需要通过小组合作的形式来完成。这一过程中,要求不同学生能够根据自身的知识和现实生活经验来构建解决现实问题的数学模型,此时每一名学生所表现出的行为和能力是不同的,那么就可能会出现与教师提前预设的数学建模过程不一致的情况,从而对数学建模的评估造成一定的困难(Ng,2018)。

本章将介绍一种"基于建模过程和结果"的整体性评估,该评估主要来源于吴(Ng,2018)所做的一系列工作,这些工作为教师在面对上述问题时提供了更多选择。该评估兼顾建模过程和结果,采用一种反思的、渐进的评分方式,对发生在某一小组活动中学生个体或群体表现出的数学建模能力进行评估。无论是作为个体的学生还是以群体为单位的小组,都可以使用这样的标准来评估其数学建模表现,并可以根据自身的知识、生活经验背景,逐步地参与到数学模型的构建过程中。

## 一、"基于建模过程和结果"的整体性评估

在组织数学建模的课堂教学活动与评估时,经常会陷入这样一种怪圈。一方面,教师在设计数学建模任务时会有预期的目标,并会在活动中不时地引导学生的讨论向自己预设的方向不断逼近,而不是充分聆听他们提出初始数学模型时所基于的假设和推理过程。另一方面,学生在参与小组活动时,最初往往比较容易形成自己的数学问题,建立模型并解决这个问题。然而,当他们初步建立一个模型后,对模型局限性的反思就会逐渐减少,并且即使认识到局限性,也很难在反思的基础上对模型进行修订(Ng,2010,2013)。因此,在这样的讨论中,很容易使得表面上数学建模的结果达到教师预期的既定目标,并且也有一定的讨论过程,但数学建模的结果与过程之间是相互分离的,造成"讨论是讨论,结果是结果"的现象,很难评估学生建立的数学模型是否真正基于他们提出的问题、假设以及验证等一系列过程。

面对小组讨论中的数学建模这样一种灵活程度更高,且需要不同学生参与其中的数学建模活动,吴等人(2018)提出了"过程—结果"(Product-Process)二维的数学建模评分方法。其中,在结果维度,研究者认为"提出的数学问题""建立的数学模型""模型的论证和计算"以及"解决方案的完整与适应性"是数学建模最重要的产出。在过程维度,研究者主要关注"对现实问题的阐述""变量的考量""作出的假设""模型中的参数"以及"调查验证过程"五个方面。这一评估标准中,没有对每一个方面进行评分,而是分别将过程维度和结果维度分成0~2分,并且罗列出每一个评分点上需要考虑的内容。每一个分数所代表的含义如表17-1所示。

表 17-1 "过程—结果"的评估

| 分值 | 数学建模结果评分 | 数学建模过程评分 |
|---|---|---|
| 0分 | 形成的数学问题与现实情境不符;<br>建立的数学模型不恰当;<br>模型中的数学论证和计算存在较严重的错误;<br>解决方案与问题不匹配。 | 对现实问题的阐述存在重大缺陷;<br>丢失重要的变量;<br>部分假设无意义;<br>模型中设置的参数表达不清晰或不可行;<br>没有调查验证过程。 |

| 分值 | 数学建模结果评分 | 数学建模过程评分 |
|---|---|---|
| 1分 | 提出的数学问题与现实情境较为符合；<br>建立恰当的数学模型，使用至少1个数学概念，未使用其他数学概念或使用不当；<br>模型中的数学论证和计算有一些错误；<br>提供不完备的解决方案。 | 能够对现实问题进行较为合理的阐述；<br>恰当地选择变量；<br>提出的假设整体而言是合理的；<br>模型中设置的参数表达清晰，一定程度上可行；<br>对调查验证过程有一定的计划。 |
| 2分 | 提出的数学问题比较紧密地与现实情境相契合；<br>建立恰当的数学模型，使用2个及以上的数学概念，实现对现实情境较好的模拟；<br>模型中有明确的数学论证，且符合现实情境，同时符合数学概念规则，计算准确；<br>解决方案完整，且和提出的问题相适应。 | 能够对现实问题进行合理阐述；<br>恰当地选择变量，同时摒弃无关变量；<br>提出假设，假设间相互联系；<br>模型设置的参数清晰可行，且符合真实情境；<br>按照逻辑有计划地实施调查和验证过程。 |

这样设置的目的是不过分强调数学建模的"前后顺序"，而是注重过程与结果之间的联系。例如，在评价学生的数学建模能力时，并不一定要严格按照"①提出的问题与现实情境是否相符→②建立的模型是否恰当→③计算是否错误→④解决方案与问题是否匹配"这样的顺序。实际上，在小组讨论与交流过程中，教师在寻找学生数学建模中的问题时，并不总是从第一步听到最后一步，再逐步进行评估，而更可能是在某一个环节发现问题（比如，看到过程中丢失重要变量，从而发现建立的模型不够恰当；或者看到结果中的数学论证错误，反推出过程中对问题的阐述存在缺陷）。同样地，学生在反思自己提出的模型或聆听他人对模型的论述时，也会经历相似的过程。

这种评估方法尝试帮助教师部分解决在评估小组活动中学生表现出的数学建模能力时所遇到的问题。首先，它既可用于评估个体，也可用于评估小组讨论中产出的结果，因为该评估中的核心是找到"过程与结果之间"可能存在的"矛盾"。这种矛盾既可以是因"对现实问题的阐述存在重大缺陷"导致"形成的数学问题与现实情境不符"，也可以是由于"模型中设置的参数表达不清晰或不可行"造成"模型中的数学论证和计算存在较严重的错误"。其次，教师不需要总是设计一个庞大的数学建模活动，以期将所有涉及的能力涵盖其中，而是可以在关注数学建模结果的同时，依据不同的建模任务评估数学建模过程中学生表现出的不同能力。最后，教师无需拘泥于对某一项具体能力评估的细化，因为过于强调能力的划分，可能会让评分者陷入微观的能力表现指标中，即便形成一套完整却复杂的评分体系，也很难在实际课堂教学中实施。

下面将通过两个案例,分别阐述该评估方法如何在学生个体层面和小组层面的数学建模评估中发挥作用。

## 二、个体层面评估案例:"募捐"问题

表17-2是一个关于"募捐"的问题,该案例改编于吴等人(2018)在研究中使用的情境,其中主要对使用的币种及对应图片进行修订,同时将捐款箱的形状从圆形改为长方形,以符合我国特定阶段学生的认知水平。

解决这个问题时,学生需要理解同伴所提出数学问题的含义,陈述自己解答的过程,并说明所提供的过程如何与结果建立联系。具体而言,在解答这个问题的过程中,学生需要将捐款箱的规格、纸币的尺寸以及捐款的实际情况(如纸币被投入箱子中,并非总是按照一定的顺序摆放)等因素综合考虑在内,从而得到数学模型的结果,并将结果再次放回问题情境,考虑是否已经完整地回答了问题。

表17-2 "募捐"问题

| 题目背景 | 如图所示,红十字会在某地设置了一个捐款箱,为患有 A 型罕见疾病的患者进行募捐。<br>已知捐款箱长 32 厘米,宽 24 厘米,高 40 厘米。<br>100 元纸币长约 16 厘米,宽约 8 厘米,厚度约 0.01 厘米。<br>50 元纸币长约 15 厘米,宽约 7 厘米,厚度约 0.01 厘米。<br>10 元纸币长约 14 厘米,宽约 7 厘米,厚度约 0.01 厘米。<br>5 元纸币长约 13 厘米,宽约 6 厘米,厚度约 0.01 厘米。<br>请结合下列问题,分组进行讨论。 |
| --- | --- |
| 问题 | 1. 看到这幅图片,你最先想到的是哪些问题?<br>2. 小组同伴提出的哪些问题可以用数学方面的知识解决?<br>3. 尝试解决其中一个数学问题,并解释为什么你提供的方法可以解决这个问题。 |
| 学生 1 的作答 | 对问题 1 的回应:<br>我会想到:是给谁捐款;要捐多少钱才够;一箱最多可以装多少钱;100 万元一箱能否装下。<br>对问题 2 的回应:<br>我认为,学生 2 提出的"如果捐款 100 万元,需要多少个箱子;如果要用一个箱子装下 100 万元,那么需要一个多大的箱子"这个问题可以解决。因为可以算出一个箱子有多大,以及不同面值的纸币各自的体积,而且知道总共要捐多少钱,就能求出这个问题的答案。<br>对问题 3 的回应(回答学生 2 提出的数学问题): |

| 学生 1 的作答 | 假设捐款人捐的都是 100 元纸币,100 张为一沓,长 16 厘米、宽 8 厘米、高 1 厘米。这样每一层可以摆放 600 张 100 元的纸币,也就是 6 万元。那么,高 40 厘米的捐款箱可以放下 240 万元。所以,只要一个箱子就可以了。<br>同样地,如果想装下 100 万元纸币,需要一个长 16 厘米、宽 8 厘米、高 100 厘米的捐款箱才可以。<br>评分:<br>数学结果 1 分;数学过程 0 分。 |
|---|---|
| 学生 2 的作答 | 对问题 1 的回应:<br>我会想到:箱子里有多少钱;每一种纸币各有多少;如果捐款 100 万元,需要多少个箱子;如果要用一个箱子装下 100 万元,那么需要一个多大的箱子。<br>对问题 2 的回应:<br>我认为,学生 1 提出的"一箱最多可以装多少钱;100 万元一箱能否装下"这个问题可以解决。因为这里问的是"最多装多少"和"能否装下",我们只要大致计算出总量就可以推断是否装得下,不用知道具体的捐款环节。<br>对问题 3 的回应(回答学生 1 提出的数学问题):<br>如果想要知道一箱最多可以装多少钱,就要先弄清装哪一种钱最省空间。比如,装 1 张 100 元比装 2 张 50 元、10 张 10 元或者 20 张 5 元占的地方都要小。<br>然后可以算出,如果都放 100 元纸币,那么这个箱子最多可以装 240 万元。这样看来,一个箱子就足够了。<br>实际捐款的时候,因为大家都是从上面投币,所以钱不会是码放的。从图中也可以看到,有的钱是斜着的,有的钱是折叠的。但是,100 万元和 240 万元相比还不到一半,因此我认为这么大的箱子还是可以装下 100 万元的。<br>评分:<br>数学结果 2 分;数学过程 2 分。 |

表 17-2 呈现了"募捐"问题的背景条件,需要学生在讨论中回应的问题,以及学生 1 和学生 2 的作答。学生 1 的作答,目的性十分明确,先算出 100 张纸币所占的体积,然后算出铺满一层后所占空间的大小,最后通过累计的方式算出已有的募捐箱可以放下多少钱,以及能够装下 100 万元的箱子有多大。从数学建模结果的角度,这样的计算和推理过程是基本正确的,然而这种正确是基于两个假设前提,即"每个人的捐款都是 100 元的纸币"以及"纸币会以一种特定的形式进行排列"。但从题目所提供的背景信息可以看到,后一种假设几乎是很难完成的。因此,从过程的角度分析,学生 1 的作答所基于的部分假设是无意义的,并且对于现实情境而言这样的排列形式几乎不可行,因此过程部分得 0 分。基于数学建模的过程,反过来再看数学建模的结果,会发现虽然基于结果的计算过程等方面基本正确,但是对于解决当前问题而言其考虑是不完备的,因此得 1 分。

学生 2 作答的核心思路与学生 1 基本一致,都是希望通过计算出能够放多少张 100 元的纸币,得到一箱可以存放的捐款总额,然而从数学建模过程的角度,可以发现两方面的差异。其一,学生 2 并没有直接将"一箱最多可以放多少钱"和"箱子里装 100 元纸币"等同,而是通过对等额但不同类型纸币所占体积的比较(如 1 张 100 元和 2 张 50 元等额,但 1 张 100 元比 2 张 50 元占的地方小),得出"箱子里装 100 元纸币最省空间"这样的结论。其二,学生 2 考虑到实际捐款过程可能对结果产生的影响,并通过"估算"的方法,由 $\frac{100}{240} < \frac{1}{2}$ 推测出 100 万元可以放入这样的箱子中(即使它们并没有按照特定的形式排列),从而尝试对自己得出的结果进行合理解释与验证。

可以看到,两名学生使用的核心计算模型以及得出的结论是基本一致的。如果仅从结果的角度来判断,二者对这个问题的认识有差异但并不明显;但是从过程来分析,二者在模型的认识方面仍存在比较大的差异,这种差异会通过学生个体在模型建构过程中对条件的解释体现出来。

## 三、小组层面评估案例:"成绩"问题

表 17 - 3 的情境改编自美国数学及其应用联合会关于数学建模评估的案例(COMAP,2013)。题目背景中呈现了 3 名学生过去一个月 4 次测试的成绩。这 3 名学生的成绩各自具备如下特征:(1)小崔三门课程的成绩基本相当,且每科平均分都为 85 分;(2)小范每科的平均分也为 85 分,但在语文和数学学科各有一次考试不及格;(3)小邵在语文、数学和英语学科上的平均分分别为 90 分、85 分和 80 分;(4)3 名学生在三个学科上整体的平均分都为 85 分。

解决这个问题时,不同学生关注到的统计指标不同,采用的策略和基于的标准不同,产生的结果也随之有所差异。此时,如何通过小组讨论发现学生在建立模型并达成共识过程中存在的问题是评估的关键。下面,我们将学生 1 和学生 2 的讨论分成三个阶段,从建模过程和建模结果两方面对二者讨论的结果进行分析。

### 表 17 - 3 "成绩"问题

| 题目背景 | 过去一个月,小崔、小范和小邵每周都会参加班级组织的语文、数学和英语测验。下表列出了每一次测试中 3 名学生在各个学科上所取得的成绩。<br>请通过小组讨论尝试回答:哪一名学生的学习成绩更好? 为什么? |
|---|---|

（续表）

| | 姓名 | 小崔 | | | 小范 | | | 小邵 | | |
|---|---|---|---|---|---|---|---|---|---|---|
| 题目背景 | 学科 | 语文 | 数学 | 英语 | 语文 | 数学 | 英语 | 语文 | 数学 | 英语 |
| | 第 1 周 | 88 | 87 | 85 | 95 | 91 | 89 | 85 | 84 | 82 |
| | 第 2 周 | 86 | 85 | 86 | 94 | 56 | 81 | 93 | 86 | 79 |
| | 第 3 周 | 86 | 85 | 87 | 59 | 95 | 87 | 87 | 86 | 79 |
| | 第 4 周 | 80 | 83 | 82 | 92 | 98 | 83 | 95 | 84 | 80 |

**学生讨论**

【第一轮交流】

学生 1：我认为 3 个人的成绩一样好。因为小崔和小范每门学科的平均分都是 85 分，所以他俩每一科学得都一样好；小范和小邵比较，可以发现小邵的语文比小范好一点，数学差不多，英语小范更好，所以他们总的来说差不多。

学生 2：我算了一下他们在三门学科上总体的平均分，也发现小崔、小范和小邵的平均得分都差不多，所以同意你说的。

评分：

数学结果 1 分；数学过程 0 分。

【第二轮交流】

学生 1：但是，我发现他们每次考试的名次好像不太一样。第 1 周的考试中，小范的平均成绩最好；第 2 周的考试是小邵的平均成绩最好；第 3 周的考试是小崔的平均成绩最好；第 4 周的考试还是小范的平均成绩最好。从这一点来看，应该是小范的成绩更好一点，小崔和小邵的成绩基本相当。

学生 2：但是，小范在第 2 周和第 3 周的考试里面各有一次不及格，而小崔和小邵没有一次不及格。这样看来，小崔和小邵的成绩更好一点。我的结论和你的好像有一样的地方，也有不一样的地方。

评分：

数学结果 1 分；数学过程 1 分。

【第三轮交流】

学生 1：如果按照你说的，60 分以下是不及格，那么我们还可以说 60～75 分是及格，75～85 分是良好，85 分以上是优秀。这样 4 次考试的 12 个成绩里面，小崔有 9 次优秀，3 次良好；小范有 8 次优秀，2 次良好，2 次不及格；小邵有 6 次优秀，6 次良好。小崔得优秀的次数最多，所以小崔的成绩最好。

学生 2：可是如果把良好的也算在内，那么谁的成绩好就不一定了。如果把优秀记为 1 分，良好记为 0 分，不及格记为减 1 分，那么小范和小邵都仅得 6 分；如果把优秀记为 2 分，良好记为 1 分，及格记为减 1 分，不及格记为减 2 分，那么小范的成绩最差。

学生 1：这样看来，总的来说小崔成绩更好一点，小范和小邵哪一个成绩更好不能够直接确定。

学生 2：再回想一下，我们最初按照平均分来比较，也可以说明谁的成绩好，这和我们怎么计算有关。

评分：

数学结果 2 分；数学过程 2 分。

在第一轮交流中,学生1和学生2都使用且只使用了"平均"这一种方式。虽然两名学生得到的结果一致,但都只考虑了一种可能的情况,并不能较为完整地对现实情境进行回应,因此在数学结果方面仅得1分。而从数学过程角度分析,二者在变量的选择方面均存在较大遗漏,并且在已有参数的表达方面也是模糊的。比如,学生1在比较不同学科成绩时,认为"小邵的语文比小范好一点,小范的英语更好",但是具体好多少,对比较两人的成绩有什么帮助并不明确,这样的判断对于形成准确的结论而言没有多少帮助,因此数学过程方面得0分。

在第二轮交流中,学生得出的结果仍然是基于各自提供的某一特定的标准。虽然这一标准较上一轮而言更加详细,对结果的讨论也有所不同,但仍然没有发现"标准"对于"成绩好坏"的判断可能带来的影响,因此得到的结果不能够很好地与背景相契合,所以在数学结果方面仍然仅得1分。同时,我们也可以看到,无论学生1还是学生2,都在尝试寻找进一步的证据来补充验证第一轮交流时所得到的结论,并且逐步开始归纳二者观点上的分歧,为后续进一步验证作准备,因此在数学过程方面可以得到1分。

在第三轮交流中,学生1依据学生2的思路,提供了更多的可能,且二者在此基础之上发现了一个共同的规律,即"成绩好坏"会受到"标准"的影响,当采用不同的标准进行衡量时,得到的结果可能会大相径庭。这种结果更加贴合问题情境的本质,因此在建模结果方面得2分。在建模过程方面,学生1和学生2分别提出了不同的评价标准,对标准进行比较,反思得出不同结果可能的原因是什么,并通过推翻已有结论和再验证的过程,最后逐渐梳理出不同标准之间的关系,从而达成共识,因此在数学过程方面得到2分。

## 四、三种数学建模评估的比较

表17-4尝试对第15~17章涉及的数学建模评估进行比较,从框架来源、主要特征、评估对象、评估内容等方面描述不同评估方式之间存在的区别。可以发现,不同评估方式各有特色,有的可以服务于完整的数学建模活动的评估,有的适合小组合作过程中对集体产出的建模结果进行评估,还有的适合终结性的数学建模评估。

表 17 - 4　三种数学建模评估方式的比较

|  | 侧重数学建模"循环"的评估 | "目标模糊"的现实情境中的评估 | "基于建模过程和结果"的整体性评估 |
|---|---|---|---|
| 框架来源 | 美国《州共同核心数学课程标准》 | 新加坡《数学建模资源工具包》 | 吴等人的研究 |

|  | 侧重数学建模"循环"的评估 | "目标模糊"的现实情境中的评估 | "基于建模过程和结果"的整体性评估 |
|---|---|---|---|
| 主要特征 | 关注建模过程中学生的行为,而非建模结果本身 | 强调"作出假设",使所构建模型与现实世界紧密联系 | 重视发现"矛盾",通过结果与过程的矛盾判断建模效果 |
| 评估对象 | 个体或小组建模过程 | 个体或小组建模结果 | 个体或小组建模过程与结果的联系 |
| 评估内容 | 问题、规划、计算、解释、验证、报告 | 作出假设、数学推理与运算、运用现实世界的知识对模型和解答进行解释 | 提出的数学问题、建立的数学模型、模型的论证与计算、解决方案的完整性与适应性等 |

# 五、结语

　　本章聚焦"基于建模过程和结果"的整体性评估,结合"募捐"案例和"成绩"案例分别介绍如何使用这一方式对个体和小组的数学建模过程进行评估,并整合、比较了三种不同评估方式的特征。在课堂教学中,数学建模的过程性得到了更加充分的体现,仅仅得到"正确"的数学模型并非数学建模活动的最终目的。反之,在某种程度上,如何构建模型的过程也许更能够反映学生对数学概念的理解和知识的掌握情况。当然,脱离了结果而谈过程,则容易让课堂教学陷入一种"混乱"的"繁荣",使得数学建模虽然有过程和结果,但得出的结果与课堂讨论过程中学生的思维过程相分离。可以说,教师在课堂上更"关注"什么,就会引导学生的思维朝着这个方向前进。如果教师能够引导学生的建模朝着"不断自我反思和完善",而非"与标准答案或模型相契合"的方向前进,那么学生可以更好地利用课堂上的数学建模活动来促进自身数学建模能力的发展。

# 第18章 数学交流的内涵、意义与评估

数学素养是人的一种思维习惯,表现在能够主动、自然、娴熟地用数学进行交流,建立模型解决问题;能够启动智能计算的思维,拥有积极的数学情感,做一个会表述的、有思想的、和谐的人。也就是说,数学素养至少包含数学交流、数学建模、智能计算、数学情感等四个方面(蔡金法,徐斌艳,2016)。本章讨论其中一个重要方面的评估,即如何评估学生的数学交流。

数学学习过程中,在进行思考和数学推理时,学生需要将思考的结果用语言或者书面的形式与他人进行交流,清楚而充分地表达自己的见解,从而让他人了解并支持或批评自己的观点。通过数学交流,学生的想法可以得到不断更新、反思和改进,在这一过程中学生还可以聆听他人对于同一问题的解释以及存在的困惑,从而促进自身数学理解的发展(NCTM,2000)。数学课堂评估的最终目的是了解学生的数学思维过程,而学生的数学思维过程需要他们用数学的语言表达出来。因此,对学生数学交流的评估不仅能够体现学生对已经掌握的数学知识的理解,还能够在一定程度上反映出学生的数学学习能力。

相信几乎所有的教师,无论是小学教师、中学教师,还是大学教师,都曾有过这样一种体验:教师要求学生判断一个问题的答案是否正确,然后学生不假思索地认为这个答案一定是错误的。学生之所以有这样的表现,是因为他们认为当教师要求对某一答案作出判断时,就是在询问这个答案错在哪里。这种简单的"数学交流"形式让学生在"快速问答"的过程中逐渐形成了一种"纠正错误"的应激反应。这种反应的出现一方面源于学生平时很少有机会在课堂上充分表达他们对于数学问题的思考,另一方面可能是教师缺乏恰当的评估方法,以帮助学生进行有效的数学交流。缺少数学交流的机会导致学生不知道如何正确地对一个数学问题的解答作出判断,并将自己的判断过程用数学语言表达出来。

本章将重点呈现使用开放题评估数学交流的过程,包括如何创设评估学生数学交流的情境,如何恰当地设计题目引导学生数学交流,并结合具体的案例阐述数学交流的定性与定量评估标准。

## 一、如何创设评估学生数学交流的情境

在课堂评估过程中,教师的提问很容易让学生"陷入"一种思维定势。在这种"一问一答"的情境下,无论教师设计了怎样的问题,学生的思维都会局限在"老师想要什么答案",而非"我是怎样思考这个问题的"。事实上,在课堂教学活动中,教师有很多的机会来创设情境,使得学生可以进行数学交流,充分表达自己的数学思维过程。

例如,利用课堂活动或者日常生活中经常接触到的场景,就是评估学生数学交流的良好契机。在表18-1的案例中,教师正准备组织班上部分学生去野炊。午餐时,教师拿出提前准备好的3张比萨饼分给同行的学生,并要求学生回答问题(蔡金法,2007)。这是一个关于分数大小比较的问题。

表 18-1 比萨饼问题

| 问题情境 | 有 7 个女孩、3 个男孩和 3 张同样大小的比萨饼。7 个女孩平分两张比萨饼,3 个男孩平分另外一张比萨饼。<br><br>问题:每个男孩和每个女孩是否得到同样多的比萨饼?请解释你的解答过程。 |
| --- | --- |
| 学生 1 作答<br>(数学符号) | $2 \div 7 = \frac{2}{7}$,$1 \div 3 = \frac{1}{3}$。通过把它们变为同分母的分数$\left( \frac{1}{3} = \frac{7}{21}, \frac{2}{7} = \frac{6}{21}, \frac{7}{21} - \frac{6}{21} = \frac{1}{21} \right)$或小数$\left( \frac{1}{3} \approx 0.33, \frac{2}{7} \approx 0.29, 0.33 - 0.29 = 0.04 \right)$,可以知道 $\frac{1}{3}$ 比 $\frac{2}{7}$ 大。 |
| 学生 2 作答<br>(书面文字) | 7 个女孩有两张比萨饼,3 个男孩有一张比萨饼,女孩的比萨饼是男孩的 2 倍,但是女孩的人数是男孩人数的 2 倍还多,因此每个男孩比每个女孩分得的比萨饼多。 |
| 学生 3 作答<br>(直观图示) | 3 个女孩分一张比萨饼,其余 4 个女孩分另外一张比萨饼。4 个女孩每人分得的比萨饼比每个男孩分得的少,所以男孩分得的比萨饼多。<br> |

在教学过程中,教师往往将重点放在教授学生不同的比较策略上。表 18－2 列出了教师在教授分数大小比较时经常会使用到的一些策略。站在教学的角度,这些策略都是行之有效的。如果课堂上教师让学生回答诸如"比较 $\frac{2}{7}$ 和 $\frac{1}{3}$ 的大小"这一类问题,绝大多数学生会套用表 18－2 中教师讲过的策略直接进行回答。然而,学生能够"机械"地使用这些策略得到结果,是否就说明他们已经理解分数大小的概念,并能清楚地进行数学交流呢?

表 18－2　比较分数大小的策略

| 策略 | 示例:比较 $\frac{2}{7}$ 和 $\frac{1}{3}$ 的大小 |
|---|---|
| 化为同分子 | $\frac{1}{3}=\frac{2}{6}$,$\frac{2}{7}<\frac{2}{6}$ |
| 化为同分母 | $\frac{2}{7}=\frac{6}{21}$,$\frac{1}{3}=\frac{7}{21}$,$\frac{6}{21}<\frac{7}{21}$ |
| 化为小数 | $\frac{2}{7}\approx0.285\,7$,$\frac{1}{3}\approx0.333\,3$,$0.285\,7<0.333\,3$ |
| 寻找中间值 | $\frac{2}{7}<\frac{2}{6}=\frac{1}{3}$ |
| 相除法 | $\frac{2}{7}\div\frac{1}{3}=\frac{6}{7}<1$,所以 $\frac{2}{7}<\frac{1}{3}$ |
| 化整法 | $\frac{2}{7}\times7=2$,$\frac{1}{3}\times7=\frac{7}{3}=2\frac{1}{3}$,所以 $\frac{2}{7}<\frac{1}{3}$ |
| 倒数比较法 | $\frac{7}{2}=3\frac{1}{2}>\frac{3}{1}$,所以 $\frac{2}{7}<\frac{1}{3}$ |
| 不适用此题的其他方法 | |
| 反向比较法 | 比较 $\frac{4}{5}$ 和 $\frac{7}{8}$ 的大小<br>$1-\frac{4}{5}=\frac{1}{5}$,$1-\frac{7}{8}=\frac{1}{8}$,$\frac{1}{5}>\frac{1}{8}$,所以 $\frac{4}{5}<\frac{7}{8}$ |
| 差等规律法 | 比较 $\frac{7}{8}$ 和 $\frac{11}{12}$ 的大小<br>$\frac{1}{2}<\frac{2}{3}<\frac{3}{4}<\cdots<\frac{7}{8}<\frac{8}{9}<\cdots<\frac{11}{12}$ |
| …… | …… |

对于学生而言,他们在面对开放性的问题情境时,并非使用这样一种"机械"的方式来表达自己的思维过程。比较即推理。为什么这个分数比那个分数大? 在回

答表18-1中的问题时,不同的学生使用不同的方式进行数学推理。学生1使用了纯粹的数学符号来解决问题,这一过程中所使用的策略与表18-2中的策略基本一致,这说明学生能够从给定的情境中建立数学模型,并使用教师教授过的策略来解决问题。学生2使用了文字描述的形式进行"说理"。在这一过程中,学生找到了一个数量关系作为比较的参照物,即"女生的比萨饼是男生的2倍",进而发现"女生的人数是男生的2倍多",通过对比得出女生每人分到的比萨饼要少于男生。这种思想既可以与表18-2中"化为同分子"的思想进行类比,又可以认为是使用了"寻找中间值"的方法。学生3使用的方式是画图。由于题目中没有使用恰好能等分两张比萨饼的数字(如4、6、8),因此该学生将分给女生的两张比萨饼的其中一张分成3份,另外一张分成4份,然后与男生分到的比萨饼进行比较。这种方法背后的思想同样可以归为"寻找中间值",但是学生并非直接"套用"策略,而是人为地先创造了一个"中间值"再进行比较。

比较 $\frac{2}{7}$ 与 $\frac{1}{3}$ 的大小也涉及推理,但有可能是简单程序式的模仿。所以,除了让学生比较 $\frac{2}{7}$ 和 $\frac{1}{3}$ 的大小,创设合适的情境让学生进行数学交流也很重要。在数学交流的过程中,学生能够更灵活地使用所学知识对自己的作答进行合理性的"辩护",合理性的"辩护"对学生个体而言更有意义,有助于避免简单程序式的模仿。与此同时,也为学生之间理解他人的想法创造了机会。解决同样的问题,学生1和学生3所使用的策略完全不同,但又各有道理,学生不仅需要知道自己如何解决问题,还需要从不同的回答中判断他人的解题方式是否正确。这不仅要求学生能够"机械"地记住分数大小比较的策略,还要理解并灵活地运用这些策略。

## 二、如何设计评估题引导学生数学交流

在评估题设计过程中,可能对学生数学交流产生影响的因素有很多,如题目的类型、表述方式、数字的选择以及指导语的设置等,都会对学生数学交流的表征产生影响。

首先,题目的类型不同,学生可能的思维表达方式就会存在巨大的差异。表18-3至表18-7分别呈现了若干评估题(蔡金法等,1996)。这些评估题的特点是为学生提供思考的机会,并表达自己的思维过程。在表18-3的数论问题中,更多的学生会通过数学符号和未知数之间的运算来呈现他们的思维过程。例如,最小公倍数的应用和除法计算中对余数的理解,可以用来解答这道题。学生

通过直接计算 $2×3×4=24$,发现 24 是 2、3 和 4 的公倍数,然后加 1 得到结果;或者取一个数用 2,3,4 分别来除,使之满足所有的除法算式都有一个余数 1,这样学生通过使用除法得到了正确答案。这道题的答案不唯一,有的学生能够给出所有可能的答案并找到规律,有的学生则只能举出其中的一个或几个符合题目条件的例子。

表 18-3　数论问题

| |
|---|
| 小明和哥哥小华谈论起今天数学课上学到的知识。<br>小明说:"小华,我在今天的数学课上玩了一会儿方块。<br>如果我将这些方块每 2 个分成 1 组,那么有 1 个方块剩余;<br>如果我将这些方块每 3 个分成 1 组,那么有 1 个方块剩余;<br>如果我将这些方块每 4 个分成 1 组,那么还是只有 1 个方块剩余。"<br>这时,哥哥小华问道:"你一共有多少个方块?"<br>问题:小明会如何回答小华的问题? 请呈现你的思考过程。 |

表 18-4 的规律问题,考查的是学生对图形模式内在规律的推理能力。它要求学生应用归纳所得的规律去扩展模式,并且有效地表达这一规律。这道题中包含了两个重要的信息,一是图形中点的个数的变化规律,二是所有点构成的图形是一个梯形。在解答这样的问题时,更多学生会使用图形推理的方法得到结果。例如,学生发现图形与图形之间,在每一个相对应的行上都会比上一个图形多 1 个点,所以他们会在每一行增加 1 个点,以得到下一个图形(蔡金法,1998)。

表 18-4　规律问题

| |
|---|
| 作为家庭作业,小明的老师要求他观察下列图形。<br>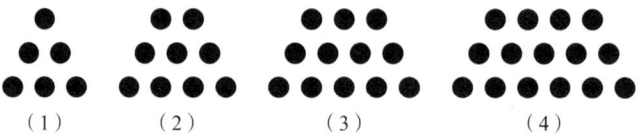<br>（1）　　　（2）　　　（3）　　　（4）<br>问题1:请画出下一幅图。<br>问题2:请描述你是如何知道下一幅图是什么样子的。 |

表 18-5 的平均数问题在本书的第 4 章中已经有所涉及,这道题目考查的是学生对于平均数概念的理解。学生在解决这一问题时采取的方式更加多样:有的学生可以直接通过移动图形,找到还需要多少分数才能够补齐所缺的数;有的学生可以通过程序性的计算方法,用公式推导出所需的数。

表 18 - 5　平均数问题

小明在一门科学课上有 4 次考试,每次考试的总分为 20 分。其中,前三次考试的得分如下图。

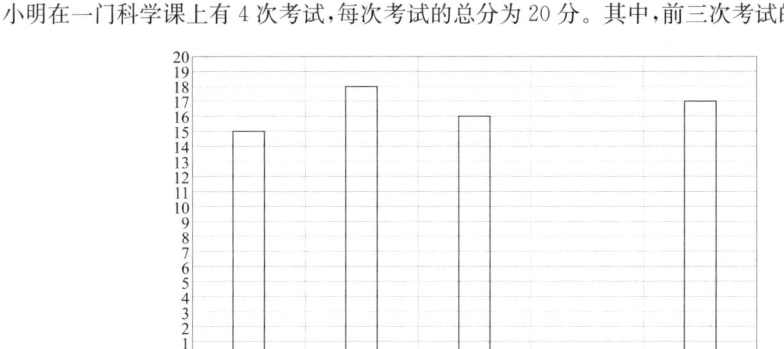

问题 1:小明在第四次考试中需要得到多少分,才能够使得这四次考试的平均分为 17 分?
问题 2:请解释你是如何得到这个答案的。

表 18 - 6 的行走速度问题在题干表述上与表 18 - 5 类似,都为学生呈现了图表,但由于最后的引导语不同,学生在解决这个问题时,大多会使用文字描述的方式进行思维表达,这里更多地体现了学生对图表中每一个时间段行走速度变化的理解。从表 18 - 3 至表 18 - 6 可以看出,根据不同的题目类型,学生或采用数学符号,或采用图表推理,或采用文字描述等方式来进行数学思维的表达和交流,依据不同的内容和情境所采用的方式也不尽相同。

表 18 - 6　行走速度问题

中午 12 时,小刘从自己家出发前往奶奶家。当他到达奶奶家时是下午 2 时 30 分。下图呈现了小刘在行走过程中各个阶段的平均速度。

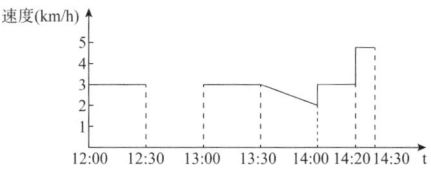

问题:请用一个故事描述小刘的行走过程。在这个故事中,请具体描述小刘在不同的时间点可能做了什么。

表 18 - 7 给出的是一个关于数学问题提出的评估题,即要求学生根据给定的数学算式提出问题。学生不仅要对负数以及绝对值的概念和运算方法有所理解,还要将这些概念与实际生活相结合,才能够提出合适的问题。例如,在表 18 - 7 给出的学生作答中,学生首先明确了自己提出的问题里面"-"和"+"所代表的含义;

然后将绝对值转化为现实情境中朝着特定方向行驶的距离;接着利用上午和下午行驶距离的比较实现了"−|−12|"这样的数学运算。通过数学问题提出这样的评估形式,学生将对某个数学概念的理解赋予了自己所熟悉的现实情境。这样的数学交流模式不仅能够帮助教师了解学生的思维过程,对学生自己理解某个数学概念也十分有益。

表 18−7　数学问题提出评估题

| 问题 | 请结合你的生活经验设计一个问题,这个问题能够通过下面的算式解决。<br>$\|-7\|+\|+16\|-\|-12\|$ |
|---|---|
| 学生<br>作答 | 一辆出租车,向西行驶记为"−",向东行驶记为"+"。<br>出租车上午向西行驶了 7 千米,又向东行驶了 16 千米;下午向西行驶了 12 千米。<br>请问:这辆出租车上午比下午多行驶了多少千米? |

其次,即使在相同的题目中,不同的表述方式和数据选择也会造成学生在数学推理和交流方式上的差异。如表 18−8 所示,沿用表 18−1 中分数大小比较的问题,可以有三种不同的题目设计方式。不难发现,方式一的设计形式更容易让学生联想到教师上课时所讲过的解题策略(见表 18−2)。在方式二的设计中,女生的人数为 8 人,在比较时很少有学生会令其中 3 人分一张比萨饼,其余 5 人分另一张比萨饼,从而创造出一个可以与男生相比较的"中间值"。这是因为面对 8 这个数,学生更倾向于将 2 张比萨饼直接平均分,然后将 $\frac{2}{8}$ 与 $\frac{1}{3}$ 进行比较,从而得出结果。而在方式三的设计中,虽然只改变了女生的人数(8 变为 7),但是由于 7 这个数无法将 2 张比萨饼直接平均分,因此会有更多的学生尝试使用其他的策略来解决这个问题。

最后,即使在完全相同的题目中,引导语的不同也会使得学生的思维表达过程产生很大的差异。例如,在表 18−6 的图表解释题目中,如果不要求学生"用一个故事描述",而是要求学生"结合情境描述图表中的数量变化",那么学生在回答时可能会更加偏向于对速度变化的情况作描述,而非讲一个符合数学逻辑的故事。

表 18−8　分数大小比较问题的不同数据形式

| 方式一 | 比较 $\frac{2}{8}$ 和 $\frac{1}{3}$ 的大小或比较 $\frac{2}{7}$ 和 $\frac{1}{3}$ 的大小。 |
|---|---|
| 方式二 | 有 8 个女孩、3 个男孩和 3 张同样大小的比萨饼。8 个女孩平分两张比萨饼,3 个男孩平分另外一张比萨饼。<br>问题:每个男孩和每个女孩是否得到同样多的比萨饼? 解释你的解答过程。 |

| 方式三 | 有 7 个女孩、3 个男孩和 3 张同样大小的比萨饼。7 个女孩平分两张比萨饼,3 个男孩平分另外一张比萨饼。<br>问题:每个男孩和每个女孩是否得到同样多的比萨饼? 解释你的解答过程。 |
| --- | --- |

## 三、如何对数学交流进行定量和定性评估

对学生数学交流的评估,可以同时从定量和定性两个角度来展开。在定量评估过程中,通常会给学生在每一道题目上的作答赋予一个分数等级。例如,蔡金法等人(1996)在相关研究中将学生的作答分为 0～4 分共计五个等级。表 18-9 中呈现了每一个分数等级的一般性描述,即不同分数所对应的学生数学交流的基本特征。在这些描述中,有三个标准需要重点强调。

其一,学生的作答应清晰、完整。有效的数学交流要求学生能够清楚而完整地表达自己的观点,而不连贯的、碎片化的表述不是好的数学交流所具有的特征。

其二,观点要合乎逻辑,尤其是数学逻辑。有的学生能够清楚地表达自己的观点,听众也能够理解学生所要表达的含义;但如果学生所表达的内容不符合数学逻辑,那么这样的作答在数学交流方面同样不能够获得高的分数。

其三,交流的过程要准确、有效。部分学生虽然能够清楚并富有逻辑地表达自己的观点,但是他们会用大量的篇幅或者文字去描述自己的观点,其中有很多文字可以用简洁的数学符号或者图表来替代,或者有一些描述所使用的不是数学语言,那么即使他们正确地表达了自己的观点,但这样的表述是不准确的或者低效的,这样的作答也不能够称为良好的数学交流。

表 18-9　数学交流整体评分标准

| 4 分 | 通过清楚明白的解释或描述给出完整回答;可能包括适当、完整的图表;与听众有效地、准确地交流;观点合乎逻辑且完整;可能包括正例或反例。 |
| --- | --- |
| 3 分 | 通过清楚合理的解释或描述给出比较完整的回答;可能包括基本适当、完整的图表;一般能与听众有效地、准确地交流;观点合乎逻辑,但可能有细小的漏洞。 |
| 2 分 | 给出接近完整的回答,解释或描述不是很清楚;可能包括有漏洞或不清晰的图表;交流不是很清楚或难以解释;观点可能不完善或逻辑前提不可靠。 |
| 1 分 | 有一点令人满意的成分,但遗漏了问题非常重要的部分;可能包括图表,但有漏洞或不清晰,对问题情境的表征错误;交流不是很清楚,难以理解;解释或描述让人难以琢磨。 |
| 0 分 | 无效交流;可能画一些与问题情境完全无关的图表;言语没有反映问题中的任何信息。 |

结合表 18‑5 中的平均数问题,表 18‑10 呈现了数学交流每一个分数等级上学生具体的作答表现:得到 4 分的学生,解决问题的过程和对结果的解释显示出他们在这个问题背景下对平均数概念的理解是正确而完整的;得到 3 分的学生对于整个问题的解释基本清晰,但是最后解释小明在第 4 次考试中应有的得分时有一些模糊,没有完全体现出平均数概念的含义;得到 2 分的学生,他们的作答在一定程度上体现出了平均数概念的思想,但是作答过程不完整,结果也不正确,表明学生对平均数一知半解;得到 1 分的学生只是模糊地体会到如果已有的 3 个分数整体比平均值低,那么最后一次考试的得分应该高于平均值,但是对具体如何操作没有形成思路;0 分的作答显示这类学生对平均数的概念没有任何了解。

表 18‑10 针对表 18‑5 中平均数问题的评分示例

| 分数等级 | 学生作答示例 |
| --- | --- |
| 4 分 | 答案:19。<br>解释:在第 2 次考试中小明得到的分数比 17 分多 1 分;在第 3 次考试中小明得到的分数比 17 分少 1 分;所以这两次考试的平均分是 17 分。在第 1 次考试中,小明得到的分数比 17 分少 2 分,如果想要整体平均分是 17 分的话,小明在第 4 次考试中就要得到比 17 分多 2 分的分数,即 17+2=19。 |
| 3 分 | 答案:19。<br>解释:因为如果在第 1 次考试的成绩上加 2 分,会得到 17 分;如果在第 2 次考试的成绩上减去 1 分,会得到 17 分;如果在第 3 次考试的成绩上加 1 分,会得到 17 分;所以如果在第 4 次考试的成绩上减去 2 分,会得到 17 分。 |
| 2 分 | 答案:20。<br>解释:我尝试用不同的数除以 4,直至找到了 20 这个数。<br><br>15+16+18=49   49+17=66<br><br>49+20=69 |
| 1 分 | 答案:20。<br>解释:小明在第 4 次考试中得到的分数必须高于 17 分,才能够使平均分为 17 分。 |
| 0 分 | 答案:1。<br>解释:17 |

在对学生的数学交流进行定量评分时,教师应该更多地关注数学交流方面的特征,而语言交流方面的特征应放在次要的地位。事实上,一方面,如果一个学生的作答在语言交流方面十分流畅,却不符合数学的逻辑,那么在这个标准之下只会得到较低的分数;另一方面,如果一个学生的作答是正确的且非常符合数学的逻辑,那么即使在语言表达上有一些瑕疵,他仍能够得到较好的分数。表 18-11 分别呈现了在语言交流方面表现较好的作答和在数学交流方面表现较好的作答。可以看到,从语言交流的角度,学生 1 的写作能力要明显好于学生 2,且描述的故事也更加生动有趣。然而,学生 1 遗漏或错误描述了小男孩在行走过程中的很多数学信息。例如,在小吃街行走的时候,速度是多少?午餐后休息了多长时间,从几点开始继续行走?等等。虽然学生 2 的描述比较生硬,缺乏语言上的润色,但是他所描述的数学信息是基本准确和完整的。因此,学生 2 在数学交流上的分数应该高于学生 1。

表 18-11　语言交流与数学交流对比案例

| 学生 1<br>(语言交流较好) | 一日,这个淘气的小男孩想要去奶奶家玩。中午他从家出发,直到 12:30 他都以 3 千米/时的速度行走。之后他走到了一条小吃街,在这条小吃街上他一边走走停停,一边吃完了午餐。吃过午餐后稍事休息,小男孩继续自己的行程。由于刚吃过东西走不快,他开始以 2 千米/时的速度匀速前进。直到 2 点左右,小男孩想起自己答应了奶奶要在 2 点半之前到达,剩下的时间已经不多了。此时他开始快步前进,还剩下 10 分钟的时候,小男孩从快走变成了跑步,一路小跑地准时到达了奶奶家。 |
|---|---|
| 学生 2<br>(数学交流较好) | 首先,小刘走得很快,从 12 点开始到 12 点 30 都是以 3 千米/时的速度行走。然后他停下来休息到 1 点钟,接着他按照之前的速度继续行走半小时;之后他开始减速,半小时后速度降至 2 千米/时;2 点钟开始,他继续按照 3 千米/时的速度行走 20 分钟,最后 10 分钟他开始以 5 千米/时的速度跑步到达奶奶家。 |

在定性评分过程中,学生的作答不会被赋予相应的分数,而是会从两个角度加以判断:数学交流的特性和数学交流的表达形式(蔡金法等,1996)。这两种特征与数学交流的定量分析是相互补充的。定性分析主要用于描述处在同一分数等级的学生在数学交流的特性和表达形式方面所体现出的差异。

从数学交流的特性来看,在解决同一个问题时,学生的思路是不完全相同的。例如,在表 18-12 中,同样是解决表 18-1 中的比萨饼分配问题,学生 1 使用的是"通分"寻找共同分母的方法;学生 2 则是使用"寻找中间值"的方法,也即先让一部分女生和男生分到的比萨饼一样多,然后看剩下的女生平均分到的比萨饼比男生多还是少,以此来推断女生和男生谁分到的比萨饼较多。当然,在学生的实际作答中,可能出现的情况更为复杂,仅仅依靠定量分析不能够帮助教师完全理解学生数学交流的方式。

表 18-12　数学交流的特性案例

| 学生 1 作答 | $2 \div 7 = \frac{2}{7}$, $1 \div 3 = \frac{1}{3}$。通过把它们变为同分母的分数($\frac{1}{3} = \frac{7}{21}$, $\frac{2}{7} = \frac{6}{21}$, $\frac{7}{21} - \frac{6}{21} = \frac{1}{21}$)或小数($\frac{1}{3} \approx 0.33$, $\frac{2}{7} \approx 0.29$, $0.33 - 0.29 = 0.04$),可以知道 $\frac{1}{3}$ 比 $\frac{2}{7}$ 大。 |
|---|---|
| 学生 2 作答 | $1 \div 3 = \frac{1}{3}$, $1 \div 4 = \frac{1}{4}$, $\frac{1}{3} > \frac{1}{4}$。如果先将其中一张比萨饼分给 3 个女生,那么剩下一张比萨饼分给另外 4 个女生,每个人分到的就比前 3 个女生要少,因此 7 个人平分两张比萨饼,会比 3 个人平分一张比萨饼得到的要少,于是得出 $\frac{1}{3}$ 比 $\frac{2}{7}$ 大。 |

　　数学交流的表达形式是指学生用来交流自己如何发现答案的表征方式,包括图片、表格、统计图、数学表达式、文字,以及这些表征方式的组合等。有的学生仅能够使用一种固定的表征方式;有的学生则可以正确地使用多种表征方式以及它们的组合。值得注意的是,进行数学交流的表征方式本身没有绝对的好与坏的区别,但是能够通过多元表征的方式进行数学交流的学生,往往更容易让不同的群体理解他们的思维过程。因此,教师应鼓励学生采用多元表征的方式解决数学问题,这是数学交流的定性评估中需要重点考虑的问题。

## 四、结语

　　本章从如何创设评估学生数学交流的情境,如何设计评估题引导学生数学交流,以及如何对数学交流进行定量和定性评估三个方面探讨了评估学生数学交流的过程。数学交流是学生进行数学学习和理解数学思想的重要组成部分。学生能够有效地进行数学交流意味着他们能够使用自己的语言、概念符号和结构体系来理解和表达数学思想和关系(NCTM,1989)。实际上,数学交流是教师和学生分享他们的学习过程和数学理解过程的重要途径。然而,学生的数学交流具有一种"隐性"的特征,会随着教师所设计的不同情境及其表达方式而产生变化。因此,在设计数学交流评估题时,不仅要注重不同题目类型的选择,还需要考虑到题目形式、数字选择以及引导语的表述等对学生数学交流结果可能产生的影响。

对学生数学交流的评估,在某种程度上可以看作是一个寻找"证据"的过程。有效地设计评估题和设置评分标准,能够帮助教师发现学生能否通过语言、文字、证明或可视化描述等形式来表达他们的数学思维;了解学生是否可以对不同形式的数学思维和观点(语言、文字、证明或可视化)进行理解、解释和判断;以及观察学生是否可以使用数学的词汇、符号、结构等表征方式描述数学中的种种"关系"和"模型"。

# 第 19 章　如何对学生的数学情感进行评估

非认知因素在数学课堂评估中同样扮演着十分重要的角色。数学情感等非认知因素是课程教学及评价体系中的重要组成部分。《义务教育数学课程标准(2022年版)》在课程性质、课程基本理念、课程目标等方面均体现出对情感态度方面的重视,并强调数学情感态度的发展与知识技能的学习、数学思考和问题解决等存在着密切的联系。事实上,学生的数学情感态度在很大程度上影响了他们在进行数学相关活动时所作出的选择。例如,当学生无法认识到数学学习的价值,或者意识不到自己在数学方面所具备的能力时,就不会在数学学习过程中投入应有的努力(Schommer-Aikins,Duell & Hutter,2005)。

数学情感态度有着丰富的内涵。它不仅包括对数学的好奇心和求知欲,在数学学习过程中体验成功的乐趣,还包括对数学特点的了解和对数学价值的认识,以及通过数学学习所获得的良好学习习惯和科学态度等。内涵的丰富性也给数学情感态度方面的评估带来了很大挑战。在实际课堂教学活动中,教师虽然能够意识到数学情感态度的发展对于学生数学学习所起到的作用,但缺乏充分了解学生数学情感态度的手段和方法(Cai & Merlino,2011)。

在已有研究中,对于数学情感的评估往往采用选择题的形式来进行。例如,为学生提供一个"我喜欢数学"的题干,并辅以"非常不同意""不同意""不确定""比较同意"和"非常同意"的选项供学生选择。这种评分方式的局限性在于对学生数学情感的描述和评估不够精细,换言之,就是评估缺乏足够的敏感性,无法令教师更加直观地感受学生对数学喜欢或不喜欢的程度。

本章将会介绍一种称为"隐喻法"(metaphors)的评估方法,该评估方法主要参考了蔡金法和麦里诺(Cai & Merlino,2011)在评估学生对数学的情感态度时所做的一系列工作。通过隐喻法学生能够将复杂而丰富的数学情感更加充分地表达出来。在使用隐喻法进行评估的过程中,既包括对学生情感态度定量的、整体性的分析,又包括对学生具体作答表现的定性分析,将定量与定性分析结果相结合,形成对学生情感态度方面的整体性解释。

## 一、什么是隐喻法

隐喻法是体现学生数学思维和数学理解的一种重要形式。英格利什（English,1997）在《数学推理:类比、隐喻和图像》一书中提出,隐喻是一种重要的"思维工具",通过隐喻方式进行推理和表达是人类思维与交流的一种重要形式。隐喻是帮助教师了解学生情感态度的一种重要手段。有研究者（Güner,2012）发现,隐喻的方式可以帮助学生构建起对数学的自我感受和意义,而非复制他人所创造并强加于自己的意义。也就是说,在使用隐喻进行表达的时候,由于个体需要根据自身的生活经验构建恰当的比喻,因此更容易呈现出自己内心的真实想法,而不仅仅是重复教师或其他同伴的观点。

进一步,隐喻能够帮助人们将内心世界的感受以一种更加结构化的形式生动地呈现出来。这种方式往往能够提供更加丰富的信息,甚至有研究者（Lakoff & Nunez,2000）认为,"如果一张图片代表着 1000 个文字,那么一个隐喻就可能代表着 1000 张图片所能表达的含义"。从这样的比喻中可以看出,隐喻法相对于一般性的语言描述更有助于表现学生数学情感态度中的丰富内涵。因此,调查学生对数学的理解和感受时,隐喻法为研究者提供了更加多样化的选择。并且,与抽象化的语言表达相比,隐喻的方式可能更有助于义务教育阶段的学生表达自己的想法。

特别地,蔡金法和麦里诺（2011）在研究中尝试从定量分析和定性分析两个方面,运用隐喻法对学生的数学情感态度进行评估。通过这种形式的评估,不仅可以揭示学生数学情感态度的积极程度,还能通过分析学生在比喻过程中所使用的表达和交流方式,反映其数学情感态度的消极程度。

本章对隐喻法的介绍会结合蔡金法和麦里诺（2011）在研究中所提供的具体案例展开（见表 19-1）。在该案例中,学生被要求分别使用食物、颜色和动物作为比喻的媒介,来表达他们对于数学的感受。其中,每一名学生都需要提供 3 个比喻,并通过语言来描述比喻背后的含义或解释使用这种比喻的原因。当然,在隐喻法的实际运用过程中,教师不必拘泥于上述形式,可以根据教学安排适当调整比喻的数量,也可以根据学生的年级或者生活经验等特征调整所使用的比喻媒介（如低年级阶段可以将颜色替换为玩具等）。

表 19-1　隐喻法评估工具案例(Cai & Merlino, 2011)

| 指导语 | 本次调查重点关注你对于数学的认识和感受。请思考下列问题,并写下你的真实想法。你的作答没有正确或错误之分。 |
|---|---|
| 问题 | 1. 如果把数学比作一种食物,那么它会是_____,因为_____。<br>2. 如果把数学比作一种颜色,那么它会是_____,因为_____。<br>3. 如果把数学比作一种动物,那么它会是_____,因为_____。 |

## 二、用隐喻的方式进行定量分析

　　面对上述问题,学生会使用不同的比喻描述对数学的情感。在对学生所使用的比喻进行定量分析时,每一名学生都将获得一个分数。该分数是对学生使用食物、颜色和动物进行比喻时所表达出的整体情感进行评估后产生的。虽然学生比喻时使用的媒介不同,但他们所表达出的情感水平通常是比较一致的。比如,当学生在某一个比喻中表达出积极的态度时,那么他在其他的比喻中就很少会流露出相反的态度。这也是通过定量分析能够反映出学生总体数学情感态度的基础。当然,定量分析同样可以运用于学生的每一个具体作答表现上。

　　表 19-2 呈现了对隐喻的整体评分标准以及每一个分值所对应的学生作答的示例。该标准将学生的作答表现分成了 1~5 分共计 5 个水平。其中,分数越低代表学生对于数学的情感越负面且消极,反之分数越高则代表学生对于数学的情感越正面且积极。例如,当学生的比喻中包含明显厌恶的倾向或形容词时,就会得到1 分;当学生的比喻中体现出不喜欢的倾向,但没有使用过于激烈的负面词语时,则能够得到 2 分;当学生的比喻没有表现出明显的态度,或者同时包含积极和消极的评价时,可以得到 3 分;4 分和 5 分则分别与 2 分、1 分的程度相对应,如在 4 分的案例中学生使用了"有时候""可爱"等相对缓和的正面形容词对数学加以评价,而在 5 分的案例中学生使用了"激情""信心"等词语对数学进行描述。可以看出,具有不同数学情感的学生在比喻中使用的措辞也会体现较为明显的差异。值得注意的是,使用隐喻法评估学生数学情感态度时所获得的定量分数并不代表学生数学能力水平的高低,只用于客观地描述学生的数学情感态度水平。

表 19-2　隐喻法的定量评分标准

| 分值 | 特征描述及案例 |
|---|---|
| 1分 | 非常负面的态度,如"数学就像臭奶酪一样,太恶心了,我很讨厌它"。 |

| 分值 | 特征描述及案例 |
|---|---|
| 2分 | 较为负面的态度，如"棕色是我很不喜欢的颜色，就像数学课是我很不喜欢的课程一样"。 |
| 3分 | 中性或矛盾的态度，如"像白米饭一样吧，没有特别喜欢，但是吃饭的时候总是需要它"。 |
| 4分 | 较为积极的态度，如"像小猫小狗一样，我觉得它（数学）有时候还挺可爱的"。 |
| 5分 | 非常积极的态度，如"就像我的幸运色（紫色）一样，看到它就能够为我带来激情和信心，这就是我想到数学时的感受"。 |

该评分标准既可以用于评估学生数学情感态度发展的整体状况，也可以用于对学生提出的每一个比喻进行定量分析，还可以组织学生使用这一标准实现自我评估或同伴互评，使学生能够更加了解自己的情感态度水平。值得注意的是，在使用隐喻法进行定量分析时，由于每一个分数都对应着具体的含义，因此在结果报告时主要呈现每一个分值上的百分比，而非平均成绩，如图19-1所示。

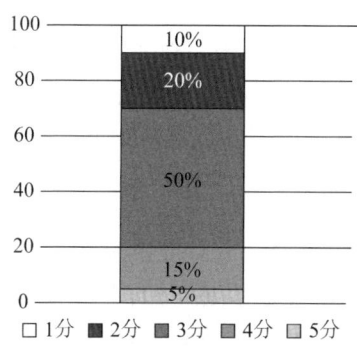

**图 19‑1  隐喻法的定量分析结果示例**

## 三、用隐喻的方式进行定性分析

如果说定量分析能够帮助教师了解学生数学情感态度的总体情况，那么定性分析有助于进一步了解学生产生这种情感的原因。在表19-1的评估工具中，除了让学生表达对数学的比喻，还要求学生说明选择这种比喻的原因。在定性分析中，研究者（Cai & Merlino，2011）发现，无论是使用食物、颜色还是动物进行比喻，学生均能够提供十分丰富的答案。接受该研究调查的学生群体，使用了30余种不同的食物（如牛排、西瓜、香蕉等）、20余种动物（如狗、猫、老鹰等）和10余种颜色（如红色、黑色、金色等）对数学进行不同的比喻。学生采用这些比喻的原因则更加多样化。

事实上,在定性分析中并非每一名学生所提供的答案都包含了所需的全部评估信息。鉴于这种情况,在定性分析过程中,通常可以考虑从"对数学的喜爱程度""喜爱或不喜爱的原因""对数学学习过程的认识""对数学价值的认识""对数学本质的认识"五个方面进行评估,这些角度有助于更加全面地了解学生形成这种情感的程度和原因。

1. 对数学的喜爱程度

有的学生会通过一些特定的比喻,生动地表达他们对数学所寄予的情感。例如,学生会认为"数学就像奶酪! 奶酪非常好吃,我每天都会吃奶酪",或"数学就像红色,我每天都会穿带红色的衣服,所以我觉得数学就像红色"。从这些形容中所能获得的信息不仅仅是"喜欢",而且可以感受到学生对数学的喜爱已经到了一种痴迷的程度。因为,无论是"奶酪"还是"红色"的比喻,都体现出学生每天都想和数学待在一起的愿望。反之,也有的学生给出了"数学就像黑色,让人觉得黯淡无光",或者"数学就像蚊子,无论你采用什么方法想要远离它,它总是如影随形"这样的比喻。从这样的描述中,我们能够感受到学生在面对数学时所表现出的一种"绝望"的情感。而这种程度的描述,往往比定量分析中的"5 分"或者"4 分"更容易让教师切身领会到学生的感受。

2. 喜爱或不喜爱的原因

有的学生提供的比喻中,隐含了自己喜爱或不喜爱数学的原因。例如,"数学就像老虎。老虎很容易让人产生恐惧感,并且非常残暴,数学也是这样,总是会有很多很伤脑筋很难做的问题,我根本就没有办法解决"。从这样的比喻中,可以发现学生对数学的恶感来源于对数学的恐惧,而这种恐惧是由于缺乏适合自身能力的学习机会造成的。换言之,学生并非本身不喜欢数学,而是所接触的数学让自己很难有投入的机会,造成了情感上对数学的排斥。

3. 对数学学习过程的认识

有的学生能够通过比喻表达自己对学习过程的潜在认识。例如,"数学就像小狗一样。小狗是一个忠实的伙伴,只要你真心对它投入,它就能为你带来意想不到的回报。数学也是一样,只要肯花时间去努力学习,你就会慢慢地爱上它,并且最终得到好的结果"。从这段描述中可以看到,学生将对数学的比喻和自身学习过程联系起来,体现出一种积极、自信的学习状态。学生相信努力付出就能够得到相应的回报,并充分享受努力的过程。

又如,有的学生这样比喻数学:"数学就像菠萝。菠萝有一个非常坚硬粗糙的外壳,很难被打破。但是外壳一旦打破就能够享受到鲜美的果肉。数学也是如此,开头很难,但是一旦真正投入其中就能体会到乐趣。"可以看出,学生给出的比喻实际上反映了他们在学习数学时的心路历程。在数学学习过程中,尤其是刚刚接触一些新的、抽象的数学概念时,学生往往会存在一定的畏难心理,但是一旦在某个节点上得到突破以后,就能够自主地转化为学习数学的动力。

### 4. 对数学价值的认识

有的学生能够通过比喻表达对数学学习价值的认可。例如,学生认为"数学像苹果,苹果对于身体健康有益,而数学对于头脑的健康有好处"。又如,"数学就像水一样,水是生命之源,而数学对于我们的生活也十分重要"。显然,这部分学生已经能够体会到数学学习对于自身发展所具有的价值。

### 5. 对数学本质的认识

有的学生将自己对数学本质的认识融入比喻中。例如,"数学就像比萨饼,上面会有很多不同的肉类和蔬菜,这些肉类和蔬菜就像数学中的等式或者方程,它们的合理搭配共同构成了这个完整的学科"。这个比喻体现了学生对于数学学科内部结构的认识,虽然这种认识并不完全准确,但它反映了学生对数学本质的独特理解。

## 四、隐喻法使用过程中的注意事项

将隐喻法运用到课堂评估活动中,能够为教师了解学生的数学学习状况提供更多的渠道。根据已有研究中所得到的经验,在使用隐喻法的过程中需要注意以下几个方面。

### 1. 比喻对象的选择要契合学生的经验

蔡金法和麦里诺(2011)在研究中使用了食物、颜色和动物三种不同的对象作为媒介让学生进行比喻。数据结果显示,当学生使用食物进行比喻时,获得的信息最为充分;而使用颜色进行比喻时,学生能够发挥的空间就小了很多。与颜色相比,学生在生活中所积累的关于食物的经验更多,且无论男生还是女生,都能获得较多的表达机会。但颜色对于学生而言更为抽象,特别是没有经过美术方面系统训练的学生,能够使用到的颜色和对颜色的感受都会受到很大的局限;况且还会有小部分色盲或色弱的学生无法使用颜色来表达对数学的情感。所以,比喻对象的选择要与学生当前所处的学段及其生活经验尽量契合,并且在比喻的数量方面也可以根据实际教学时间的安排有所调整。

2. 对比喻背后的缘由展开追问

隐喻法是促进学生表达数学情感的一种形式,因此采用这种方式进行评估时,重要的是让学生以此为媒介将自身的数学情感充分表达出来。追问比喻的缘由是了解学生数学情感的重要途径。如上文所述,在学生对自身提供的比喻进行解释时,我们不仅能够感受到学生对于数学的喜爱程度及产生这种情感的原因,而且能够了解到学生对数学学习过程、价值和本质等方面的认识,进而从非认知的角度更加全面地了解学生数学思维的特征以及学习过程中所面临的困难。所以,了解学生的数学情感态度很重要,但最终目的还是了解学生产生这种情感态度的原因,并通过教学活动的设计帮助学生形成积极的数学学习态度,以促进学生在数学学习方面的良性发展。

另一方面,如果忽略了对比喻缘由的追问,就无法对学生的比喻形成正确的认识和理解。同样一个比喻,不同学生在使用时所表达的含义可能截然不同。比如,有部分学生将数学比喻为比萨饼,但实质上学生的比喻中蕴含了两种相反的情感:一些学生认为“比萨饼上面有很多食材(肉或者蔬菜等),这些食材互相搭配,才能够形成可口的比萨,就像数学中不同的概念和定理一样”,此时学生表达的是他对于数学本质的一种认识;另一些学生则认为“比萨饼是一种不健康的食品,而数学也会让我感到不适”,此时学生更多地表达了一种负面的情感。这种情况的出现恰恰验证了使用隐喻法时对比喻背后的缘由进行追问的重要性。

3. 定性与定量分析相结合

定性与定量分析相结合是课堂评估,乃至现代教育研究中的一种基本范式。在使用隐喻法进行评估时,定量分析有助于教师从宏观的角度掌握不同学生群体的数学情感态度。我们的教育不能够保障让每一名学生都喜欢上数学,但是如果班级中绝大部分学生对数学持有负面的情感,那就说明数学教学过程中可能存在较为严重的问题。而定性分析既是一种微观的评估手段,也是寻求教学改进的重要途径。比如,有的学生在比喻的同时会表现出对数学“有用性”的质疑,就说明学生无法充分意识到数学对于个体生存和发展所起到的积极作用,从而对数学学习失去兴趣。一些对数学充满喜爱的学生在进行比喻的时候,会表现出一种获得感,也即在数学学习过程中会收获解决问题的喜悦和满足,而这样的成功体验又能够促使他们在面对更加困难的挑战时迎难而上。上述两方面的信息能够为数学课堂教学提供这样一种信号,即数学教学要为每个学生提供合适的数学任务,让他们能够在课堂上有所收获并获得成功的体验；与此同时，数学课堂教学还应该更多地和实际生活相联系，让学生充分体会到所学知识在实践中的应用价值。

4. 自评与他评相结合

在上述数据结果的呈现过程中，我们更多地是从教师评价的角度出发进行数据分析。实际上，隐喻法也能够服务于学生数学情感的自我评估，并且这种评估为学生的自我反思提供了机会。在运用比喻对自我情感进行表达时，学生会从不同的角度审视并思考自己的数学学习过程，形成对数学情感的整体判断。在这种判断形成的过程中，学生会对自己所使用的比喻进行具体解释，而这种解释的实质是学生为自己形成这样一种情感的合理性进行阐释。当学生对数学持负面态度时，他们的比喻中就可能会相应地提供一些证据来证明数学确实如他们所认为的那样"无聊"。自我评估是让学生对自己的解释进行一次"再审视"。这种反思不仅能够帮助学生发现自身学习中可能存在的不足，还有助于形成对数学的正确认识。同样地，他评代表的是学生之间的相互评估，学生也可以从评估其他同伴所作比喻及解释的过程中获得自我反思的机会。

## 五、结语

本章介绍了如何使用隐喻法对学生的数学情感进行评估。这种评估方法包含从定量和定性分析两方面了解学生对数学的正面或负面的情感态度，以及这种情感态度背后所蕴含的对数学学习过程、价值以及本质的认识。在课堂评估中运用隐喻法，其目的不仅在于对学生的数学情感态度作评价，更在于其为教学改进提供了丰富的信息。在数学课堂教学过程中，每一名学生都是一个具有丰富自我情感的个体，他们看待问题的角度不同，因此对数学产生正面或负面情感的原因也可能有所差异。隐喻法能够在一定程度上帮助教师意识到并发现这种差异的存在，进而选择更有针对性的教学改进措施以提升学生的数学学习体验，培养学生的数学学习能力。

# 第四部分

课堂评估的实践

课堂评估的实践

# 第 20 章　课堂评估实践中的教学任务设计

　　本书已有章节中,曾多次涉及课堂评估任务的设计,如"如何设计开放式的评估题""如何对学生表现进行客观评估"。这些评估任务的设计不仅包含了不同的评估手段(如反思性日记、成长记录袋等),还涵盖了智能计算思维、数学交流、数学建模等各种核心能力。如何在与教学任务设计有关的教师培训活动中,让教师充分了解和模拟这一过程,从而转变教师对教学任务设计的观念,使其能够深刻体会教学任务设计中的相关理念、思想与方法,是教育研究者普遍关心的问题。评估任务设计只是课堂评估乃至课堂教学的一部分。教师在开展课堂评估时,一方面需要考虑如何在技术层面设计出更加科学、有效的课堂评估任务,以实现评估目标;另一方面则需要从实践的层面,考虑课堂评估过程中课堂活动的组织,二者缺一不可。

　　本章将从 2018 年秋季浙江省杭州市萧山区"蔡金法合作学习新街工作室"[1]培训活动中教学任务设计的相关实践案例出发,结合拉潘和菲利普斯(Lappan & Phillips,1998)提出的选择数学教学问题的标准,呈现在教研培训活动中,培训者应当如何通过模拟课堂教学任务设计过程,转变教师教学观念,以及帮助教师实现课堂评估任务的设计与活动组织。

## 一、课堂教学实践:三位数乘两位数

　　在这次教研活动中,何小平老师分享了一堂"三位数乘两位数"的研讨课。课前,何老师通过前测已得知,约 70% 的学生能独立进行三位数乘两位数的竖式计算,并能得到正确的答案。鉴于这样的前测结果,何老师在设计教学任务的时候,意图让学生表达自身对算法和算理的理解。在课堂教学过程中,为了继续巩固学生对三位数乘两位数算理的理解,并开阔学生的眼界,锻炼学生的思维,提高学生

---

[1]　"蔡金法合作学习新街工作室"成员包括何小平、石高文、高飞、黄再青、周月文、陈沙沙、来星东、沈红梅、徐红、徐龙仙、顾良民、周利亚、胡佳丹、顾洁琼、陈芳、金小琴、沈英、陈园、毛知红、来铭杰、谢涓涓、王国文、陈于青、陈丽娜、诸月琴。此外,莫延安和沈洋老师也参加了讨论。

处理问题的能力,何老师提出了一道比较开放的题目,见表20-1。

表20-1 "三位数乘两位数"案例一

| 问题 | 请你用1、2、3、5、6这五个数字,编一道乘积尽可能大的三位数乘两位数的算式。 |
| --- | --- |
| 学生1作答 | 乘积最大的三位数乘两位数的算式是531×62=32 922。 |
| 学生2作答 | 乘积最大的三位数乘两位数的算式是666×66=43 956。 |

学生在解决问题的过程中,给出了很多不同的算式。其中,有两名学生提供的答案引起了老师们的关注与讨论。学生1的答案是预期的,而学生2的答案是假定的。在培训过程中假如出现学生2的答案,我们该如何看待?学生1作答的假设是在编写算式时,每一个数字都不能重复使用;而学生2则假定数字可以重复。出现上述状况,可以说是题目设计过程中的一个"巧合"。一方面,该题的表述有一定的歧义;另一方面,任何事物总有两面性,没有规定,反倒给了学生更多的思考和挑战空间。

这个巧合同样为教师探讨如何设计教学任务提供了一个良好的契机。在这一问题情境中,老师们就如何评估两名学生所给出的答案产生了激烈的讨论。讨论一开始,就学生2的答案,老师们自然的一种反应是:"没想过,难道学生还会有这样的答案?""整堂课中,学生也没有出现这样的答案。"设计该题的何老师也没有预设此情况的出现,这让参与讨论的老师们产生了"认知冲突"。这种"认知冲突"的过程中,陆续出现了以下三种不同的观点——

第一种观点:虽然题目没有明确规定,但学生应该能意会到题目的意思,5个数字,编一道三位数乘两位数的乘法,刚好用完,默认数字不可重复使用,因此写666×66这样的算式是不正确的。一个典型的例子是:

"说真话,如果是在测验中发现这样的情况,我的第一反应会是直接让孩子把题目改了,增加一个条件(同一个算式中,每个数字不重复使用)。如果批改时才发现问题,我想我要扣分的,尽管题目本身感觉不太严谨。题目中说用5个数字编三位数乘两位数的算式,数字的个数吻合,另外题目中也说'积尽可能大',如果是666×66,那'积最大'就好了,这样就显得这道题没多少价值了,这是我的第一感觉。"

第二种观点:题目没有规定不可重复使用数字,如果学生给出666×66的答案,应该算正确。一个典型的例子是:

"考试中出现这样表述不清、有歧义的题目,不扣分。但想到 $621 \times 53$ 或者 $631 \times 52$ 的学生,其思维含量是不是比 $666 \times 66$ 更高呢?写 $666 \times 66$ 的学生可以说自己的思维角度独特,跳出了常规,但是不是也可以理解为对题意表述不清、存在漏洞的一种投机取巧呢?"

第三种观点:分情况决定,考虑学生的不同想法。在不同的假设下,写数字不同的三位数乘两位数和写数字相同的三位数乘两位数,答案都是对的。一个典型的例子是:

"大家觉得是让学生自己判断,看看有多少人敢填 $666 \times 66$ 呢,还是让学生先说说如果允许重复你打算怎么填,再思考不允许重复怎么填尽可能大呢?我肯定忍不住选后者。先让学生体会到这样更有挑战性,更有探究的意义,再补上每个数字只用一次的条件。"

如果是在一个严格的标准化测验中,那么这道题目是有瑕疵的。从题目给出的信息,不能够直接断定学生的答案正确与否。换句话说,无论学生给出哪一种答案,都有一定的道理。一方面,题目没有明确规定数字不可以重复使用,所以学生给出 $666 \times 66$ 作为乘积最大的三位数乘两位数的算式无可厚非。另一方面,虽然题目没有明确规定数字不能重复使用,但可以从题目的形式认定,在编题时每个数字只能用一次,并且学生在一二年级经过长期的练习,已经变得中规中矩,此时这种"灵活"的答案显然很难为标准化的考试所接受。

然而,在课堂教学过程中,这类题目却能够提供更多的可能。答案本身难以分出对错,重要的是如何通过这样的过程激发学生的思考。在课堂上,上面的题目不仅可以从结果来讨论,更可以从过程来讨论。这个教学任务的设计没有规定数字是否可以重复使用,完全由学生自己做主。这样一来题目更具挑战性,需要学生自己斟酌并决定解这道题目的策略,从而给予学生更加灵活地发挥自己想法的空间。

从上述三种观点中可以看到,教师对于这道题目的观念呈现出一个较为清晰的转变过程。起初,绝大部分教师秉持第一种观点,即该题目只有唯一的目标和答案,即使题目本身不够严谨,学生也应当按照以往既定的思路作答。在第二种观点中,部分教师已经开始接受学生答案的多样性,认为任务设计者或者对题目进行修订,或者允许学生在作答中有不同的观点,并开始思考不同答案背后学生所具备的思维特征。而在培训的后期,绝大部分教师开始以第三种观点的视角来看待这个问题,此时教师的关注点不再是题目本身存在的瑕疵,而是思考如何能够通过合理的教学任务设计和课堂活动组织,让更多的学生参与到对话中,表达自己的数学思维过程,激发学生站在不同的视角和立场运用数学知识解决问题的积极性。

事实上,在教学过程中教师采用何种方式为学生提供支持,反映的是教师对于课堂教学所秉持的信念以及对于课堂教学任务设计的理解。以哈佛大学一位著名学者霍华德·加德纳(Howard Gardner)的真实故事为例。1987 年,加德纳来中国访问。在访问期间,他的儿子本杰明喜欢带着酒店房间的钥匙到处走,并试着用钥匙开门。对于三岁的小孩来说,成功地把钥匙插进去是一种挑战,本杰明似乎也很喜欢这种探险似的活动。然而,每当本杰明这样做时,周围几乎每位中国服务员都会看着他。有一次,一名服务员发现本杰明总是不能成功地把钥匙插进去,于是主动帮助他开门,并等待着加德纳夫妇的"感谢"。有趣的是,加德纳和他的妻子却并不十分认可这种"直接的帮助",因为他们更关心本杰明能否从这种探险活动中获得发现并解决问题的经验。也就是说,在教学过程中,教师对课堂活动的组织应为学生提供更多参与到问题解决的活动、讨论与决策中的机会,使学生能够得到充分的锻炼,并且教师也可以从这样的过程中了解学生的思维状况并对学生学习数学时可能存在的困难形成合理的预期。

## 二、选择课堂教学任务的标准

正如前文所述,作为一名教师,在课堂教学与评估过程中有两个非常重要的任务需要完成。一是教学任务的设计,二是在课堂中组织学生对教师设计的教学任务展开交流讨论。而教师对于上述两方面的把握并非仅仅依靠几次教学任务设计的培训就能够解决。这需要培训者以一定的理念和标准为指导,引导教师在真实的教学实践情境中对可能出现的各种教学模式进行模拟,从而将相应的理念通过实践传递给教师,使其能够将这种理念运用到自己的课堂教学中。

美国密歇根大学的拉潘和菲利普斯教授于 20 世纪 80 年代创立了关联数学项目(Connected Mathematics Project),以充分体现美国全国数学教师协会发布的《学校数学课程与评价标准》(NCTM,1989)中所涉及的相关理念和目标,从而改变传统数学教学中"展示与练习"(Show and Practice)的教学模式。在这一项目的探索与实践过程中,他们提出了一个用于选择数学教学问题的标准(Lappan & Phillips,1998),该标准为课堂评估任务的设计以及相关评估活动的组织提供了一定的启示。

教学任务需要具备哪些特征,才能够更好地满足上述两方面的需要呢?在拉潘和菲利普斯提供的选择标准中,教师在课堂上选择的评估任务应当具备以下基

本特征(表 20 - 2):

表 20 - 2　选择数学教学问题的标准

| 序号 | 特征描述 |
| --- | --- |
| 1 | 这个问题包含了重要的和有用的数学内容 |
| 2 | 这个问题能促进学生熟练运用数学 |
| 3 | 这个问题能提供锻炼重要技能的机会 |
| 4 | 这个问题能促进学生对概念的扩展 |
| 5 | 这个问题与其他重要的数学想法相关联 |
| 6 | 这个问题要求高阶思维和问题解决 |
| 7 | 这个问题能鼓励学生参与和对话 |
| 8 | 学生可以通过不同策略、采用多种方式来解决这个问题 |
| 9 | 这个问题有多种解决方法,或可以用不同决策或立场来展开讨论 |

从表 20 - 2 可以发现,特征 1～3 是服务于教学目标所应具备的基本特征,这些特征能够保障学生通过一定的练习掌握课堂教学的核心内容。特征 4～6 用以保障设置的任务对学生而言有更高的挑战性,学生对于概念的理解和知识的运用不再局限于当前所学习的知识,而是能够和所学的其他数学概念、知识或思想等建立联系。特征 7～9 则要求设计的任务具有一定程度的开放性,这种开放性使得不同能力水平的学生都能够参与到讨论与对话中。这不仅强调了方法的多样性,还突出了看待问题的视角和立场可能存在的差异。

## 三、课堂教学任务设计的反思

在"三位数乘两位数"案例提供的任务中,学生的作答思路呈现出一定程度的多样性,但这种多样性更多地由题目本身表述存在瑕疵造成。在教研活动中,我们对这道题目提供了两种不同的修订思路。一部分教师认为,题目中有隐性假设,不可以重复,但题干中没有明确,这样的教学任务是不恰当的,因此建议在题目中进一步明确这一要求。如表 20 - 3 中所示,一位教师将题目修订为从 7 个数字中挑选 5 个,从而明确了数字不能够重复这一条件。这种修订方式在标准化测试中无疑是有效的,能够帮助学生明确作答的目的。但相比较而言,学生解决这道题目的挑战性就会随之降低,并且无法从这道题目中获得充分交流并采用不同策略解决问题的机会,因此很难使学生在思考问题的全面性方面得到锻炼。

表 20 - 3  "三位数乘两位数"任务修订思路一

| 问题 | 从 1～7 这七个数字中挑选出五个,通过小组合作的学习方式:<br>(1) 写出乘积最大的三位数乘两位数的算式;<br>(2) 写出乘积最小的三位数乘两位数的算式。 |
| --- | --- |

在另一种修订思路中,老师们更加倾向于让学生通过讨论来明确题目的意图,从而形成对题目的共同理解。如在表 20 - 4 中,有教师设计了这样一个任务。将班级学生分成若干个小组,每组学生首先要独立完成给定的题目。随后,与本小组其他成员交换所得的答案并展开讨论。在这组修订中,虽然教师在题干中仍然没有明确题目中的数字是否可以重复,但这样的设计达到了几个方面的目的。其一,学生能够进行独立思考,形成对题目的完整理解,此时不同学生可能会有不同的答案;其二,学生能够了解到他人对题目的理解,并判断他人的理解与自己是否一致;其三,学生可以就各自对题目的理解与形成的立场进行讨论,每一名学生充分发表自己的看法,并通过协商与讨论形成关于问题解决策略的共识。

表 20 - 4  "三位数乘两位数"任务修订思路二

| 问题 | 用 1、2、5、6、8 按要求组成三位数乘两位数的算式,并算出得数。<br><br>例: 125×68=     积尽可能大一些<br>   125<br> × 68 |
| --- | --- |
| 讨论 | (1) 请按照上述题目的要求完成作答;<br>(2) 在完成作答后,请与本小组的其他同学交换检查,尝试判断他们的答案是否正确,并说明理由。 |

事实上,小学生在解决问题时的思维方式存在很大的差异。例如,在何老师使用表 20 - 4 中的题目组织课堂教学时,学生提供了三种典型的答案,分别为 82×651,865×86 以及 888×88。这三种作答体现了学生对于"要求"二字的不同理解。其中,回答 82×651 的学生认为每一个数字都不能够重复,得到正确结果(即求出乘积最大的组合)的难度最大;回答 865×86 的学生认为,同一个数的各个数位上的数字不能相同,但不同数之间可以重复;而回答 888×88 的学生考虑得最少,认为只要每一位上使用最大的数字即可。三种作答实际上体现出学生思维深度方面的区别。有的学生可以充分理解乘法意义以及乘法算式的性质,并能够与数位知识相结合,即:(1)乘法算式中因数越大、乘积越大;(2)一个数高位上的数字越大,

这个数的数值就越大;(3)当各个数位上的数字之和一定时,两个因数越接近,乘积就越大。回答 82×651 的学生就属于此类。有的学生只能够对上述概念形成部分的理解,所以他们给出的答案也只考虑了其中的部分因素。例如,回答 888×88 的学生希望因数每一位上的数字都最大,而回答 865×86 的学生则关注因数中处于高位上的数字要尽可能大。

通过上面的修订案例可以看到,在教师转变对于教学任务设计的观念后,其设计的教学任务促进了处于不同思维层次的学生都参与到问题解决的对话中,从不同的角度思考问题并给出多样化的答案。在学生解决这一问题的过程中,教师并没有太多干预和限定,而是通过经历存疑、讨论、合作与解决问题的过程来处理“是否能重复使用数字”这个问题。在讨论的最后,几乎所有的学生都认同了在这道题目里数字不可以重复使用的默认规则,之前做错的学生也愉快地对此题进行了订正,并理解如何正确地运用乘法意义和乘法算式的性质来解决这个问题。

当然,也可以采用如表 20 - 5 的思路,这是基于数学问题提出的修订方式。尽管在那次培训中没有涉及,但这是一个很好的思路。

表 20 - 5  “三位数乘两位数”任务修订思路三

| 问题 | 从 1~7 这七个数字中挑选出五个,并编写三道难度不同的三位数乘两位数的计算题:<br>(1)简单问题;(2)中等问题;(3)较难问题。 |
| --- | --- |

## 四、结语

教师专业发展的途径有多种,通过对以上教学任务设计与修订的探讨,老师们可从两个方面获得专业发展的启示。

其一,教师的专业发展首先应体现在教学观念的转变上。教学观念的转变主要包括三个方面。首先,教师应从知识的传授者向学习机会的提供者转变。丰富的教学任务是学习机会的载体,开放的、可用多种方法解决的、能促进学生对数学概念理解的、注重学生数学思维与技能运用的、能提供更多参与机会的任务,是教师在进行教学设计时所需考虑的问题。其次,从关注标准答案转变为关注学生的思维过程。在课堂上,教师的教学不能够仅仅强调如何让学生学会得到正确的答案,还要对学生可能给出的答案进行合理预期,并思考如何帮助思维处于不同水平的学生克服学习中面临的困难。不同的答案背后体现的是学生不同的思维方式以及产生这种思维的原因,一味地关注所谓的“正确答案”会错失了解学生思维过程的机会。因此,对不同答案进行思维上的分析是十分必要的。最后,从以实现教学目标为最终目的转变为以激发学生学习潜能为核心追求。教师对学生的期望会在很大程度上影响学生的学习过程和结果。因此,在设计教学任务时应尽可能避免人为地为学生设置思维的上限,而应该给学生提供更多挑战的空间。

其二,教师专业发展是在具体的教学情境中实现的。课堂上,学生完成任务时所表现出的思维过程为教师反思自身教学任务设计提供了丰富的信息。正如上述案例中教学任务修订过程所呈现的,学生的认知冲突促进了教师对课堂教学任务的进一步思考。通过实际教学情境,教师可以再一次审视自己对教学任务的理解和设计,以及学生的答案和思维,从而改进和完善教学任务的设计。

# 第 21 章　如何开展基于学生思维的教学实践

在上一章中,我们通过呈现一组教学任务设计的实践,探讨了教师教学观念的转变在帮助其设计课堂评估任务与组织课堂教学活动中所起到的重要作用。然而,以学生为中心的数学课堂中,无论是教学任务的设计还是评估手段的运用,都应以学生当前的认知水平为基础。这其中涉及一种被称为以认知为导向的教学理念(Carpenter,Fennema,Peterson,Chiang,& Loef,1989)。该理念的核心是教师在通过教学任务帮助学生构建数学知识体系时,所依据的是学生知道的而非教师预先设定的内容。换言之,课堂教学活动的设计、决策、组织和实施均建立在教师对学情认知的基础上,教师对学情认知的理念与水平决定了教学的走向和质量(蔡金法,许世红,2013)。教师对学生已有知识、思维方式、思维过程及水平等方面的了解情况会直接或间接地影响每一堂课的教学效果(Carpenter,Fennema,Franke,Levi,& Empson,2000)。从认知层面关注学生在课堂教学活动中的问题解决过程,能够帮助教师即时、准确地读懂学生,从而提高课堂教学效果。因此,基于学生思维的教学是教师专业发展中的重要组成部分。

本章以 2018 年 5 月蔡金法在杭州市萧山区开展的坚石计划[1]——中小学数学教师高端研修班中的一堂课作为案例,通过分析老师们在解决"中奖问题"时的思维过程以及教师间的交流与反思过程,解释并探讨如何通过教师专业发展,培养教师基于学生思维开展课堂教学实践活动的意识,帮助教师真正从学生(尤其是无法正确解决目标问题的学生)思维的角度出发,重新审视课堂教学活动的组织与评估中所需考虑的问题。

## 一、课堂教学实践:中奖问题

在研修班伊始,为了模拟学生在课堂上的思维过程,以突出了解学生思维的必

---

[1] 萧山坚石计划学员:王飞钢,王士峰,王小平,王加明,王国维,王铁锋,王璐婷,李小虎,李建良,朱艺峰,朱萍,任燕芳,邱利娟,汤金涛,汤琦,陈建芳,陈柏钢,何小平,沈小红,沈洁,沈洋,沈福美,吴小燕,吴丹,汪萍,杨丹华,杨红波,余钢杰,周伟亮,郑波,侯国俊,胡羽燕,胡佳丹,项祖法,俞波,钟富尧,高成良,高磊,倪宏芳,钱荷英,钱敏超,徐莉莉,袁亚军,韩程霞,谢涓涓,楼春春,楼航杰,裴晓丽,谭波,颜飞,瞿仙红。

要性和重要性,组织者首先让参与活动的所有教师以学生的身份完成如下案例中的任务。该案例取自 20 世纪六七十年代美国的一个真人秀游戏节目(本书第 10 章对该案例进行了较为详尽的介绍),其实质是一个条件概率问题。在选择的初始阶段,开启任一扇门后中大奖的概率均为 $\frac{1}{3}$。当加入"随后主持人都会打开一扇没有大奖的门"的条件后,如果参与者保持最初的选择,那么中大奖的概率仍为 $\frac{1}{3}$;如果改变选择,那么中大奖的概率就变为 $\frac{2}{3}$。

【案例】中奖问题

在"作出明智的选择"电视节目中,有 3 扇关闭着的门,其中一扇门的背后有大奖,另外两扇门的背后则什么都没有。参与者首先要按照要求选取一扇门但不打开(这扇门背后可能有大奖,也可能没有,但是参与者不知情),无论如何选择,随后主持人都会打开一扇没有大奖的门(这扇门不是参与者所选的那一扇)。此时,参与者需要作出选择。他可以坚持原来的选择,也可以更改为选择另一扇没有被打开的门。那么,参与者应该如何进行选择才是明智的呢?

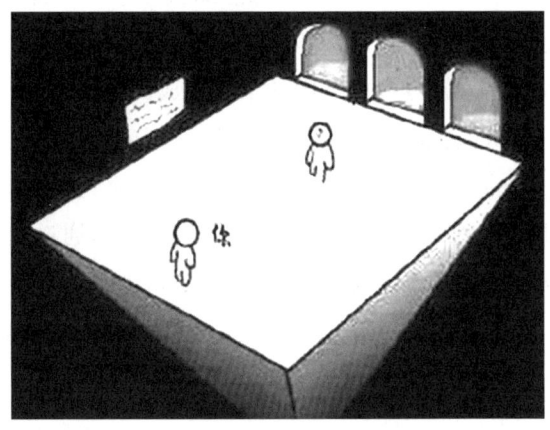

图 21-1 "作出明智的选择"电视节目

鉴于部分教师对条件概率等相关概念和知识比较生疏,组织者建议参与教师以小组形式设计实验,运用实验的手段解决概率问题。在实验与讨论过程中,出现了以下对话情景。

师 1:(应该)改变选择。因为原来的概率是 $\frac{1}{3}$,改变选择后变成 $\frac{2}{3}$ 了。开始有三个分支,后来两个分支合并成一个分支,变粗了。

师2:我理解你的话,换了是不是相当于选了两扇门,不换就只选了一扇门?

师3:其实是一样的。改的话,是$\frac{2}{3} \times \frac{1}{2}$,概率还是$\frac{1}{3}$。改变要增大(获奖概率)的前提是原先选择错误,所以肯定是一样的……

师2:主持人知道结果,所以主持人的选择不是随机的,故换和不换其实不是等可能事件。

师3:也一样。主持人当然知道结果,但有可能你第一次就是对的。肯定是$\frac{1}{3}$,改变后计算一定是$\frac{2}{3} \times \frac{1}{2}$。

师2:你如果换的话,就是三选二了;你如果不换,就是三选一。

师3:你换的话,必须抛弃一开始的$\frac{1}{3}$,前提变成了$\frac{2}{3}$。换的隐含条件就是抛弃一开始的$\frac{1}{3}$。

师4:这和主持人先打开一扇没有大奖的门,再让你二选一没啥区别。

师1:不一样,顺序不同。选择一扇门以后,主持人只能从剩下两扇门里排除一扇。

师3:比方说我原先选了A,换的话,等下就不能选A了。

师4:(出示图21-2)这样行吗?

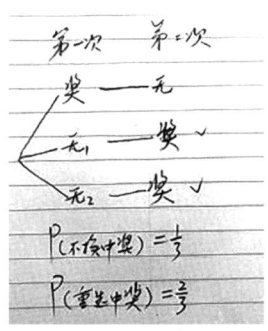

图21-2　教师4的示例

师3:$\frac{2}{3}$是绝对不可能的。

师4:感觉我这样算没问题啊! 换的话中奖概率为$\frac{2}{3}$。要不你模拟试验一千次?

师2:我是这么想的:如果不换,那就三选一;如果换了,那主持人的选择也变成了我的选择,就是三选二。具体哪个有奖我就不管了,主要看我能选多少。

从上述片断中可以发现,对于这一问题的认知可以分为三种类型。第一种类型的认知代表了那些"理解始终正确"的"学生"(如师1、师2),他们从一开始就抓住了问题的重点,并能够给出正确答案。第二种类型的认知代表了"理解逐渐正确"的"学生"。这类群体一开始给出的回答表明他们尚未完全理解如何解决问题。例如,师4认为"这和主持人先打开一扇没有大奖的门,再让你二选一没啥区别"。实际上,如果按照这个思路,那么得到的结果可能是$\frac{1}{2}$而非$\frac{2}{3}$。然而,随着讨论的深入,他们可以理解正确的解决方法,并通过画图等形式帮助梳理思路。第三种类型的认知则代表了"理解始终错误"的"学生"(如师3),他们往往会陷入自己的知识和思维逻辑中,很难理解并接受他人的观点。

进一步分析上述片断中的对话过程可以发现,老师们看似相互讨论并试图说服对方以达成一致的观点,但实质上大部分人是各说各的,他们并没有真正理解他人的问题,而是在解释自己的想法。例如,支持"改了之后获奖的概率更大"这一观点的教师(如师1、师2、师4)所给出的理由主要可以归纳为两个方面:其一,通过多次试验和计算,他们认为改了之后获奖的概率为$\frac{2}{3}$,不改获奖概率为$\frac{1}{3}$;其二,因为两次选择之间没有关系,于是将两次选择分开,那么不改获奖概率为$\frac{1}{3}$,改的话无论怎么选都是合二为一,所以获奖概率为$\frac{2}{3}$。而支持"改了之后获奖的概率不变"这一观点的教师(如师3)所给出的理由是,改了之后要用$\frac{2}{3}\times\frac{1}{2}$计算获奖概率。在真实的数学课堂上,师生之间的讨论也会存在类似的问题,像师3这样的学生十分常见,因此在师生互动过程中,常常会出现"教师按照自己的思路试图用正确的方法说服学生,而学生却陷入自己错误的思维逻辑中不能自拔"的现象。

## 二、基于"学生"思维的教学实践反思

那么,在课堂教学过程中如何基于学生的思维开展有针对性的教学呢?不妨回到前面的对话情景中。在大部分教师支持"改了之后获奖的概率更大"并信服于上述两种解释后,支持"改了之后获奖的概率不变"这一观点的师3再次提出质疑:"我还是想不通。我选择换,那概率的计算应该是$\frac{2}{3}\times\frac{1}{2}$,答案是$\frac{1}{3}$呀,怎么会是

$\frac{2}{3}$ 呢?"

此时,组织者没有直接回应和作出解释,而是假定课堂上遇到提出类似问题的"学生",让其他教师给出具体的解决方案。随后,有五位教师分别给出了自己在面对这类学生时,可能会作出的解释。

甲:选择换门。假设有 A、B、C 三扇门,如果大奖在 A 门,而游戏者选择 A,那么不换会中奖;如果游戏者选择 B,那么必须换才能中奖;如果游戏者选择 C,那么也要选择换才能中奖。如果大奖在 B 门或 C 门,情况也是一样的。这样一来,选择不换的中奖概率是 $\frac{1}{3}$,选择换的中奖概率是 $\frac{2}{3}$。

乙:选择换门。如果保持一开始的选择,那么获大奖的概率是固定的,即为 $\frac{1}{3}$;如果选择换门,那么选手相当于获得了打开两扇门的机会(其中一扇为主持人打开的背后没有大奖的门,另一扇为选择换门后主持人打开的门),由此获奖的概率为 $\frac{2}{3}$。

丙:改变主意,选择那扇未开的门。将这个问题倒推思考,如果要改变主意中奖,那么一开始的选择就是没有奖品的门,也就是说机会是 $\frac{2}{3}$;如果要不改变主意中奖,那么他最初的选择就必须是有奖品的门,这样的概率为 $\frac{1}{3}$。所以,改主意后的中奖概率为不改主意的 2 倍。

丁:我选择换另外的门。理由是,从三扇门中选择一扇门获奖的概率是 $\frac{1}{3}$;当主持人打开一扇门的时候,这扇门背后一定是没有大奖的,这时再去选择换门获奖的概率就变成 $\frac{2}{3}$ 了。开始打开的那扇门我们始终不知道它背后有没有大奖,我们很容易受这个干扰因素的影响。其实,一开始中奖概率是 $\frac{1}{3}$,第二次再选择才是 $\frac{2}{3}$,因为排除了主持人打开的那扇门。

戊:(出示图 21-3)假设这三扇门分别为 A、B、C,参与者一开始选择的是 A 门,这一选择获得大奖的可能性为 $\frac{1}{3}$,没获奖的可能性为 $\frac{2}{3}$。当主持人打开 C 门,排除了其背后有大奖的可能,那么选 C 获得大奖的可能性就为 0,也就是说选 B 获得大奖的可能性为 $\frac{2}{3}$。参与者如果保持原来的选择 A,那么获得大奖的可能性为 $\frac{1}{3}$;若改成 B,则有 $\frac{2}{3}$ 的可能性获得大奖。

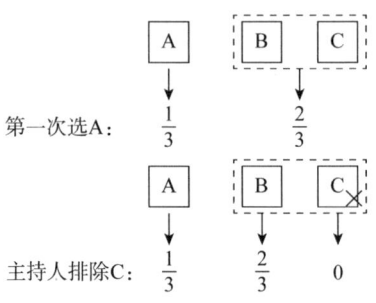

图 21-3　教师戊的示例

可以看到,以上五种回答从解题思路的角度分析都是正确的,且方法不一,有列举法、图示法、假设法、逆向思维等。但遗憾的是,他们都是按照自己的理解和思考方式一次次地从头到尾解释给师 3 听,试图让师 3 接受自己的想法。他们并没有站在师 3 的角度去思考问题,而是停留在自己的原有思维中。事实上,师 3 并非无法理解上述五种回答中的思路,而是不明白自己与他人思路的主要分歧在哪里。这些回答并没有实质性地帮助师 3 解除自己的困惑。

从师 3 的角度审视这一问题,可以考虑按照如下思路为其解惑。假设 A 为有大奖的门,B 和 C 为没有大奖的门。通过分析师 3 提出的计算方法,我们会发现,因为他一开始想要计算的是换了之后中奖的概率,所以只能选择两扇没有奖的门 B 和 C,此时概率为 $\frac{2}{3}$。随后,主持人会打开另外一扇没有奖的门。因此,换了之后中奖的概率即为 $\frac{2}{3}$,而不需要再乘 $\frac{1}{2}$。如果前提是要计算不换中奖的概率,那么在一开始的时候就需要选择 A 门,其概率为 $\frac{1}{3}$。随后,主持人打开 B 门或 C 门,但此时的选择是不换,因此中奖的概率即为 $\frac{1}{3}$。所以,师 3 的思路中主要问题在于两次计算过程中所基于的前提(即换或者不换)没有保持一致。深入分析师 3"乘 $\frac{1}{2}$"的算法,其本质是更改了命题的条件——认为未打开的两扇门后有大奖的可能性是一样的,并把换与不换当作重新选择一次,其实选择换不是随机地二选一。另

读懂每一个学生:课堂评估的目的、设计、分析和使用策略

外,我们还可以顺着师3的思维提出问题:主持人打开的那扇门的概率"$\frac{1}{3}$"跑到哪儿去了? 通过讨论和解决这一问题,进一步帮助师3消除困惑。

上述案例事实上从一个侧面反映出教师在课堂教学中普遍存在的一个问题,即"所答非所问"。在较为完备的教研系统和良好沟通合作的基础上,老师们往往能够设定明确的教学目标,并正确地按照集体备课后既定的教学方案去执行教学计划。教学方案是集体智慧的结晶,它通常可以将与知识点相关的内容和方法尽可能充分地展现出来。但这种"照本宣科"的组织形式一旦遇到学生"个性化"的问题就难免会"捉襟见肘"。正如上面的案例中所呈现的那样,"学生"可能不仅仅需要知道怎样做是对的,更希望了解自己到底错在哪里。此时,基于学生思维的教学就能够起到很好的补充作用。

## 三、基于学生思维教学的教师专业发展

芬尼玛等人(Fennema, Carpenter, Franke, Levi, Jacobs, & Empson, 1996)在有关认知导向教学的实验研究中,提出教师对学情认知的四个水平,分别代表了教师对学生了解和认识的不同程度。其中,处于水平一(最低水平)的教师会将学生视作被动的接受者,认为除非自己教授学生解决问题的策略,否则学生不具备自主解决问题的能力。而在水平四(最高水平)中,教师认为学生的数学思维决定了教学的进展,也就决定了教师如何选择恰当的教学策略和互动方式,以便与学生对数学的理解程度相适应。下面,我们从基于学生思维组织教学的重要性和教师在情境中的学习机会两方面,阐释基于学生思维教学的教师专业发展的理论基础。

### 1. 基于学生思维组织教学的重要性

从理论角度来说,依据学生的思维状况进行教学,也就是我们所提倡的因材施教。之所以如此,就是要充分考虑到个体差异性对教学效果的影响,而学生往往会根据已有的知识和背景来处理自己遇到的所有事情。教学基于学生的思维本质上就是基于这一理论展开的。虽然教师面对的是同一个班级,教的是同一个内容,但他们可以根据不同学生的大致状况进行具体的教学设计,对不同学生实施有针对性的教学方法,从而做到"对症下药"。

从实证研究角度来说,有研究者经过多年基于认知导向的教学实验,发现接受基于学生思维的教学培训的教师与没有接受此类培训的教师相比,其教授的学生不仅学习成绩好,而且对数学的情感态度更加积极(e.g. Villasenor & Kepner,

1993)。那些受益于认知导向教学的学生,在问题解决上有更显著的进步,这也反映了认知导向的课堂教学对问题解决的重视。此外,尽管认知导向的教学降低了反复操练的强度,但学生并没有在相应的技能上变弱(Carpenter et al., 1989)。

2. 教师在情境中的学习机会

教师专业发展或学习是在情境中进行的,需要在实际教学环境中体会教与学的过程。正如上述案例中所展现的,师3作为教学情境中的一员,一旦对某个问题的理解产生困难,而其他教师没有针对他的疑问给出解答,只是按照各自的思维解释,那么即使他们的解释是正确的,师3也仍然不理解。在这样一种培训过程中,教师的内心产生了很大的震撼,他们确确实实意识到具体的、多次的讲述或解释并不能解决同伴的问题,只有明确了症结所在才能解决同伴的疑问。很多时候,在我们的数学课堂中也会发生这样的现象,尽管教师一遍又一遍地解释给学生听,但这种解释并不一定能帮助学生理解。所以,这种情境式的体验能够帮助教师学习和发展。在培训过程中,教师并不是被直接告知这一理论或建议,而是亲身体验,在实际情境中感知和发现问题,并深刻体会到倾听学生的重要性,以及教学决策要基于学生思维的重要性,从而在教学观念上实现更为彻底的转变。

## 四、结语

通常情况下,人们倾向于用自己的思维方式给别人解释或解决困惑,教师也不例外。很多时候,当学生遇到问题时,教师会围绕正确答案进行解释或讲解,试图让学生按照自己的思维方式理解问题。他们并没有真正意识到学生的症结所在,即使"强制"学生用教师的方法理解,但学生内心的疑问并没有得到解答。长此以往,学生自己的思维方式被不断限制,习惯于被动接受别人的想法,其思维的主动性就会大打折扣。

为此,教师可以考虑从五个方面追问自己是否读懂学生:(1)是否将学生的数学思维视为教学的中心?(2)是否对学生的数学思维进行了细致深入的了解?(3)是否有成熟的分析框架来研究学生的数学思维?(4)是否注重形成和厘清关于学生思维的知识?(5)是否积极寻求同事的帮助以更好地理解学生的数学思维?(Carpenter, et al., 2000;蔡金法,许世红,2013)

教师需要在教学设计、实施和师生互动过程中不断思考以上问题,倾听学生,真正读懂学生,从而引导学生按照自己习惯的思维逻辑构建整个数学知识体系。同时,应该提供更多的师生和生生交流互动的机会,而不是以教师的讲授为主。通过交流互动,教师一方面可以了解学生的思维过程及困惑的关键点,另一方面可以引导学生学会倾听他人观点,有效分析同伴的思维过程也有助于厘清自己的思维过程。对教师而言,这一思维训练可以通过在教师专业发展培训中提供相应的学习机会来实现。在培训中让教师以学生的身份亲历真实的课堂情境,将实际课堂中遇到的问题作为真实的教学案例让教师进行反思,能够使其在情感上受到冲击,同时在行为上更有改变的意愿,从而促进整个教学观念和态度的转变。

# 第 22 章　学习结果的课堂评估与为了学习的课堂评估

在第 2 章中我们就强调,课堂评估是有效教学的重要组成部分。事实上,本书的主题就是"如何通过课堂评估促进教师的教学与学生的学习"。大规模学业质量测评往往受到教育管理者及教育政策制定者的青睐,它能够提供关于一个地区乃至整个国家整体教育质量状况的相关信息。而教师更倾向于探索如何通过日常课堂评估所获取的即时性信息来完成相应的教学目标(Chappuis & Stiggins,2002)。课堂评估可以为学生和教师提供较为精确的、描述性的反馈,以实现促进学生学习的目的。鉴于此,课堂评估不仅仅是获取学生学习成果的途径,更是改善课堂教学环境的手段(Black & William,1998)。

在本书中,我们尝试通过大量实证研究中的案例与证据,为教师在课堂上实施评估提供有效的工具、策略与方法。在这些内容中,既包含过程性评估,又包含终结性评估;既有教师评估、同伴评估,也有自我评估;既有学生学业成就或学习表现等智力方面的评估,也有情感态度等非智力方面的评估。本章从"对学习结果的评估""为了学习的评估"和"对核心素养的评估"三个方面,回顾并总结前面各章节所涉及的主要内容,以帮助教师更有计划地收集自己所需的教学过程性数据,并运用这些信息改善教学和学习过程,辅助教育决策。

## 一、课堂评估的过程框架

美国全国数学教师协会(NCTM)对课堂教学评估过程提出了一整套评估框架,该框架被广泛运用于美国课堂教学评估领域(详见第 1 章)。在这一框架下,课堂评估应包含"评估计划""收集证据""解释证据"和"使用结果"四个主要阶段,如图 22-1 所示。

其中,评估计划阶段是整个评估过程的起始阶段,其实质是思考进行某一特定课堂评估的目的,以及设计相应的实施方案来实现这一目的的过程。收集证据阶段,教师需要通过不同手段从课堂上搜集评估中与教学相关的信息。这其中,有通过形成性评价产生的数据,如随堂的简短测验及配套的表现性评估、反思性日记中

读懂每一个学生:课堂评估的目的、设计、分析和使用策略

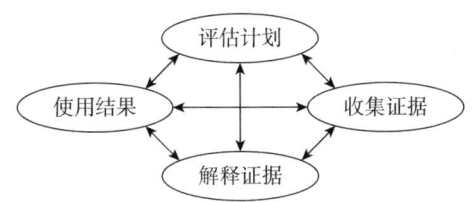

图 22-1 课堂评估的四个阶段

的文本、成长记录袋中的信息等；有通过课堂观察得到的数据，包括在课堂互动中对学生学习行为的观察与记录等；有通过标准化测试得到的结果，如通过开放性评估题以及相应的定性与定量评估标准对学生作答表现进行评估；也有通过学生自陈报告或者面谈的形式得到的结果等。解释证据阶段，教师不仅需要具备一定的数据处理能力，客观、科学地对数据结果进行解释，还需要将数据背后所蕴含的教育问题或现象用适当的形式呈现出来。在课堂评估过程中，随着服务对象的不同，所需的设计方法、经历的过程、学生的反应以及产生的效果也会有所差异。但无论采用哪种方式，最终目的都是为了促进学生学习。而促进学生学习又是在充分了解学生学习的前提下进行的。因此，在结果使用阶段需要解决的问题就是如何将数据采集与分析后得到的结果运用于调整和改进教学方式，改善课堂教学环境，提升学生学习品质。

## 二、课堂评估：对学习结果的评估

在课堂评估中，对学生学习结果的评估是转变学生学习策略，调整教师教学方式，从而提升学生学习效果的基础。对学习结果的准确评估能够起到有效诊断教学的作用，而如何实现对学习结果的精准评估又依赖于完备的"评估计划"、严谨的"收集证据"过程以及合理的"解释证据"，从而更加真实地反映学生当前的数学学习状况。

在制定"评估计划"阶段，首要目标是能够真实并且充分地反映学生是否已经达到了教师设定的教学目标。基于我们所做的研究，建议更多地从某一个题目、某一堂课、某一个内容或者学生某一项数学能力的角度出发来制订评估计划。每一项评估都应列出与之对应的评估框架、具体的评估任务、任务的选择和组织形式，并说明如何从教师的角度预估学生可能出现的作答表现，对评估过程进行干预以及对计划进行反思等。例如，在第3章中，我们从"能否评价重要的数学内容""能否评价重要的数学认知过程""是否使用有效的引导语"和"是否使用恰当的现实背景"四个方面对教师设计的开放式评估题进行反思;第 15 章和第 16 章分别介绍了如何基于美国《州共同核心数学课程标准》、新加坡《数学建模资源工具包》等政策性文件制订评估计划并设计评估题。事实上,课程标准的参照在计划制订时起到至关重要的作用,是各种资料和方法选择的重要依据之一。

在"收集证据"过程中,通常会区分由终结性评价产生的数据和由过程性评价产生的数据。在我国教育的现实背景下,小学阶段教师通常会与学生共同完成 5 或 6 年的学习过程。此时,学生在某个特定节点(如一堂课结束、一个单元结束等)的学习结果固然重要,但教师更需要强调评价结果的延续性。也就是说,证据的采集过程更多地会以过程性资料的收集与数据积累为主。因此,如何通过不同方法采集数据,并将各种来源及类型的数据进行整合,以完成对学生学习状况的整体性评估,是数据采集过程中要重点关注的问题。

本书所介绍的研究为教师实施课堂教学评估提供了多种不同类型的数据收集工具与方法。例如,第 5 章和第 6 章中介绍了如何使用开放题对学生的数学学业表现进行评估;在第 19 章中,蔡金法和麦里诺(Cai & Merlino,2011)通过提供一定的媒介,运用隐喻法从学生所使用的比喻中了解他们"对数学的喜爱程度""喜爱或不喜爱的原因""对数学学习过程的认识""对数学价值的认识""对数学本质的认识"等数学情感方面的信息。除了传统纸笔测验中常用的评估工具,课堂评估中还可以使用诸如开放式、半结构化和结构化反思性日记(第 7 章),以及成长记录袋(第 8 章)等不同形式的测评工具对学生的学习结果进行评估。以成长记录袋为例,它不仅包含了期末测试等终结性评价的结果,还可以对学生数学知识的理解和掌握,数学学习过程的组织和管理等方面进行有效记录和评估。在评分过程中,同伴和家长的评分同样被考虑在内,以接受来自多个方面的反馈。这些反馈指向的是学生学习过程中的每一个细节,而非如何解决一个具体的数学问题。本书涉及的工具和方法所具备的共同特征包括:(1)对拟收集证据的目标对象进行说明;(2)对证据收集所使用的任务或工具所包含的内容进行说明;(3)对任务或工具如何使用进行说明,并辅以具体案例;(4)对数据结果如何整理进行说明。上述四个特征的梳理,能够让不同类型数据采集与整理的过程尽可能保持统一,从而为后续证据的解释服务。

在进行证据解释时,所需回答的问题是"学生达到了何种水平"以及"哪些证据能够说明学生已经达到了该水平",因此配套的评估标准以及对标准的解读在这一环节显得不可或缺。例如,蔡金法等人(1996)的研究中不仅阐述了课堂评估的定性分析方法,还从使用的解题策略、运用数学符号进行交流的能力以及错误类型的刻画等多个角度对学生的思维过程进行评估。在关于数学建模的整体性评估中(第17章),我们分别从过程和结果两个维度对采集到的证据进行解释。其中,在过程维度,研究者关注了"对现实问题的阐述""变量的考量""作出的假设""模型中的参数"以及"调查验证过程"五个方面;在结果维度,研究者从"提出的数学问题""建立的数学模型""模型的论证和计算"以及"解决方案的完整与适应性"等方面解释学生在数学建模过程中的表现。值得一提的是,同一地区不同教师对学生作答的评分,中美教师对学生作答的评分,以及"新手"教师与"资深"教师对学生作答的评分均存在显著差异,而这种文化差异也会对证据的解释造成深远的影响。当对评价结果的解释单一时,往往只能够得到学生在某个方面表现好或不好的结论,而尽可能从多个角度对采集到的数据进行解释,则有助于发现学生数学学习过程中存在的问题,也更容易保证证据解释本身的客观性和公平性。

## 三、课堂评估:为了学习的评估

课堂评估的最终目的是促进学生的数学学习,也即为了学习的评估。当从"对学习结果的评估"中获取有关学生能力表现的诊断结果后,教师需要将结果进一步应用到课堂教学的改进过程中。尽管在本书中我们提供了尽可能多的与课堂评估相关的工具、方法以及解释数据的视角,但课堂教学改进的过程首先是教师教学观念转变的过程。因此,如何在与教学任务设计有关的教师培训活动中,让教师充分了解和模拟课堂评估这一过程,从而转变教师对教学任务设计的观念,使教师能够深刻体会课堂评估任务设计中的相关理念、思想与方法,是教育研究者普遍关心的问题。

课堂评估结果的获取是为了改进教师教学和促进学生学习,此时结果的使用可从以下几个方面来考虑(Chappuis & Stiggins,2002):(1)在单元学习开始之前的评估,用于教师调整教学计划;(2)在单元学习开始之前的评估,用于帮助学生明确教学目标;(3)在单元学习过程中,通过课堂评估调整学生分组以加强同伴间的互助学习;(4)在单元学习过程中,用于辅助教师随时调整教学策略;(5)在单元学习过程中,帮助学生建立对自我学习状况的认识,培养学生对于学习的元认知;(6)在单元学习结束时,用于鉴别哪些学生需要更多练习;(7)在单元学习结束时,用于教学有效性的检验;(8)在单元学习结束时,为学生提供描述性反馈(而非结论性反馈),以帮助学生形成改进学习过程的独特视角。

本书从课堂评估任务设计的相关实践案例出发,帮助教师实现课堂评估任务的设计与活动组织,从而达到对结果进行有效使用的目的。例如,第20章通过分析教师在解决问题时的思维过程以及教师间的交流与反思过程,解释并探讨如何通过适切的培训方式促进教师专业发展,帮助教师真正从学生(尤其是无法正确解决目标问题的学生)的思维角度出发,重新审视课堂教学活动的组织与评估中所需考虑的问题。该研究特别强调了课堂评估中基于学生思维组织教学的重要性,以及如何让教师在情境中获得学习的机会。

在"基于学生思维组织教学"的案例中,研究者发现教师在课堂教学中普遍存在"所答非所问"的现象(第21章)。通常情况下,在相对较为完备的教研系统和良好沟通合作的基础上,老师们往往能够设定明确的教学目标,并正确地按照集体备课后既定的教学方案去执行教学计划。但这种"照本宣科"的组织形式一旦遇到学生"个性化"的问题就难免"捉襟见肘"。在该案例中,我们通过评估已经诊断出部分"学生"(实际是由教师扮演的学生角色)在认识概率问题时存在某些认知障碍,但绝大部分教师只能够通过重复阐述获得正确答案的过程来尝试说服"学生",而不是从"学生"自己面临的个性化错误或学习困难出发,来帮助他们解决问题。此时,虽然课堂评估结果得到了正确的解释,但并没有实现"为了学习的评估"这一目的。事实上,"为了学习的评估"就是为教师如何帮助学生从他们"当前的学习状况"逐步向"学习目标"迈进提供所需的证据和信息。

## 四、课堂评估:对数学核心素养的评估

在数学教育领域,如何兼顾人的培养目标与数学学科的特质,并将二者融入数学课堂评估的过程之中,仍然值得深入研究与讨论。例如,本书第9章中提出,在数学学科中反映学生发展核心素养,可以从数学交流、数学建模、智能计算思维和数学情感四个方面加以考量。进一步,我们分别阐述了如何围绕上述四方面的核心素养开展课堂评估。

在数学交流的评估中(第18章),我们主要介绍了如何为学生数学交流的表现进行赋分,以及从定性的角度对学生数学交流的表现作出进一步分析。在对学生数学交流进行定量评估时,需要考虑学生作答的清晰性和完整性,观点是否合乎逻辑(尤其是数学逻辑),交流的过程是否准确有效等;在定性分析过程中,学生的作答不会被赋予相应的分数,而需要从数学交流的特性(也即学生的思路)和数学交流的表达形式两方面进行分析。此外,研究中还明确了题目的类型、题目的表述方

式、数据的选择以及指导语的设置等对学生数学交流结果可能产生的影响。

在数学建模的评估中(第15~17章),学生的数学建模能力一方面体现为运用数学工具模拟现实世界并解决现实问题,另一方面体现为结合现实情境和已有生活经验进行数学建模,从而加深对于数学概念的理解。书中着重对不同类型数学建模评估的侧重点进行描述。有的评估标准强调学生在建模的"循环"过程中完善自己的数学模型,通过迭代不断逼近最优模型;有的评估标准强调数学知识与现实经验的结合,突出如何从现实情境中剥离并形成数学模型,并将评估的重点放在模型现实意义的解释上;还有的评估标准兼顾数学建模过程和结果的平衡,尝试从"过程—结果"二元论的视角来评价学生整体的数学建模表现。在不同的评估模型中,学生的表现通常会被分为若干不同的方面(如"问题""规划""计算""解释""验证""报告"等),但这些方面的评估并非总是平行的,学生在某些方面的表现很有可能影响到他们在后续维度上的得分。例如,如果一名学生在问题阶段无法将现实世界中面临的问题转化为清晰的数学问题,那么他在结果解释时同样会遇到挑战。

在智能计算思维的评估中(第12章),学生需要具备运用计算机科学基本概念解决问题、设计系统以及理解人类行为的能力,并能够将数学中的概念、思维、方法与现实情境及其他学科领域中的实践建立联系。鉴于此,对智能计算思维的评估包括系统思维的实践、数学模拟的实践、数据实践和基于计算机的问题解决等多个维度。在具体的评估任务中,学生可能需要运用包括"问题的表征""问题的抽象和分解""模块化""对算法和流程中计算复杂性的分析""错误的预防、检验、调试、回复和故障排除"以及运用计算机进行"并行处理"等在内的多种不同方式解决评估问题。需要特别注意的是,智能计算思维的评估不应该独立于常规的数学教学内容,而要与传统数学教学相互补充,帮助学生建立一种平行的逻辑思维模式,让学生既可以使用数学的逻辑思维来分析问题,又可以使用计算机的思维来有效地解决问题。

在数学情感的评估中(第19章),了解学生对数学正面或负面的态度,以及这种态度背后所蕴含的学生对数学学习过程、价值及本质的认识,能够为教学改进提供丰富的信息。如何鼓励学生借助自己所熟悉的事物完整地表达出对于数学的情感,是这方面评估的重点。为达成这一目的,在评估任务设计过程中,首先要注意任务选择与学生经验的契合程度。研究发现,所选择的隐喻媒介符合学生的经验认知,将有助于激发学生表达情感的积极性,其对比喻的解释也会更加充分。反之,学生回答的多样性将受到较大限制。其次,对比喻缘由的追问能够帮助教师正确地理解学生想要表达的情感。案例分析中发现,即使学生使用的比喻相同,所要表达的情感也不一定一致,有时甚至截然相反。此外,应当将自评和他评相结合,并引导学生从评估同伴隐喻及其解释的过程中获得自我反思的机会。

## 五、结语

本章从课堂评估的过程框架出发,从"对学习结果的评估""为了学习的评估"和"对核心素养的评估"三个角度对全书内容进行了简要梳理。可以看到,已有研究对于课堂评估的方方面面已经建立起一定的研究基础。无论是评估计划的设计、证据的收集与解释还是结果的使用,其背后所秉承的都是以学生为中心的建构主义思想。学生的数学学习是一个意义建构的过程,学生需要运用已有的知识经验去解释经验和作出推论,并对解释和推论的过程进行反思(Bruner,1990)。与此同时,这一过程可以通过学习者(如学生)与参与者(如教师和同伴)之间的对话和交流产生(Jonassen & Henning,1999)。课堂评估就是这样一种具有互动、中介、转化等特征的课堂教学活动。评估的最终目的是为了促进学生学习,而教师的教学在其中所起到的是一种辅助的作用,课堂评估也为学生与教师之间的互动提供必要的活动支持以及证据支撑。"为了学习的评估"将形成学生某种表现的原因以及对如何作出改进所需考虑的相关因素一同纳入课堂评估,使得评价更注重过程中的不断反思与进步,回避对某个固定时间节点学生所表现出的能力所处的相对位置的评估,从而实现学生在评估过程中对学习内容的主动构建。

然而,本书所介绍的内容仅仅是为了教师的"知",要让课堂评估真正成为有效教学的重要组成部分,更需要教师的"行"。只有知行结合,课堂评估才能达到促进学生学习的最终目的。

# 参 考 文 献

## 一、中文文献

[1] 阿尔伯特·爱因斯坦.爱因斯坦晚年文集[M].方在庆,韩文博,何维国,译.海口:海南出版社,2014:32.

[2] 蔡金法.中美学生数学学习的系列实证研究:他山之石,何以攻玉[M].北京:教育科学出版社,2007.

[3] 蔡金法.小学数学教师的专业素养——以如何上好一堂课的视角来探讨[J].小学教学,2014(7/8):10-14.

[4] 蔡金法,刘启蒙.课堂评估:作为有效教学的重要组成部分[J].小学数学教师,2017(5):5-11.中国人民大学《复印报刊资料》2017年第10期转载.

[5] 蔡金法,刘启蒙.课堂评估:如何设计开放式的评估题[J].小学数学教师,2017(6):4-9+30.

[6] 蔡金法,刘启蒙.课堂评估:如何判断评估题的质量[J].小学数学教师,2017(7/8):19-25.

[7] 蔡金法,刘启蒙.课堂评估:如何通过定量和定性的方法进行试卷分析[J].小学数学教师,2017(9):11-18.

[8] 蔡金法,刘启蒙.课堂评估:如何对学生表现进行客观评估[J].小学数学教师,2017(10):6-12.

[9] 蔡金法,刘启蒙.课堂评估:如何通过反思性日记对学生进行评估[J].小学数学教师,2017(12):4-10

[10] 蔡金法,刘启蒙.课堂评估:用成长记录袋评估学生[J].小学数学教师,2018(1):4-11.

[11] 蔡金法,刘启蒙.课堂评估:智能计算思维简介[J].小学数学教师,2018(3):9-15.

[12] 蔡金法,刘启蒙.课堂评估:智能计算思维的课堂教学[J].小学数学教师,2018(5):4-10.

[13] 蔡金法,刘启蒙.课堂评估:智能计算思维的评估[J].小学数学教师,2018(7/8):5-11.

[14] 蔡金法,刘启蒙.如何评估学生的数学交流[J].小学数学教师,2018(10):4-12.

[15] 蔡金法,刘启蒙.数学建模的内涵与意义[J].小学数学教师,2018(11):4-9+30.

[16] 蔡金法,刘启蒙.数学建模的课堂教学[J].小学数学教师,2019(1):4-11.

[17] 蔡金法,刘启蒙.数学建模的评估——基于《美国州际核心数学课程标准》的评估[J].小

学数学教师,2019(2):4-9.

[18] 蔡金法,刘启蒙.数学建模的评估——基于新加坡《数学建模资源工具包》的评估[J].小学数学教师,2019(4):4-10.

[19] 蔡金法,刘启蒙.数学建模的评估——"基于建模过程和结果"的整体性评估[J].小学数学教师,2019(5):8-14+88.

[20] 蔡金法,刘启蒙.课堂评估:用隐喻法评估学生的数学情感[J].小学数学教师,2019(9):4-9.

[21] 蔡金法,刘启蒙.学习结果的课堂评估与为了学习的课堂评估[J].小学数学教师,2019(12):4-9.

[22] 蔡金法,聂必凯,许世红.做探究型教师[M].北京:北京师范大学出版社,2015.

[23] 蔡金法,徐斌艳.也论数学核心素养及其构建[J].全球教育展望,2016(11):3-12.

[24] 蔡金法,许世红.教师读懂学生什么:认知导向的教学[J].小学教学(数学版),2013(9):4-6.

[25] 崔允漷.追问"核心素养"[J].全球教育展望,2016(5):3-10+20.

[26] 国家自然科学基金委员会,中国科学院.未来10年中国学科发展战略·数学[M].北京:科学出版社,2012.

[27] 桂德怀,徐斌艳.数学素养内涵之探析[J].数学教育学报,2008,17(5):22-24.

[28] G.H.哈代.一个数学家的辩白[M].李文林,戴宗铎,高嵘,编译.南京:江苏教育出版社,1996:4.

[29] 何小平,蔡金法合作学习新街工作室,蔡金法.课堂评估的实践:教学任务设计[J].小学数学教师,2019(10):8-12+66.

[30] 刘新求,张垚."数学情感"的内涵分析和合理定位[J].太原教育学院学报,2005,23(3):21-24.

[31] 马云鹏.关于数学核心素养的几个问题[J].课程·教材·教法,2015(9):36-39.

[32] M.克莱因.西方文化中的数学[M].张祖贵,译.上海:复旦大学出版社,2004:452.

[33] 全美数学教师理事会.美国学校数学课程与评价标准[M].人民教育出版社数学室,译.北京:人民教育出版社,1994.

[34] 全美州长协会和首席州立学校官员理事会.美国州际核心数学课程标准:历史、内容和实施[M].蔡金法,孙伟,江春莲,等译.北京:人民教育出版社,2016.

[35] 史宁中.推进基于学科核心素养的教学改革[J].中小学管理,2016(2):19-21.

[36] 斯坦.干嘛学数学?[M].叶伟文,译.台北:天下远见出版股份有限公司,2002:4.

[37] 托马斯·弗里德曼.世界是平的——21世纪简史[M].何帆,肖莹莹,郝正非,译.长沙:湖南科学技术出版社,2009.

[38] 吴小燕,许兴铭,萧山坚石计划学员,蔡金法.课堂评估:基于学生思维的教学实践[J].

读懂每一个学生:课堂评估的目的、设计、分析和使用策略

小学数学教师,2019(11):4-9.

[39] 徐斌艳.关于德国数学教育标准中的数学能力模型[J].课程・教材・教法,2007(9):
84-87.

[40] 徐品方.女数学家传奇[M].北京:科学出版社,2005:15.

[41] 游迪.数学教学中合情推理策略的使用:挑战与机遇[J].小学教学(数学版),2017(7/
8):106-110.中国人民大学《复印报刊资料》2017年第11期转载.

[42] 张奠宙.20世纪数学经纬[M].上海:华东师范大学出版社,2002:220.

[43] 中华人民共和国教育部.国家中长期教育改革和发展规划纲要(2010—2020年)[EB/
OL].2011-10-29[2016-09-19]. http://www.moe.gov.cn/srcsite/A01/s7048/201007/
t20100729_171904.html.

[44] 中华人民共和国教育部.义务教育数学课程标准(2022年版)[S].北京:北京师范大学
出版社,2022.


## 二、外文文献

[1] Aho A V(2012). Computation and computational thinking. Computer Journal, 55,
832-835.

[2] Aluan B B(2012). Educational measurement, assessment and evaluation: a study guide approach.
Retrieved from https://www. slideshare. net/BoyetAluan/educational-measurement-assessment-and-
evaluation.

[3] Bagley T, Gallenberger C(1992). Assessing students' dispositions: using journals to
improve students' performance. Mathematics Teachers, 85(8), 660-662.

[4] Basu S, Kinnebrew J S, Biswas G (2014). Assessing student performance in a
computational-thinking based science learning environment. In: Trausan-Matu S, Boyer K E,
Crosby M, Panourgia K(Eds.), Intelligent Tutoring Systems(Vol.8474, pp. 476-481).

[5] Bienkowski M, Snow E, Rutstein D W, Grover S(2015). Assessment design patterns
for computational thinking practices in secondary computer science: a first look(SRI technical
report). Menlo Park, CA: SRI International. Retrieved from http://pact.sri.com/resources.html.

[6] Black P, Wiliam D(1998). Assessment and classroom learning. Principles. Policy and
Practice, 5(1), 7-74, https://doi.org/10.1080/0969595980050102.

[7] Bleiler-Baxter S K, Stephens D C, Baxter W A, Barlow A T(2017). Modeling as a
decision-making process. Teaching children Mathematics, 24(1), 20-28.

[8] Bloom B S, Hastings J T, Madaus G F(1971). Handbook of formative and summative
evaluation of student learning. New York, NY: McGraw-Hill.

[9] Blum W, Galbraith P L, Henn H-W, Niss M(2007). Modelling and applications in

mathematics education. The 14th ICMI Study. New York, NY: Springer.

[10] Blum W(2007). Modellierungsaufgaben im Mathematikunterricht. In: Humenberger et al.(Hrsg.), Festschrift für HWH(pp.8 – 22). Hildesheim: Franzbecker.

[11] Blum W, Ferri B R(2009). Mathematical modelling: can it be taught and learnt? Journal of Mathematical Modelling and Application, 1(1), 45 – 58.

[12] Brennan K, Resnick M (2012). Using artifact-based interviews to study the development of computational thinking in interactive media design. Paper presented at annual American Educational Research Association meeting, Vancouver, BC, Canada.

[13] Bruner J(1990). The Jerusalem-Harvard lectures. Acts of meaning. Harvard University Press.

[14] Burks R(2008). The student mathematics portfolio: value added to class preparation? New York: Center for Teaching Excellence.

[15] Cai J(1998). An investigation of US and Chinese students' mathematical problem posing and problem solving. Mathematics Education Research Journal, 10, 37 – 50.

[16] Cai J, Cirillo M, Pelesko J A, Ferri B R, Borba M, Geiger V, Stillman G, English L D, Wake G, Kaiser G, Kwon O (2014). Mathematical modeling in school education: mathematical, cognitive, curricular, instructional and teacher education perspectives. In: Liljedahl S P, Nicol C O, Oesterle S, Allan D(Eds.), The Proceedings of the joint meeting of the 38th International Group and the 36th North America Chapter for the Psychology of Mathematics Education(Vol. I)(pp. 145 – 172). Vancouver, British Columbia, Canada: PME.

[17] Cai J, Hwang S, Jiang C, Silber S(2015). Problem posing research in mathematics: some answered and unanswered questions. In: Singer F M, Ellerton N, Cai J(Eds.), Mathematical problem posing: from research to effective practice(pp.3 – 34). New York, NY: Springer.

[18] Cai J, Lane S, Jakabcsin M S(1996). The role of open-ended tasks and holistic scoring rubrics in assessing students' mathematical reasoning and communication. In: Elliott P C, Kenney M J (Eds.), 1996 National Council of Teachers of Mathematics Yearbook: communication in mathematics, K – 12 and beyond(pp. 137 – 145). Reston, VA: National Council of Teachers of Mathematics.

[19] Cai J, Merlino F J (2011). Metaphor: a powerful means for assessing students' mathematical disposition. In: Brahier D J, Speer W(Eds.), Motivation and disposition: pathways to learning mathematics (pp. 147 – 156). National Council of Teachers of Mathematics 2011 Yearbook. Reston, VA: NCTM.

[20] Cai J, Moyer J C, Wang N, Hwang S, Nie B, Garber T(2013). Mathematical problem posing as a measure of curricular effect on students' learning. Educational Studies in Mathematics,

83(1)，57 - 69.

[21] Calao L A，Moreno-León J，Correa H E，Robles G(2015). Developing mathematical thinking with scratch. In:Conole G，Klobučar T，Rensing C，Konert J，Lavoué E(Eds.)，Design for teaching and learning in a networked world. Lecture Notes in Computer Science(Vol.9307). Springer，Cham.

[22] Carpenter T P，Fennema E，Franke M L，Levi L，Empson S B(2000). Cognitively guided instruction: a research-based teacher professional development program for elementary school mathematics. NCISLA/Mathematics and Science，University of Wisconsin-Madison.

[23] Carpenter T P，Fennema E，Peterson P L，Chiang C P，Loef M(1989). Using knowledge of children's mathematics thinking in classroom teaching: an experimental study. American Educational Research Journal，26(4)，385 - 531.

[24] Chan C M E，Widjaja W，Ng K E D(2011). Exemplifying a model-eliciting task for primary school students. Southeast Asian Mathematics Education Journal，1(1),65 - 74.

[25] Chan C M E，Ng K E D，Widjaja W，Seto C(2012). Assessment of primary 5 students' mathematical modelling competencies. Journal of Science and Mathematics Education in Southeast Asia，35(2),146 - 178.

[26] Chappuis S，Stiggins R J(2002). Classroom assessment for learning. Educational Leadership，60(1)，1 - 5.

[27] Cizek G J，Andrade H L，Bennett R E(2019). Formative assessment: history，definition，and progress. In: Andrade H L，Bennett R E，Cizek G J(Eds.)，Handbook of formative assessment in the disciplines. Routledge，New York.

[28] Clarke D，Clarke B(2002). Using rich assessment tasks in mathematics to engage students and inform teaching. Unpublished manuscript，background paper for seminar for upper secondary teachers,Stockholm.

[29] Curzon P，Dorling M，Ng T，Selby C，Woollard J(2014). Developing computational thinking in the classroom: a framework. Computing At School. http://creativecommons. org/licenses/by-nc/3.0/.

[30] COMAP &. SIAM(2015). Guidelines for assessment and instruction in mathematical modeling education. Retrieved from http://www. siam. org/LinkClick. aspx? fileticket = 0vLnFjpqYrA％3d &. portalid=0.

[31] Consortium for Mathematics and Its Applications (2013). Mathematical modeling handbook II: the assessments. Bedford，MA: Author.

[32] Countryman J(1992). Writing to learn mathematics. Portsmouth，NH: Heineman Education Books,Inc.

［33］ Elliott P C(1996). Communication in mathematics，K - 12 and beyond：1996 Yearbook of the National council of Teachers of Mathematics(pp. 137 - 145). Reston，VA：Author.

［34］ Danielson C，Abrutyn L(1997). An introduction to using portfolios in the classroom. Alexandria，VA：ASCD.

［35］ Denning P J ( 2009 ). The profession of IT beyond computational thinking. Communications of the ACM，52(6)，28 - 30.

［36］ Duschl R A，Bismack A S ( 2013 ). Standards for science education：quantitative reasoning and modeling concepts. In：Duschl R A，Bismak A S(Eds.)，Reconceptualizing STEM education：the central role of practices(p.120). University of Wyoming，Laramie，WY.

［37］ Dwyer C，William D(2017). Using classroom data to give systematic feedback to students to improve learning. American Psychological Association. Retrieved from http：//www. apa.org/education/k12/classroom-data.aspx.

［38］ Educational Testing Service ( 2018 ). Understanding balanced assessment systems：integrating assessment in a way that works for students and their families，the school，the district and the state.

［39］ Educational Testing Service(2020). The CBAL® Initiative. Retrieved from https：//www.ets.org/cbal/.

［40］ English D L(1997). The development of fifth-grade children's problem posing abilities. Educational Studies in Mathematics，34，183 - 217.

［41］ Fennema E，Carpenter T P，Franke M L，Levi L，Jacobs V R，Empson S B(1996). A longitudinal study of learning to use children's thinking in mathematics instruction. Journal for Research in Mathematics Education，27(4)，403 - 434.

［42］ Ferri B R(2018). Learning how to teach mathematical modeling in school and teacher education. New York，NY：Springer.

［43］ Frontier Math Consultants(undated). Journal writing in math classroom K - 8. Frontier School Division：Authors.

［44］ Garrison C，Chandler D，Ehringhaus M ( 2011 ). Effective classroom assessment：linking assessment with instruction. Moorabin VIC：Hawker Brownlow Education.

［45］ Google for Education ( 2015 ). ECT lesson plan：algorithmic thinking. Exploring computational thinking.https：//docs.google.com/document/d/1QoujZxcPVmYehvI vLGnNV0X_4E_9YNyjXEeC OmmBaI/edit♯.

［46］ Google for Education ( 2015 ). ECT lesson plan：linear association. Exploring computational thinking. https：//docs.google.com/document/d/1q3Jx-gA3rYEtfjlao h3MbAcWF7 j9Wyh-IAgIWfoYERs/edit♯.

读懂每一个学生：课堂评估的目的、设计、分析和使用策略

[47] Google for Education(2015). ECT lesson plan: logic party. Exploring computational thinking. https://docs. google. com/document/d/1xYYJ0rW63BZI Lfq8RvjXaN0aGASgwBvGv5ge 5xyvDyY/edit#.

[48] Grover S, Cooper S, Pea R (2014). Assessing computational learning in K - 12. Proceedings of the 2014 conference on innovation and technology in computer science education, 57 - 62.

[49] Güner N(2012). Using metaphor analysis to explore high school students' attitudes towards learning mathematics. Education, 133, 39 - 48.

[50] Harlen W, Deakin Crick R(2002). A systematic review of the impact of summative assessment and tests on students' motivation for learning(EPPI-Centre Review, version 1.1 * ). In: Research evidence in education library (Issue 1). London: EPPI-Centre, Social Science Research Unit, Institute of Education.

[51] Hattie J, Timperley H (2007). The power of feedback. Review of Educational Research, 77(1), 81 - 112.

[52] ISTE & CSTA(2011). Operational definition of computational thinking for K - 12 education. http://csta. acm. org/Curriculum/sub/CurrFiles/CompThinkingFlyer. pdf, 2016 - 07 - 28.

[53] Jonassen D J, Henning P(1999). Mental models: knowledge in the head and knowledge in the world. Educational Technology, 39(3), 37 - 42.

[54] Lakoff G, Núñez R E(2000). Where mathematics comes from: how the embodied mind brings mathematics into being. New York: Basic Books.

[55] Lane R, Parrila R, Bower M, Bull R, Cavanagh M, Forbes A, Jones T, Leaper D, Khosronejad M, Pellicano L, Powell S, Ryan M, Skrebneva I(2019). Formative assessment evidence and practice literature review. AITSL: Melbourne.

[56] Lappan G, Phillips E(1998). Teaching and learning in the Connected Mathematics Project. In: Leutzinger L(Ed.), Mathematics in the middle(pp. 83 - 92). Reston, VA: National Council of Teachers of Mathematics.

[57] Leong K E(2012). Assessment of mathematical modeling. Journal of Mathematics Education at Teachers College, 3(1),61 - 65.

[58] Looney J W(2011).Integrating formative and summative assessment: progress toward a seamless system? OECD education working papers, No. 58, OECD Publishing. http://dx. doi. org/10.1787/5kghx3kbl734-en.

[59] Ma L(1999). Knowing and teaching elementary mathematics. Mahwah,N J:Lawrence Erlbaum.

　　[60] Magone M E, Cai J, Silver E, Wang N(1994). Validating the cognitive complexity and content quality of a mathematics performance assessment. International Journal of Educational Research, 21(3), 317 – 340.

　　[61] Mayer R E, Lewis A B, Hegarty M (1992). Mathematical misunderstandings: qualitative reasoning about quantitative problems. In: Campbell J I D(Ed.), The nature and origins of mathematical skills(pp.137 – 154). Amsterdam: Elsevier.

　　[62] McTighe J, Ferrara S(1997). Assessing learning in the classroom. Washington DC: National Education Association.

　　[63] Ministry of Education Singapore(2010). 21st Century Competencies. https://www. moe.gov.sg/education/education-system/21st-century-competencies. 2016 – 09 – 19.

　　[64] Mislevy R J, Steinberg L S, Almond R G(2003). On the structure of educational assessments. Measurement: Interdisciplinary Research and Perspectives, 1, 3 – 62.

　　[65] MOE(2007). Mathematics Syllabus Primary. Singapore: Curriculum Planning and Developmental Division.

　　[66] MOE(2012). Mathematical Modelling Resource Kit. Singapore: Curriculum Planning and Developmental Division.

　　[67] MOE(2013). Mathematics Syllabus Primary. Singapore: Curriculum Planning and Developmental Division.

　　[68] National Council of Teachers of Mathematics (1989). Curriculum and evaluation standards for school mathematics. Reston, VA: Author.

　　[69] National Council of Teachers of Mathematics(1995). Assessment standards for school mathematics. Reston, VA: Author.

　　[70] National Council of Teachers of Mathematics(2000). Principles and standards for school mathematics. Reston, VA: Author.

　　[71] National Governors Association Center for Best Practices & Council of Chief State School Officers (2010). Common core state standards for mathematics. Washington, DC: NGACBP & CCSSO.

　　[72] National Research Council(2010). Report of a workshop on the scope and nature of computational thinking. Washington,DC: National Academies Press.

　　[73] National Research Council(2011). Report of a workshop on the pedagogical aspects of computational thinking. Washington, DC: National Academies Press.

　　[74] National Research Council(2013). The mathematical sciences in 2025. Washington, DC: National Academies Press.

　　[75] National Council of Teachers of English(2016). National survey: teachers know best

how to assess students' literacy,want changes in testing system. http://ncteassessmenttaskforce. blogspot.com.

[76] Ng K E D(2010). Initial experiences of primary school teachers with mathematical modelling. In: Kaur B, Dindyal J(Eds.), Mathematical modelling and applications: yearbook of Association of Mathematics Educators(pp. 129 – 144). Singapore: World Scientific.

[77] Ng K E D(2013). Teacher readiness in mathematical modelling: are there differences between pre-service and experienced teachers? In: Stillman G, Kaiser G, Blum W, Brown J (Eds.), Connecting to practice: teaching practice and the practice of applied mathematicians(pp. 339 – 348). Dordrecht: Springer.

[78] Ng K E D(2018). Towards a professional development framework for mathematical modelling: the case of Singapore teachers. ZDM Mathematics Education, 50, 287 – 300. https:// doi: 10.1007/s11858-018-0910-z.

[79] OECD (2010). PISA 2009 assessment framework: key competencies in reading, mathematics and science. OECD Publishing.

[80] OECD (2013). Assessment for learning formative assessment. OECD/CERI international conference "Learning in the 21st Century: Research, Innovation and Policy". OECD Publishing.

[81] OECD(2013).Reviews of evaluation and assessment in education synergies for better learning: an international perspective on evaluation and assessment. OECD Publishing.

[82] Ogunniyi M B(1984).Educational measurement and evaluation. Longman Nig. Mc. Ibadan.

[83] Okpalla PM et al. (1999). Measurement and evaluation in education. Benin City: Stiching-Horden Publishers(Nig.)Ltd.

[84] Papert S(1980). Mindstorms: children, computers, and powerful ideas. New York, NY: Basic Books.

[85] Parke C, Cai J(1997). Does the task truly measure what was intended? Mathematics Teaching in the Middle School,3(1),74 – 82.

[86] Pérez A(2018). A framework for computational thinking dispositions in mathematics education. Journal for Research in Mathematics Education, 49(4), 424.

[87] Ross-Kleinmann J (2013). Computational thinking rubrics. http://scratched. gse. harvard.edu/resources/computational-thinking-rubrics.

[88] Scheerens J, Glas C A W, Thomas S M(2003). Educational evaluation, assessment, and monitoring. A systemic Approach. London: Taylor & Francis.

[89] Schommer-Aikins M, Duell O K, Hutter R (2005). Epistemological beliefs,

mathematical problem-solving, and academic performance of middle school students. Elementary School Journal, 105(3), 289 - 304.

[90] Scriven M(1967). The methodology of evaluation. Lafayette, Ind:Purdue University.

[91] Sherman M, Martin F (2015). The assessment of mobile computational thinking. Journal of Computing Sciences in Colleges, 30(6), 53 - 59.

[92] Silver E A, Cai J(1996). An analysis of arithmetic problem posing by middle school students. Journal for Research in Mathematics Education,27, 521 - 539.

[93] Stenmark J K(1991). Mathematics assessment: myths, models, good questions, and practical suggestions. Reston, VA: National Council of Teachers of Mathematics.

[94] Stillman G, Kaiser B, Blum W, Brown J P(2013). Teaching mathematical modelling: connecting to research and practice. New York:Springer.

[95] The Nobel Prize in Physics is really a Nobel Prize in Math. http://www.theatlantic.com/technology/archive/2013/10/the-nobel-prize-in-physics-is-really-a-nobel-prize-in-math/280430/. 2016 - 09 - 19.

[96] Thomas A A, Patricia C K(1993). Classroom assessment techniques: a handbook for college teachers. San Francisco: Jossey-Bass.

[97] Turner R (2010). Exploring mathematical competencies. Research Developments, 24,2 - 7.

[98] UNESCO(2016). Education 2030: Incheon Declaration and Framework for Action Towards inclusive and equitable quality education and lifelong learning for all.

[99] Villasenor A, Kepner H S(1993). Arithmetic from a problem solving perspective: an urban implementation. Journal for Research in Mathematics Education, 24, 62 - 70.

[100] Wang N, Cai J (2018). An investigation of how teachers score constructed-response mathematics assessment tasks. Journal of Research in Education, 28(1),1 - 29.

[101] Weintrop D, Beheshti E, Horn M, Orton K, Jona K, Trouille L, Wilensky U(2015). Defining computational thinking for mathematics and science classrooms. Journal of Science Education and Technology, 25(1), 127 - 147.

[102] Wiliam D (2006). Formative assessment: getting the focus right. Educational Assessment, 11(3/4), 283 - 289.

[103] Williams N B, Wynne B(2000). Journal writing in the mathematics classroom: a beginner's approach. The Mathematics Teachers,93(2),132 - 135.

[104] Wing J M(2006). Computational thinking. Communication of ACM,49(3), 33 - 35.

[105] Zhao J(2013). An overview of studies on diagnostic testing and its implications for the development of diagnostic speaking test. International Journal of English Linguistics, 3(1), 41 - 45.

**图书在版编目（CIP）数据**

读懂每一个学生：课堂评估的目的、设计、分析和使用策
略 /(美) 蔡金法，刘启蒙著. — 上海：上海教育出版社，2022.7
（2023.2重印）
ISBN 978-7-5720-1317-1

Ⅰ.①读… Ⅱ.①蔡… ②刘… Ⅲ.①小学数学课－课堂教学
－教学评估 Ⅳ.①G623.502

中国版本图书馆CIP数据核字(2022)第148563号

责任编辑　李　　达
封面设计　王　　捷

读懂每一个学生：课堂评估的目的、设计、分析和使用策略
蔡金法　刘启蒙　著

出版发行　上海教育出版社有限公司
官　　网　www.seph.com.cn
地　　址　上海市闵行区号景路159弄C座
邮　　编　201101
印　　刷　常熟市华顺印刷有限公司
开　　本　700×1000　1/16　印张15　插页3
字　　数　260 千字
版　　次　2022年8月第1版
印　　次　2023年2月第2次印刷
书　　号　ISBN 978-7-5720-1317-1/G·1032
定　　价　49.80 元

如发现质量问题，读者可向本社调换　电话:021-64373213